L'enfant et la publicité

Communications

Gérard Métayer — La société malade de ses communications
Préface de François Billetdoux

Gilbert Millet — La stratégie du verbe
Le débat en public... et comment s'y préparer

Jacques Durand — Les formes de la communication
Préface de Francis Balle

Michèle Vessillier-Ressi — Le métier d'auteur
Comment vivent-ils ?
Préface de Didier Decoin

Jean-Noël Kapferer — L'enfant et la publicité
Les chemins de la séduction

L'enfant et la publicité

Les chemins de la séduction

Jean-Noël KAPFERER

Dunod

Jean-Noël Kapferer est l'un des meilleurs spécialistes français de l'influence publicitaire. Ses travaux sur le changement des opinions, des comportements et des images de marque sous l'influence de la publicité ont reçu un large écho en France, mais aussi en Europe et aux États-Unis. Ils ont été plusieurs fois primés.

Jean Noël Kapferer a une double formation de praticien (acquise à HEC et en agence de publicité) et de chercheur (Docteur de la Northwestern University, USA). Professeur à HEC et à l'ISA, il est membre du Conseil scientifique de l'Institut de Recherches et d'Études Publicitaires (IREP) et de l'IFOP-Etmar. Par ailleurs, il préside la Fondation pour l'Étude et l'Information sur les Rumeurs.

Il a récemment publié *les Chemins de la persuasion* (Dunod), l'ouvrage français le plus complet et le plus avancé sur les mécanismes psychologiques de l'action publicitaire.

En couverture :
Photographie fromageries Bel;
dessins de Laure du Mesnil du Buisson (5 ans).

ISBN 2-04-016413-8

Table des matières

Introduction

C'est un fait : la publicité influence les enfants. Conçue pour cela, elle influence leurs désirs, leurs demandes et leurs prescriptions d'achat. Mais comment influence-t-elle les enfants? Par quels cheminements psychologiques l'enfant passe-t-il de la vue d'un message publicitaire à l'achat ou à la demande d'achat faite aux parents? Comment l'influence publicitaire varie-t-elle suivant l'âge, le sexe, le milieu social, ou l'environnement familial de l'enfant? Varie-t-elle aussi selon qu'il s'agit de jouets demandés à Noël, du chewing-gum qu'il achète de retour de l'école, de boissons aux fruits achetées par maman au supermarché, de la station service où papa devrait s'arrêter pour faire le plein, ou enfin de la future machine à laver de la famille. Quel est le mode d'influence de la publicité télévisée et celui de la publicité dans la presse pour les enfants?

Au-delà de ses effets commerciaux, la publicité a-t-elle des effets sur les relations familiales, sur le climat régnant entre l'enfant et ses parents? Plus en profondeur encore, la publicité influence-t-elle les valeurs de l'enfant, ses perceptions du monde, ses stéréotypes? Donne-t-elle, dès le départ dans la vie du consommateur en herbe, des habitudes diététiques non souhaitables; contribue-t-elle à la violence, à la remise en cause de l'autorité?

Notre objectif est de répondre à ces questions, partout où cela est possible, partout où il existe assez de preuves, de faits scientifiques et incontestables. Lorsque le doute subsiste, nous indiquerons les principales hypothèses existantes. Enfin nous montrerons comment, sur un sujet aussi sensible, il est facile de tirer des conclusions hâtives.

Toutes ces questions ne sont pas nouvelles. Elles existent depuis l'introduction de la télévision dans les foyers, la première fenêtre de l'enfant sur le monde. Elles ont été réactivées par la montée du pouvoir des enfants dans les familles. Le temps des enfants sages et muets est révolu : les enfants existent désormais à part entière. Ils n'hésitent pas à demander quand ils ont envie d'un produit, ils donnent leur avis sur tout. La sphère économique est le premier domaine où l'autonomie de cet enfant moderne nous interpelle, et se manifeste au grand jour. On a même évalué que les enfants exerçaient désormais une influence sur 43 % de la consommation familiale. Après le patriarcat et le matriarcat, nous serions entrés en France et dans les autres pays occidentaux dans un régime de « pédiarcat ». Face à l'enjeu constitué par le pouvoir économique de l'enfant, il est normal que les questions relatives à l'influence de la publicité restent d'actualité et ne quittent pas le champ de préoccupation des parents, éducateurs, associations familiales, organisations de consommateurs, pouvoirs publics et publicitaires.

Non seulement donc ces questions ne sont pas nouvelles, mais de plus chacune a reçu une pléthore de réponses les plus diverses. Une boutade dit que chacun a deux professions : la sienne et publicitaire ! De fait la publicité fait partie de ces rares sujets dont tout le monde pense être un expert. Le problème posé aujourd'hui est donc plutôt de faire le tri entre toutes les opinions ou convictions des différentes parties concernées par le sujet.

Confrontés à l'indéniable séduction exercée par la publicité sur leurs enfants, et aux demandes d'achat exprimées par ceux-ci, tous les parents ont leurs convictions sur le pouvoir de la publicité. Les Associations de Consommateurs, les Organisations Familiales, les éducateurs craignent un conditionnement précoce de l'enfant-consommateur par la publicité. Les publicitaires aussi ont leurs convictions, non dénuées d'ambiguïtés. Désireux de convaincre les fabricants d'investir massivement dans la publicité, ils mettent en avant son indéniable efficacité sur le comportement d'achat ou de prescription de l'enfant. En même temps, mis en cause par les parents et les éducateurs, ils minorent l'efficacité publicitaire. Selon eux, toute inquiétude est dénuée de fondements : l'enfant aurait un sens critique très prononcé, il serait parfaitement lucide face à la démarche publi-promotionnelle et représenterait une nouvelle race de consommateurs, organisés, avisés, logiques.

Entre des convictions aussi diamétralement opposées, jusqu'à ce jour la communication n'a guère été possible. Les rencontres ou débats deviennent vite passionnels. L'enfant, symbole de l'avenir, de la pureté et de la pérennité des valeurs familiales est un sujet trop sensible. Au moment où les pays occidentaux font moins d'enfants, l'équilibre et l'épanouissement de ceux-ci deviennent une obsession rendant difficiles les compromis.

Mais dans les nombreux débats, colloques, commissions, groupes de travail ayant porté, en France, sur les effets de la publicité sur l'enfant, une voix a rarement été consultée : celle de la science. Notre livre représente la prise de parole de la science sur le sujet de l'enfant et la publicité.

En 1985, il est désormais possible de tirer les enseignements des meilleures études et recherches entreprises tant en Europe qu'aux États-Unis et d'examiner les réponses qu'elles fournissent aux questions que parents, éducateurs et pouvoirs publics se posent. Tel est notre objectif : nous espérons ainsi assainir le débat sur l'enfant et la publicité, fournir une bouffée d'air frais, mettre en évidence les effets prouvés et ceux qui ne l'ont pas été à ce jour, suggérer des hypothèses nouvelles et tirer les implications des faits. Notre but n'est pas d'attaquer ou de défendre la publicité mais de découvrir et de comprendre toutes les facettes de son influence.

Disons-le d'emblée, la réalité observée exclut tout simplisme. Les adeptes de la théorie de la manipulation de l'enfant par la publicité seront déçus, comme le seront aussi les adeptes de l'enfant critique, lucide et résistant. Il est difficile de parler d'une influence publicitaire valable pour tous les enfants : le mécanisme de l'influence varie non seulement suivant l'âge de l'enfant, suivant ses conditions de réception du message, mais aussi suivant le type de produit et l'intérêt que l'enfant lui porte. Les effets de la publicité dépendent de ce que l'enfant fait avec le message, mais ce qu'il fait dépend de ce qu'il *peut* faire et ce qu'il a *envie* de faire. En dessous d'un certain âge, l'enfant est limité dans ce qu'il peut faire du message (par exemple lire derrière les apparences, ne pas prendre ce qui est montré au premier degré). Avec l'âge et le coup de pouce culturel du milieu familial, il acquiert ces capacités, mais rien ne garantit qu'il les mette en pratique pour tous les types de message. Dans le cas idéal, il est critique vis-à-vis du message et, intéressé par le produit, il se livrera à une intense vérification sur le terrain. C'est le cas pris en exemple par les partisans de l'enfant « critique et lucide ». Mais l'enfant ne réagit pas toujours de façon aussi rationnelle, loin de là.

A qui s'adresse ce livre ? Tout d'abord aux parents désireux de mieux comprendre leurs enfants. Les parents sont souvent interpellés par certaines conséquences de la publicité : par exemple ils voient un enfant qui ne sait pas lire reconnaître une marque sur une affiche, ils entendent leurs enfants chanter des slogans ou réciter le dialogue d'un film publicitaire tout en le regardant, montrant ainsi qu'ils le connaissent par cœur. Face à ces faits curieux ils ne savent s'il faut s'en inquiéter ou non ? L'écueil des parents comme de la plupart des adultes est de croire que l'enfant perçoit les messages publicitaires comme eux. Il n'en est rien. C'est pour cela que les recherches sont d'un apport considérable : elles permettent de comprendre la relation enfant-publicité du point de vue de l'enfant tel qu'il est, et non de l'enfant tel que ses parents l'imaginent.

Ce livre s'adresse aussi aux éducateurs et aux organisations familiales : les faits démontrent que la sensibilité de l'enfant à la persuasion peut être atténuée si les parents prennent au sérieux la tâche de former leurs enfants à la lecture des médias et au savoir bien acheter. Il concerne directement aussi les Associations de Consommateurs : parmi leurs craintes, lesquelles sont supportées par la recherche et lesquelles n'ont pas reçu de support à ce jour ? De plus nous ne nous limiterons pas au simple exposé des faits : les principales implications seront examinées et comparées. A ce titre nous espérons apporter une contribution à la mise en place de mesures correctives ou préventives. L'exploration des implications sociales de ce que l'on sait de l'influence publicitaire sur l'enfant intéressera naturellement les Pouvoirs Publics.

Les publicitaires trouveront dans l'ouvrage une compréhension profonde et à jour du fonctionnement même de la publicité. Notre sentiment intime est que certains adultes, ou plutôt tout adulte à certains moments, réagit à la publicité comme le font les enfants.

Ce livre cherche donc à répondre aux principales questions que pose la publicité visant les enfants, c'est-à-dire la classe d'âge allant de 3 à 12 ans, soit près de 8 millions d'enfants en France. Il n'abordera que les questions pouvant faire l'objet de vérification, d'étude ou d'expérience. En effet certaines questions sont en réalité des jugements de valeur : on y adhère en fonction de ses valeurs personnelles et non à la suite d'une vérification scientifique. Par exemple on ne peut tester la proposition « la publicité crée de faux besoins ». Tout au plus peut-on déterminer par enquête combien de personnes adhèrent à cette opinion et qui sont ces personnes [87]. Le concept de « besoin » échappe à la mesure. Quant à déterminer quels besoins sont vrais ou faux, cela est du ressort de la philosophie et de l'éthique. De la même façon une partie des critiques de la publicité destinée aux enfants traduit en réalité une critique des produits. Par exemple certains parents désapprouvent les jouets de guerre ou la sexualisation des poupées : cela se manifeste dans leur croyance au rôle néfaste pour l'enfant des publicités qui les promeuvent. Ces interrogations sur les produits sont en dehors du cadre de l'ouvrage. Enfin, l'accent essentiel est mis sur les publicités visant exclusivement ou partiellement les enfants. Nous n'aborderons pas les effets de l'enfant « faire-valoir », c'est-à-dire l'utilisation des enfants dans les publicités destinées aux adultes.

Dans ce livre nous avons été sélectifs à plusieurs niveaux. Tout d'abord, nous avons choisi de présenter les résultats les plus significatifs et si possible ceux qui ont été obtenus plus d'une fois. D'autre part, toutes les études menées à l'étranger ne sont pas transposables en France : c'est en général le cas des études descriptives. Par exemple un sondage américain [63] évalue à 5% le nombre de parents souhaitant que l'on mette en vente un petit appareil coupant le son et l'image dès que la publicité apparaît sur l'écran et les rétablissant à la fin de l'écran publicitaire. Pour intéressant que soit ce chiffre, il ne peut être appliqué à l'Europe. En revanche les études internationales portant sur des processus dynamiques sont généralisables : il n'y a aucune raison théorique de penser que par exemple si un effet publicitaire varie suivant l'âge de l'enfant en Allemagne, cette conclusion ne s'applique pas en Grande-Bretagne ou en Italie. Les processus psychologiques ne connaissent pas les frontières.

Le livre comporte onze chapitres. Le premier présente les principales conceptions relatives au mode d'influence de la publicité sur l'enfant. Tout parent a, de façon implicite, une certaine théorie sur les effets de la publicité. Nous mettrons au grand jour les principales théories auxquelles les parents français croient, en indiquant leur intérêt et leurs limites. Les six chapitres suivants seront consacrés à comprendre ce qui se passe *pendant la communication*, pendant la rencontre entre l'enfant et la publicité. Chacun de ces six chapitres sera consacré à une facette importante de la rencontre entre l'enfant et le message. Ainsi nous examinerons dans l'ordre :

— La fréquentation des médias par l'enfant, aussi bien la télévision que les magazines ou la radio. Combien de temps leur consacre-t-il ? Quel rapport affectif entretient-il avec la télévision, la presse, la radio ?

— Quand et comment l'enfant reconnaît-il la spécificité de la publicité par rapport aux programmes ou aux pages qui l'entourent ? Jusqu'à quel âge n'a-t-il pas conscience que la publicité cherche à vendre ?

— Pourquoi l'enfant aime-t-il tant regarder la publicité ? Pourquoi aime-t-il certaines publicités et rejette-t-il d'autres ? Quelles sont les conséquences de la publiphobie qu'il déclare à partir de 12-13 ans ?

— L'enfant comprend-il les messages ? Pourquoi mémorise-t-il si bien les slogans ?

— L'enfant est-il vraiment critique devant la publicité? A quoi croit-il? A quoi ne croit-il pas? Comment ces phénomènes varient-ils suivant les enfants?

— Quelles publicités sont les plus incitatives? Quelle est l'efficacité des primes, cadeaux et autres promotions?

Le huitième chapitre concerne ce que l'enfant décide de faire *après la communication* : demande-t-il le produit à ses parents? Quels sont les facteurs qui le conduisent à ne pas transformer son désir en demande aux parents? Quelles sont les sources de demandes, en dehors de la publicité? Comment les parents réagissent-ils? Qui cède le moins ou le plus à l'enfant? En cas de refus, l'enfant est-il très frustré? Combien de conflits naissent de ces refus? Sont-ils plus fréquents ou plus graves chez les familles modestes?

Le neuvième chapitre aborde les questions relatives aux effets à long terme de la publicité sur l'enfant : les habitudes nutritives, l'attrait de la consommation d'alcool, l'acquisition de stéréotypes. Dans le dixième chapitre nous quittons l'enfant pour analyser le système de valeurs de ses parents : en effet la portée d'un fait dépend des valeurs des observateurs de ce fait. Par exemple est-il grave ou non que 5 % des refus d'accéder aux demandes de l'enfant débouchent sur un conflit entre lui et ses parents? Pour certains oui, pour d'autres non : les jugements des parents diffèrent, témoignant en cela de la diversité de leurs systèmes de valeur. Nous explorerons les motivations principales qui sous-tendent les jugements des parents en ce qui concerne l'enfant et la publicité. Nous le verrons, les jugements des parents sont largement déterminés par le modèle d'enfant idéal auxquels ils souscrivent, par leur attitude vis-à-vis de la télévision en général, et par leur acceptation ou refus de la consommation.

En guise de conclusion le chapitre onze examinera les implications des faits exposés. Doit-on réglementer, limiter, interdire ou libéraliser les publicités visant les enfants? Quelles sont les véritables alternatives de la société française aujourd'hui, au moment où câbles et satellites vont permettre à l'enfant de regarder des dizaines de chaînes françaises et étrangères?

1. L'influence publicitaire : divergences d'opinions

Lorsque l'on aborde la question de l'enfant et la publicité *, une multitude d'images, d'interrogations et d'inquiétudes viennent à l'esprit. Parmi les images citons par exemple celle d'enfants cessant de jouer entre eux et courant vers la télévision après avoir entendu la petite musique qui annonce les publicités sur l'antenne ; le silence des enfants regardant très attentivement la publicité ; les rires que provoquent souvent les films publicitaires ; les commentaires à voix haute : « c'est truqué » ; les enfants répétant à longueur de journée des slogans publicitaires ou chantant des ritournelles publicitaires ; le souvenir presque parfait du dialogue de certaines publicités ; les enfants interpellant leurs parents devant l'écran : « j'en veux un comme ça » ; les demandes précises faites par l'enfant faisant les courses avec sa mère, pour avoir telle marque de dessert et non telle autre, ou les scènes faites par l'enfant qui désire un vêtement bien précis et pas celui qu'on s'apprête à lui acheter ; les demandes faites pour avoir le cadeau dans la boîte ou le dessin de Lucky Luke sur l'emballage ; les économies que l'enfant fait patiemment au lieu de dépenser son argent de poche.

Les interrogations n'en sont pas moins multiples : n'y a-t-il pas manipulation au sens où l'on pourrait agir sur l'enfant à partir de mécanismes qui le régissent de façon inconsciente ? Les tout petits ont-ils conscience que ce qu'ils voient est fait pour vendre ? Leur innocence

* Ce chapitre étant plutôt conceptuel, le lecteur surtout intéressé par les résultats concrets peut se porter directement aux chapitres 3 et suivants.

n'est-elle pas leur talon d'Achille ou au contraire ne les préserve-t-elle pas au sens où ils ne voient pas la publicité comme nous? N'est-ce pas inquiétant ce plaisir pris à regarder des messages dont l'objectif est d'influencer, de pousser à l'achat? Quand on les observe devant l'écran, les enfants ont l'air médusés, hypnotisés : cela se passe-t-il ainsi? Pourtant les enfants ne demandent pas tous les produits qu'ils voient à la télévision — desserts, confiseries ou jouets —, il doit donc y avoir un filtre : quelle est sa nature? Comment l'âge modifie-t-il l'efficacité de la publicité? Celle-ci varie-t-elle aussi suivant le milieu social? Les enfants de familles défavorisées sont-ils plus ou moins influençables que ceux de familles aisées?

Pour aborder une réalité a priori aussi variée, complexe, et multiforme que la relation entre l'enfant et la publicité, il faut un instrument simplificateur qui clarifie cette réalité foisonnante de façon à la rendre saisissable. Cet instrument permettrait de traverser l'écume des phénomènes et, tel un rayon X, dépasserait l'apparente infinie variété de ces phénomènes pour en révéler la structure sous-jacente, pour indiquer comment la multiplicité des anecdotes, souvenirs et images relatives à l'enfant face à la publicité peut être réduite en un petit nombre de variables et de relations entre variables. Cet instrument organisateur, qui fait émerger la structure et la clarté là où il n'y avait auparavant qu'accumulation d'idées disparates et foisonnantes, s'appelle un modèle.

En ce qui concerne la publicité et l'enfant nous avons tous un modèle en tête. Implicite ou explicite, il est à la base de nos déclarations, de nos opinions et sentiments sur cette question. En fait, l'opposition entre les critiques de la publicité destinée aux enfants et les publicitaires résulte de l'emprise qu'exerce sur ces deux groupes deux modèles radicalement différents de l'influence publicitaire : le modèle de l'enfant manipulé et le modèle de l'enfant critique. Entre eux, il ne peut guère y avoir de dialogue tant les « visions du monde » diffèrent. Décrivons tour à tour chacune de ces deux conceptions.

L'enfant manipulé

Cette conception extrêmement répandue de l'influence publicitaire sur l'enfant [6] [50] (et d'ailleurs aussi sur l'adulte) considère que l'enfant peut être régi de deux façons : par apprentissage d'une part et par l'inconscient d'autre part. Le premier mode d'influence est celui de la répétition, du réflexe conditionné. Pour les tenants de cette conception, l'enfant est souvent considéré comme un petit animal, dont il partage l'innocence et l'absence de capacité de défense mentale. De même que Pavlov a réussi à faire saliver son chien à l'écoute d'une petite cloche, la publicité est supposée parvenir par la répétition au même résultat auprès de l'enfant, supposé facilement modelable tant ses « sucres » personnels sont faciles à identifier : « Eux, les enfants, ils mordent à tous coups » [29].

Cette conception repose en partie sur le souvenir de l'expérience qui a créé la psychologie du réflexe conditionné : l'enfant est considéré comme une boîte noire, vide et modelable tel l'animal par un programme de répétitions adapté.

Freud et la découverte de l'inconscient servent aussi de support théorique à ce modèle : on ne saurait douter de la vulnérabilité de l'enfant quand on sait que les adultes eux-mêmes sont vulnérables. Les adultes, capables d'esprit critique, seraient le jouet de la publicité parce que celle-ci s'adresse à leur inconscient : soit par des messages subliminaux (échappant à la perception consciente) [85], soit par l'association des produits à des symboles sexuels par exemple. Dans les années soixante la diffusion des études de motivation à base psychanalytique dans le domaine du marketing et de la publicité a servi de preuve aux tenants de la manipulation.

Enfin, d'une certaine façon les travaux de Piaget sur le développement mental de l'enfant ont pu être interprétés comme confirmant le modèle de « l'enfant manipulé ». En effet ce qui a été retenu des travaux considérables de Piaget [127] [128] est une conception mécaniste et rigide des étapes par lesquelles passerait tout enfant dans son développement cognitif. Ces étapes fixent des limites sur la quantité et sur les types d'informations assimilables par l'enfant, au fur et à mesure de sa maturation intellectuelle. Rappelons brièvement la nature de ces étapes :

— Le premier stade est celui des opérations sensori-motrices, il se termine vers deux ans.

— Le second stade, dit pré-opérationnel, est celui de la pensée intuitive, pré-conceptuelle. Il couvre la période allant de deux à sept ans. A ce stade l'enfant ne peut procéder à de véritables abstractions. La pensée demeure attachée à l'image, à ce qui est immédiatement apparent, d'où l'importance de la vision, de la saisie concrète des objets. La pensée est syncrétique au sens où l'enfant unit entre elles des choses parce qu'il les a perçues en même temps, par voisinage visuel par exemple.

— Le troisième stade, jusqu'à onze ans, est dit « opérationnel concret ». L'intelligence gagne en flexibilité : la pensée devient réversible et se libère des conditions perçues. Néanmoins la logique de l'enfant reste attachée aux choses concrètes : elle porte de préférence sur des objets manipulables, touchables.

— Après onze ans commence le stade des opérations propositionnelles, c'est-à-dire de la manipulation des pensées abstraites et des systèmes de raisonnement.

Interprétés hâtivement les travaux de Piaget ont véhiculé un modèle de déficits, de manques, de handicaps, de lacunes. En dessous d'un certain âge, l'enfant serait incapable de mener certaines opérations mentales : on pouvait donc craindre qu'il ne puisse pas non plus faire face à un message publicitaire, puisque ne disposant pas des structures mentales à même de lui permettre de prendre du recul par rapport au message. Il restait à définir cet âge : on retint en général le début du stade opérationnel concret, c'est-à-dire huit ans. En dessous, on pouvait supposer que l'enfant était livré démuni à la manipulation publicitaire. C'est pourquoi de nombreuses associations de parents aux États-Unis ont demandé que l'on supprime toute publicité télévisée aux heures où les moins de huit ans constituent la majorité de l'audience [116]. Pour certains en France [29], « c'est après douze ans seulement qu'ils pourraient saisir clairement les objectifs des publicitaires, qu'ils pourraient situer la ligne de partage entre le produit et la publicité... ».

Il s'agit là d'un détournement de la pensée de Piaget pour deux raisons :

— D'une part, la question de savoir à quel âge l'enfant comprend qu'une publicité est une publicité (c'est-à-dire cherche à vendre un objet) est une question empirique, à laquelle la recherche peut répondre. Piaget, dont les travaux ont débuté dans les années vingt, ne l'a naturellement pas étudiée. Cette capacité de percevoir l'intention publicitaire attend-elle huit ans? En fait, les recherches indiquent qu'elle commence plus tôt, comme nous le verrons au chapitre 3.

— La théorie de Piaget est dynamique. L'acquisition par l'enfant de capacités mentales pour interpréter l'information résulte de deux processus : l'un est la maturation biologique mais l'autre est l'effet de l'expérience, de la pratique, de l'essai et de l'erreur. Suivant les enfants, l'acquisition de la capacité à faire face à la publicité sera plus ou moins précoce : cela dépend de leurs propres expériences.

En ne retenant que l'aspect maturationnel de la théorie de Piaget, on renforçait donc la notion de seuil intangible en dessous duquel l'enfant était probablement manipulé.

L'enfant critique

Le modèle de l'enfant critique est celui de maints publicitaires. C'est celui qui a sous-tendu la recherche entreprise pour la Commission

Scrivener, chargée en décembre 1978 par le ministre de l'Économie d'étudier les rapports entre l'enfant et la publicité. Une des conclusions de cette recherche est [132] : « Les mères devraient être rassurées quant à la « fascination » des enfants devant les écrans publicitaires : même dans le visionnement immédiat, les enfants se montrent plutôt critiques et réalistes... ». Dans cette conception, l'enfant est un adulte modèle réduit. Il est doté des mêmes armes et défenses mentales que l'adulte et peut donc faire face à la publicité et aux émotions qu'elle crée de façon indéniable en lui. A l'extrême il serait plus lucide que l'adulte. « L'enfant identifie avec précision le discours publicitaire. L'enfant aime le discours publicitaire. L'enfant a un comportement « intelligent » face à ce discours. Il apparaît clairement *moins* passif et manipulé que l'adulte » [136].

Les tenants de ce modèle se fondent sur les indéniables remarques très critiques que font les enfants lorsqu'ils sont interviewés sur certaines publicités spécifiques. En les écoutant, on paraît loin des hypothèses de l'enfant gobant toutes les publicités, comme médusé par elles.

Dans ce modèle, la publicité entraîne deux types de réactions : l'une est émotionnelle, l'autre mentale. La réaction émotionnelle est le plus souvent une réaction de plaisir, créée par la forme des publicités (humour, gags, rythme, musique, personnages, etc.). C'est le souvenir de ce plaisir pris à regarder la publicité qui entretiendrait l'habitude de leur porter une attention soutenue. Pour les parents, le résultat le plus visible de cette attention répétée est l'excellent souvenir des slogans, musiques, jingles et dialogues publicitaires par les enfants. Mais il s'agirait là d'une mémorisation innocente, fondée sur le plaisir des mots et des rimes, et non sur une adhésion à un hymne de marque.

En parallèle, et c'est là l'important, l'enfant procède à l'analyse mentale de l'information publicitaire : il sélectionne, filtre, analyse le contenu visuel ou verbal du message. Si ce contenu survit au filtre de ses critiques, l'enfant peut être intéressé par le produit et éventuellement le demander à ses parents qui, de toute façon, restent le passage obligé de son désir. Comme on le voit, ce modèle conçoit l'enfant comme très actif pendant la communication, alors que le modèle manipulatoire le concevait essentiellement comme passif face aux messages publicitaires.

Le modèle de l'enfant critique est tout sauf behavioriste : pour prouver sa validité il repose largement sur le discours très critique des enfants lorsqu'on demande leur avis concernant un film ou une annonce publicitaire, lors d'un pré-test par exemple. Est-ce une preuve ? Il est démontré que les enfants, lorsqu'ils sont interrogés par un adulte, c'est-à-dire une figure d'autorité, épousent — consciemment ou non — les attentes de l'intervieweur [170] : cette « sur-coopération » les conduit à répondre « en adulte ». D'autre part la variabilité des réponses des enfants est grande. Elle dépend par exemple du site de l'interview : lorsque celle-ci a lieu dans l'école, on obtient des réponses plus rationnelles que lorsque l'interview a lieu à domicile [5]. Les déclarations « critiques » peuvent donc refléter autant l'effet de la méthode d'interview que la réalité de l'enfant.

Les défenseurs de « l'enfant lucide » ne précisent pas à quel âge l'enfant acquiert sa capacité critique. Pour eux, le fait qu'un enfant n'ayant pas encore cette capacité soit exposé à la publicité n'est pas considéré comme grave car :

— Souvent du fait de son âge, de toute façon, il n'aura extrait du film publicitaire qu'un divertissement, à l'instar d'un dessin animé (les très jeunes enfants appellent souvent « dessin animé » tout film court, simple, clair et amusant).

— Les parents sont là pour filtrer les demandes d'objet ou de confiserie qui pourraient résulter de l'exposition à la publicité, et en profiter pour inculquer certaines règles relatives à la consommation.

— Une pratique doit être jugée sur ses effets et non en soi. Par exemple J. Rossiter [144] cite le philosophe B. Russell [149] : « Rien ne doit être censuré tant que l'on n'a pas démontré qu'il y avait des conséquences nuisibles pour les autres ». Or pour Rossiter et de nombreux publicitaires [109], pourquoi présumer a priori que l'achat d'une marque de biscuit plutôt qu'une autre, suite à une publicité, est nuisible à l'enfant ?

— Suivant la facette dynamique des thèses de Piaget, plus tôt l'enfant est confronté à des expériences négatives, comme par exemple l'achat d'un produit moins beau que lorsqu'il était présenté à la télévision, plus tôt il acquiert l'expérience de la publicité et le recul nécessaire. Comme on le constate, le modèle de l'enfant manipulable reposait sur une des deux facettes de la théorie Piagetienne : celle des limites à la compréhension induites par l'absence de structures cognitives suffisantes chez l'enfant. Le modèle de l'enfant critique repose sur l'autre facette : la capacité d'avancer l'âge de cette compréhension par l'expérience et la pratique.

Le filtre familial

Il existe un troisième schéma sous-tendant les débats sur l'enfant et la publicité. Ce modèle est directement issu des grandes enquêtes sociologiques entreprises pour évaluer les effets des campagnes électorales dans les années 1950 [25]. Avant cela, l'idée prévalente dans le public était celle de médias ayant un impact direct sur chaque personne de l'audience. En d'autres termes, les effets étaient supposés être équivalents pour tous : l'influence serait la même quel que soit l'individu qui est exposé.

Or les résultats d'enquêtes ont montré que les électeurs ne changeaient guère d'opinions malgré les campagnes électorales. Le problème de recherche devint alors d'identifier dans quelles conditions on pouvait espérer observer un effet des communications de masse. Le maximum que l'on pouvait alors tirer des chercheurs politiques et sociologues était une phrase du type : dans certaines conditions, sur certaines personnes, certains messages peuvent avoir certains effets. Ce modèle appelé — et on le comprend — modèle des « effets limités » ou du « ça dépend » domine actuellement dans les milieux académiques, en sociologie et en sciences politiques [115]. Ainsi pour trois chercheurs de l'I.N.A. [39] est-on renvoyé, lorsqu'on veut étudier la télévision, à tout ce qui n'est pas elle, au milieu où elle s'insère et qui conditionne sa réception. Ces conditions de réception sont le milieu social, le climat affectif dans la famille, les valeurs familiales, l'ambiance intellectuelle, le système de normes... On peut donc parler de modèle du « filtre familial ».

Même si l'*apparence* est celle d'un effet direct de la publicité sur l'enfant (quelques centimètres seulement le séparent de la page publicitaire de son magazine ou de l'écran de télévision), en réalité un filtre invisible opère et explique que, d'un enfant à l'autre, les effets ne soient pas les mêmes et que, à égalité de désir, certains enfants manifestent ouvertement celui-ci à leurs parents et d'autres non, car ils connaissent les normes parentales, les règles de décision de leurs parents et savent évaluer la probabilité de succès de leurs demandes.

Un des apports essentiels du modèle du « filtre familial » concerne les réglementations qui pourraient être prises à l'égard de la publicité pour enfants. Il remet en cause l'obsession de réglementer le stimulus (le contenu de la publicité et sa répétition) : l'action éducatrice et réglementaire ferait mieux de porter sur ces conditions de l'environnement de l'enfant qui précisément modèrent ou modifient l'influence publicitaire. L'intervention parentale pendant les moments où parents et enfants regardent ensemble la télévision (et la publicité), les programmes éducatifs à l'école sont des leviers puissants de modération de l'influence publicitaire.

Qui a raison, qui a tort ? Ce n'est plus la bonne question. Dans nos travaux précédents sur les adultes [84] nous avons montré qu'il n'y avait pas un *seul* mode d'influence de la publicité, mais plusieurs. Ici aussi, lorsqu'il s'agit d'enfants, la publicité n'agit pas de la même façon...

— Suivant que le produit est important ou peu important pour l'enfant. Par exemple lorsqu'il s'agira d'établir la liste à envoyer au Père Noël, les publicités seront scrutées avec un œil critique, à l'instar du modèle de l'enfant critique. Lorsque le produit est moins important, l'enfant se laisse aller beaucoup plus au « feeling », et exerce peu d'activité critique sur le message : la part de l'émotionnel sera prépondérante, à l'instar du modèle « manipulatoire ».

— Suivant l'âge de l'enfant. Les très jeunes enfants n'ont pas l'outillage cognitif pour exercer un filtrage mental sur les publicités mais l'influence de celles-ci est limitée considérablement par l'incompréhension qu'elles suscitent. De plus la surcharge d'information est vite atteinte : « périssant sous le flot d'une information mal digérée, l'enfant se retire dans une vision passive et uniquement distractive de la télévision. Sitôt vue, sitôt oubliée » [38].

— Suivant le milieu familial plus ou moins tolérant vis-à-vis des demandes émanant de l'enfant, vis-à-vis de l'expression de désirs par celui-ci.

— Suivant qu'il s'agit d'effets à court terme (créer un désir pour l'objet) ou d'effets induits à long terme comme l'adoption de valeurs matérialistes, de certains stéréotypes liés aux rôles sociaux, aux sexes. Ces effets à long terme sont difficiles à mesurer : s'ils existent, ce que nous examinerons, ils résulteraient d'un processus de répétition éventuellement renforcé ou en tout cas non combattu par le système des valeurs familiales.

Séduction et persuasion

En 1985, après 15 années de recherches scientifiques intenses aux États-Unis et en Europe, il nous est désormais possible de comprendre comment la publicité agit sur l'enfant, ce que l'enfant retire de la publicité, comment sont régies les interactions parents-enfants suscitées par la publicité. Nous présentons ci-dessous un modèle qui intègre l'essentiel des phénomènes liés aux rapports entre l'enfant et la publicité et incorpore les trois modèles partiels examinés ci-dessus.

Ce modèle examine les processus psychologiques survenant pendant la rencontre entre l'enfant et une publicité. Quelles opérations mentales sont effectuées par l'enfant lorsqu'il tombe sur une page ou sur un film publicitaire ? S'il est vrai que certaines publicités parviennent à leur but (faire désirer), ce n'est pas le cas de toutes, loin de là. Quels sont donc les mécanismes amenant un enfant à être influencé par une publicité, et un autre enfant à ne pas être influencé par cette même publicité ? Notre perspective consiste à dérouler, comme au ralenti, les opérations conscientes ou non, effectuées par l'enfant sur le message publicitaire.

Le modèle rend compte aussi d'une réalité essentielle du traitement du message publicitaire par l'enfant : il s'accompagne en permanence de réactions émotionnelles (plaisir, joie, irritation...) qui interfèrent avec lui, le facilitant dans certains cas, l'interrompant dans d'autres. Il y a donc *dès le début* du contact publicitaire deux processus *parallèles*, agissant l'un sur l'autre. Le modèle de l'enfant critique et celui de l'enfant manipulé sont partiels car ils ne tiennent compte chacun que d'un seul de ces deux processus.

La conception de « l'enfant critique » suppose que l'enfant analyse une information « froide » et forme sur la base de ses pensées (évaluations des avantages et inconvénients du produit) une envie du produit susceptible de donner lieu à action (demande à la mère, achat autonome). La réalité est autre : la publicité induit dès le départ une première réaction émotionnelle susceptible, si elle se confirme, d'engendrer une attitude plus ou moins favorable au produit ou à la marque [178]. Le plaisir du message déteint sur ceux-ci.

Le modèle manipulatoire quant à lui fait dépendre la formation du désir des seuls processus émotionnels provoqués par le message publicitaire [50]. A la rigueur les pensées sont des justifications *a posteriori* ou bien sont formées après l'acte d'achat : l'enfant est d'abord le jouet d'une émotion qui crée chez lui une envie du produit présenté dans la publicité. Il le demande à ses parents et une fois en présence du produit (au magasin par exemple), il acquiert une opinion sur ses avantages ou inconvénients.

Les études et recherches ne supportent pas le modèle manipulatoire lorsqu'il aspire à l'impérialisme et veut rendre compte à lui seul de l'influence de la publicité sur l'enfant. Il est vrai que, dans certaines circonstances, l'envie du produit naît de l'émotion suscitée par la publicité et non des arguments proposés [177] [179]. Ces circonstances sont liées à l'âge de l'enfant, au caractère plus ou moins impliquant du produit présenté [89], aux attitudes familiales vis-à-vis de la consommation. Mais dans d'autres circonstances, l'enfant ne fondera pas son envie du produit sur l'émotion ressentie pendant le film publicitaire : il sépare l'évaluation du produit de l'évaluation du film. Dans la plupart des cas, les deux processus interviennent de concert : l'envie

FIGURE 1. QUE SE PASSE-T-IL PENDANT LA COMMUNICATION ?

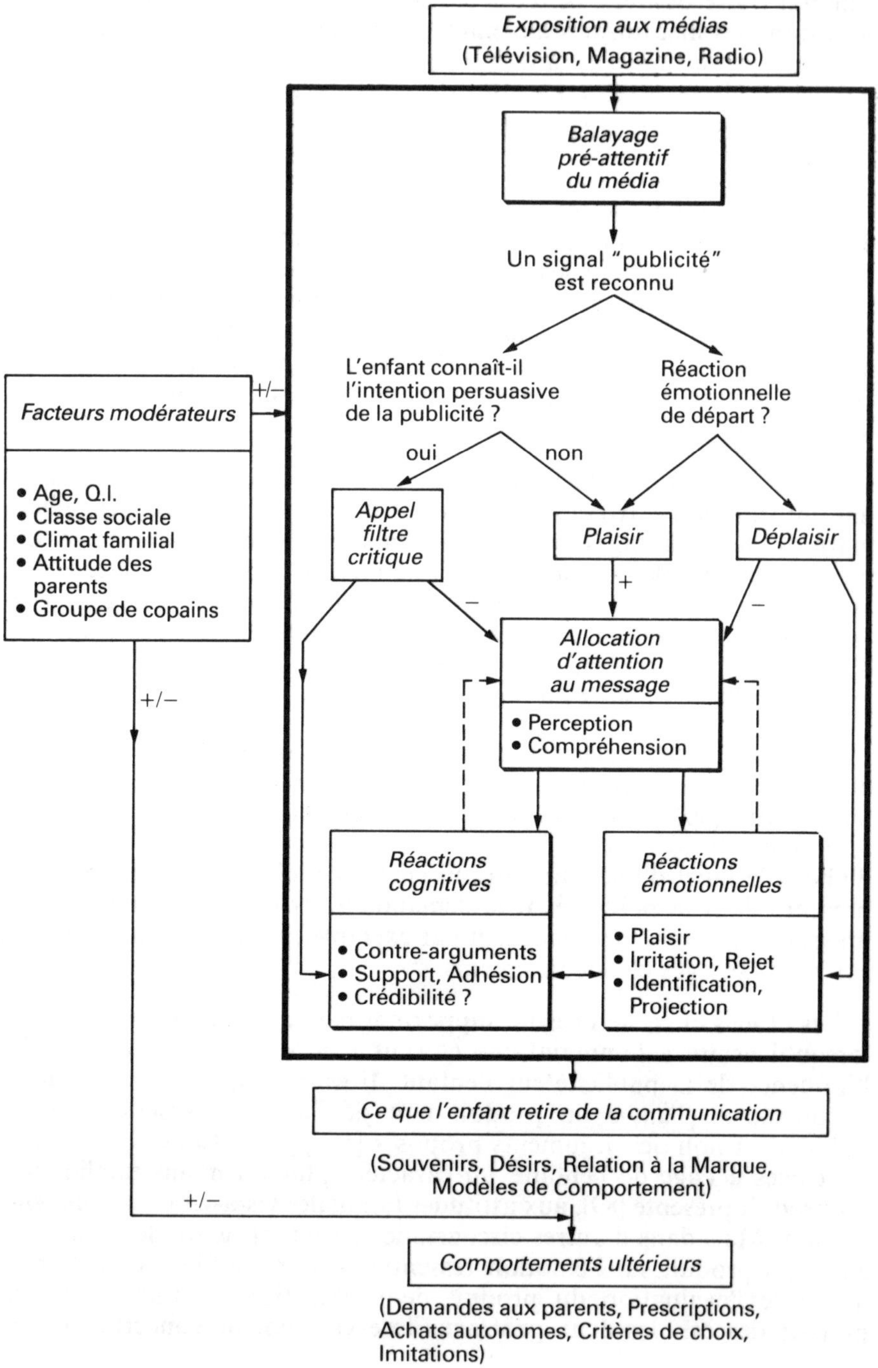

dépend de l'interaction entre les émotions et la pensée, entre la séduction et la persuasion.

Examinons le modèle général de l'influence publicitaire auprès de l'enfant (figure 1), synthèse des résultats des recherches entreprises depuis 15 années sur ce sujet. Cet examen a pour but de présenter au lecteur la carte générale d'un territoire dont chaque chapitre du livre détaillera une partie.

La condition sine qua non de l'influence publicitaire est que l'enfant s'expose aux médias ou aux supports publicitaires : il faut qu'il regarde TF1, Antenne 2 ou FR3 aux heures où sont présents les écrans publicitaires, il faut qu'il feuillette des magazines pour enfants. Ce processus d'exposition ne donne à l'enfant qu'une probabilité de voir, une probabilité de lire la publicité. Elle ne se transformera en réalité que si l'enfant porte attention au message, ce qui dépend de trois facteurs : le produit présenté, la créativité du message et la répétition :

— Par le mécanisme de l'attention sélective, l'enfant remarque d'autant plus une publicité qu'elle présente un produit faisant partie de son champ d'intérêt du moment.

— La qualité de la création (la forme publicitaire) est un facteur essentiel d'attention ou d'impact. Le mot impact est pris ici au sens strict, c'est-à-dire l'allocation d'attention au message publicitaire (mesurée par le souvenir d'avoir vu ou lu ce message).

— En multipliant les occasions de voir, la répétition augmente les chances que l'enfant regarde effectivement le message.

Comment se passe la rencontre entre la publicité et l'enfant ? Imaginez plusieurs enfants jouant dans une pièce, la télévision étant allumée. Leur attention est divisée entre plusieurs tâches : jouer et aussi interpréter les images incidentes et les sons venant du téléviseur. Le processus est le même lorsqu'il feuillette un journal : pour porter attention à une page particulière, paradoxalement, il faut qu'une partie fut-elle minime de cette page ait déjà été décodée, interprétée. Cela se passe lors du balayage pré-attentif [32].

Lors de cette surveillance pré-attentive, l'œil passe sur une annonce publicitaire ou l'oreille entend la petite musique accompagnant la pomme au début des écrans publicitaires d'Antenne 2. Le signal « voici une publicité » est-il alors reconnu ?

— Oui si l'enfant a déjà associé la petite musique aux « petits films marrants »; oui si l'enfant voit déjà une différence entre les caractéristiques de *forme* de la publicité et celle des autres programmes (sans avoir conscience nécessairement de la fonction persuasive de ce qu'on appelle la publicité). Cette différenciation par la forme existe dès l'âge de 4 ans (chapitre 3).

— Non si l'enfant n'a pas encore fait l'association entre la musique et le message (ce qui suppose un enfant en très bas âge : 2 ou 3 ans). Non plus si la publicité s'est déguisée sous un code non-publicitaire. Par exemple certaines publicités de magazine se présentent sous forme de bande dessinée précisément pour mieux se fondre dans le contexte très valorisé et crédible du magazine (cependant il semble que les enfants repèrent à d'autres signes qu'il s'agit d'une publicité et non d'une bande dessinée « normale »). Aux États Unis les spots interrompent les programmes télévisés sans préalable (petite musique, signal ou pomme) : tout est fait pour se fondre dans le programme. Cette pratique dont la plupart des pays européens font l'économie est à la base du ressentiment de maintes familles américaines vis-à-vis des annonceurs et de la publicité. Comme nous le verrons (chapitre 3) elle est inutile : l'efficacité de la publicité groupée en écrans bien identifiés l'atteste. En prônant pendant longtemps l'absence de signal entre les émissions et la publicité, les annonceurs américains ont probablement contribué à entretenir inutilement des attitudes anti-publicitaires.

Supposons maintenant qu'un signal « voici une publicité » ait été reconnu, l'enfant a-t-il conscience que la publicité a une intention persuasive. En d'autres termes en est-il encore à un stade où les seules différences entre la publicité et le reste portent sur la forme (c'est plus court, c'est plus drôle, etc.), ou bien a-t-il intégré le concept de « chercher à vendre, à faire acheter »? Dans ce dernier cas, les études le montrent nettement, tout se passe comme si le signal « publicité » mettait en marche un filtre [124]. Ce filtre accentue la surveillance critique du contenu et modère l'attention portée à la publicité. Ceci ne veut pas dire que l'on ne regardera pas la publicité : en effet l'allocation d'attention dépend *aussi* de l'émotion de départ créée par ce qui a été à peine perçu pour l'instant : le début du message. Si celle-ci est négative (déplaisir), l'enfant ira même jusqu'à tourner la page ou détourner son attention de l'écran. Mais si cette première réaction émotionnelle est plaisante (par exemple parce qu'on a vu un petit poulain gambader sur l'écran), l'enfant va se concentrer sur l'image. Comme on le voit, l'enfant peut être en posture critique tout en allouant plus d'attention à la publicité : si le plaisir attendu du contact est élevé (c'est pourquoi maints adultes aussi regardent la publicité).

Portant son attention sur le message, l'enfant va pouvoir le décoder : il ne faut en effet pas confondre le message émis et le message reçu. Tout message subit une interprétation : ce qui influence ou non l'enfant c'est le message interprété, non le message émis. Ce fait est crucial dans le contexte de la communication vers les enfants car nous adultes n'interprétons pas les messages de la même façon. Par exemple, face à un dessin animé présentant la fable du lapin et de la tortue, l'enfant de 5 ans ne verra qu'une course avec un lapin et une tortue, alors que nous y percevons avant tout une morale, c'est-à-dire une notion très conceptuelle, accessible ultérieurement à l'enfant. Une grande partie des débats concernant le contenu des programmes télévisuels repose sur l'hypothèse que l'enfant sélectionne les mêmes détails que l'adulte et les interprète de la même façon [173] [54], le débat sur le carré blanc en est un exemple typique. Or les expériences de perception comparée entre parents et enfants montrent que cette hypothèse est fausse : ils ne « voient » pas la même chose*.

Ce message décodé donne lieu en parallèle à des réactions émotionnelles et à des réactions cognitives (réflexions, argumentations et contre-argumentations). Suivant le message et l'enfant...

— la balance penchera d'un côté ou de l'autre,

— le niveau de ces réactions sera plus ou moins élevé.

Par exemple si le message n'intéresse pas l'enfant, la quantité de ces réactions sera presque nulle. En ce cas, l'enfant détournera même son attention avant la fin du spot. S'il reste un souvenir ce ne peut être que par l'effet de la répétition [83].

En revanche, quand le message intéresse, les réactions émotionnelles sont intenses : rires, amusement, gêne, irritation, plaisir, accompagnent souvent l'exposition au message. Quand il s'agit d'enfants, ces émotions sont visibles par tout observateur. Lorsque avec l'âge, il apprend à contrôler l'expression de ses émotions, la mesure de celles-ci passe par des indicateurs physiologiques (dilatation de la pupille, électroencéphalogramme [101]. Ces réactions émotionnelles sont dues aux images et à la musique, à la présence de personnages qu'ils aiment, de héros, tout ce précisément qui amène un enfant à dire qu'il aime ou qu'il n'aime pas un film ou une annonce (chapitre 4).

Certains processus émotionnels sont plus inconscients, tels les effets affectifs de la répétition : à titre d'illustration, nous avons tous remarqué qu'en écoutant souvent un nouveau disque, on était amené à l'apprécier de plus en plus. Un très grand nombre de recherches — tant auprès des humains que des animaux — a montré que lorsqu'un

* « Parents-Enfants face aux Images : Tout le Monde se Goure » in *Voir*, n° 6, septembre 1984, p. 18-31.

objet est présenté à un individu de façon répétée, cette simple répétition était capable de rendre l'attitude de l'individu vis-à-vis de cet objet plus favorable [179]. Ainsi non seulement la répétition d'un film est en soi source de plaisir, mais l'enfant peut aussi acquérir par effet de simple répétition une attitude favorable vis-à-vis d'un produit quel qu'il soit. Si l'oubli n'intervient pas entre-temps, la vue du produit sur le linéaire peut réactiver la trace mémorielle enregistrée, l'enfant reconnaissant alors le produit et manifestant son attitude favorable. Cet effet ne doit pas être surestimé : mais entre deux objets dont l'un est nouveau et l'autre a été reconnu, l'enfant sera plutôt porté vers ce dernier.

Qu'appelle-t-on réactions cognitives? Il s'agit de la formulation d'arguments en faveur ou en défaveur du message, pendant l'exposition à la communication [125]. Par message, il faut entendre ici la forme et la promesse publicitaire elle-même (« C'est meilleur avec Glup !»). Si l'enfant dispose d'assez de temps, et si son implication est élevée, de telles réactions apparaissent. On distingue quatre types de réactions cognitives chez l'enfant :

— Des arguments en faveur du message. La publicité évoque chez l'enfant une idée ou un souvenir en faveur de ce qu'elle avance, par exemple : « C'est le savon que ma mère achète » ou encore : « Mon copain a le même, on a joué avec, c'était bien ».

— Des arguments en défaveur du message, comme quand par exemple l'enfant ne croit pas la démonstration (« C'est truqué, on peut pas faire ça aussi vite ! ») ou refuse l'argument (« Je me lave pas les dents et j'ai pas de caries »).

— L'évaluation de la crédibilité de la source. Par exemple, il n'est pas rare d'entendre les enfants remettre en cause les témoignages (« La dame, elle dit ça, mais elle est payée pour dire ça »).

— La curiosité incrédule [112], réaction à mi-chemin entre le croire et le doute (« C'est pas possible ??! »).

D'une façon générale, plus les réactions cognitives sont nombreuses, plus le souvenir du message sera élevé. En réagissant activement à un message on le retient mieux, et cela même si les réponses cognitives ont été négatives. Souvenir et persuasion ne sont donc pas synonymes, contrairement à ce que le public pense.

Dans notre modèle séduction-persuasion les réactions cognitives agissent sur les réactions émotionnelles et réciproquement. Ainsi, une réaction très critique (par exemple : « c'est des mensonges ») induira une réaction émotionnelle négative. A l'inverse, un grand fou rire né d'une publicité peut perturber les réponses cognitives et en tout cas les interrompre. Il agit alors comme élément distracteur : or, les expériences montrent qu'une distraction modérée augmente la persuasion, précisément parce qu'elle limite les réponses cognitives défavorables [19]. Le problème concret est de définir quel est ce niveau « modéré » de distraction. Il se peut que le fou rire perturbe en réalité tout le décodage du message et que l'enfant ne perçoive ni le produit, ni la marque, ni ce qu'on a cherché à lui faire ressentir ou comprendre. Ce phénomène classique est appelé « vampirisme de la création » : les effets créatifs ont masqué le fond du message.

Pour conclure, le modèle séduction-persuasion conduit à faire une distinction essentielle entre d'une part ce que l'enfant retient juste après la publicité (à chaud), et d'autre part ce que l'enfant fait ultérieurement de cet acquis, en le combinant ou non avec d'autres sources d'influence (les copains, le magasin) pour éventuellement formuler plus tard une requête aux parents ou acheter directement avec son argent de poche.

Juste après la communication, l'enfant a en mémoire des impressions nouvelles, des souvenirs du message, du produit ou de la marque. Ceux-ci varient suivant le stade de développement de l'enfant : en dessous de six ans, l'enfant a surtout une mémoire épisodique [123] : il se souvient d'images en vrac (« Il y avait un homme sur une bicyclette »). Ce n'est qu'avec l'âge que la mémoire sémantique se développe autorisant le stockage mémoriel de significations (« Panzani c'est des pâtes qui... »). Suivant le degré d'implication dans le message, peu ou beaucoup sera extrait du message. Enfin suivant l'importance relative des réponses émotionnelles ou des réponses cognitives l'enfant extrait des types d'information différents : plus la communication est reçue de façon exclusivement émotionnelle, moins l'enfant retire d'informations relatives à l'objet (marque, forme, caractéristiques et attributs), plus son souvenir porte sur des facteurs de forme (chansons, slogans, images spécifiques, gags, souvenir du plaisir pris à regarder).

La création publicitaire tient précisément à trouver le juste dosage entre l'émotionnel et le rationnel : les émotions, si elles sont positives, accroissent l'attention et peuvent par effet de halo et d'association rejaillir sur le produit. En ce cas la marque ne sera pas valorisée pour ce qu'elle est, mais pour la *relation* qu'elle propose à l'enfant, et qu'elle démontre à travers ses films. L'enfant lorsqu'il veut du Pépito ne le fait pas parce que c'est un biscuit sablé au chocolat, mais parce qu'il entretient avec la marque une relation privilégiée : la marque lui offre un spectacle agréable, gratuit, et répétitif. Pour le très jeune enfant, ou pour les produits peu différenciés, la préférence de marque a peu de base rationnelle : la préférence pour Oasis plutôt que Banga émane de la relation de sympathie établie par cette marque grâce au spectacle gai et enjoué de la permissivité festive des tropiques et du chanteur apprécié des enfants, Carlos. La séduction prime.

Dès que les produits ont des différences tangibles (les jouets) ou que l'enfant perçoit un risque à faire une erreur de choix, il ne se satisfait pas d'une publicité purement relationnelle : il faut aussi le convaincre et passer ses filtres cognitifs d'appréciation des avantages et inconvénients du produit, et de la crédibilité de la promesse publicitaire. La persuasion prime.

Ainsi, la publicité contribue-t-elle à former les préférences des enfants de deux façons : cognitive et émotionnelle. La télévision peut jouer sur les deux ressorts; le magazine est astreint à la voie informative : la page publicitaire détaille les caractéristiques du produit pendant tout le temps que le souhaite le jeune lecteur. A son propre rythme, il peut exercer toute sa capacité d'analyse du message et former son attitude vis-à-vis du produit à partir des informations assimilées.

A ce stade le lecteur a commencé à intégrer le modèle actuel de l'influence publicitaire sur l'enfant. Ce modèle nous servira pour organiser la séquence des chapitres : nous suivrons les étapes du processus d'influence.

2. La fréquentation des médias par l'enfant

Avant d'aborder en détail les principales études françaises et internationales ayant porté sur la publicité et l'enfant, il importe de les resituer dans leur contexte : d'un pays à l'autre, les habitudes de fréquentation des médias par les enfants sont différentes. Ce n'est pas un hasard si l'inquiétude est née aux États-Unis : la consommation de médias par les enfants y est nettement plus forte qu'en Europe. Deux attitudes doivent cependant être évitées : la première consisterait à endosser sans détour toutes les critiques portées par les groupes consuméristes et les associations familiales américaines, en oubliant ainsi qu'elles sont le résultat de ces taux élevés de fréquentation des médias et en particulier de télévision. En jouant les Cassandre ou en criant au loup prématurément, on court le risque de voir la question enterrée. La seconde attitude consisterait à l'inverse, au vu des écarts entre les taux européens et américains, à estimer que le problème ne nous concerne pas. Ce serait une erreur de nous considérer à l'abri car, même en France, la situation évolue rapidement. Sur la seule chaîne de télévision TF1, le nombre total de messages publicitaires est passé de 9 982 en 1975, à 18 205 en 1979, à 24 396 en 1983. On a pu dire des recherches entreprises aux États-Unis dès 1970 sur la question de l'enfant et la publicité, que cela était « trop peu, trop tard ». En Europe, il n'est plus trop tôt pour aborder en profondeur cette question : les chiffres de fréquentation des médias par les enfants en témoignent.

Le média-roi : la télévision

Quels que soient les pays, la télévision est le média principal des enfants. Dès l'âge de deux ans, ils n'hésitent pas à allumer le poste et à jouer avec les touches, sautant d'une chaîne à l'autre. A l'inverse des autres médias, l'enfant s'approprie très tôt la télévision. Il n'est nullement surprenant alors que, pour lui, publicité et publicité télévisée soient intimement liées. Toute question posée à l'enfant sur la publicité fait d'abord référence dans son esprit à la publicité télévisée. Par exemple [76], à la question : « Où trouve-t-on de la publicité ? », sur 900 enfants allemands de 6 à 13 ans, 79 % ont répondu spontanément à la télévision, 31 % dans les vitrines des magasins, 30 % en affichage, 28 % dans les magazines, 20 % dans les journaux (quotidiens).

Il serait en dehors de notre objectif d'expliquer le succès de la télévision auprès des enfants. Plusieurs excellents ouvrages ont abordé cette question [39] [47]. Une partie de ce succès est imputable à l'existence de programmes spécifiques pour les jeunes. Ainsi aux États-Unis, les émissions du samedi matin sur les trois chaînes nationales (ABC, CBS et NBC) sont entièrement consacrées aux enfants : elles demeurent la voie royale pour atteindre 70 % des 33 millions d'enfants américains entre 2 et 11 ans [44]. Tous les grands annonceurs publicitaires s'y engouffrent : sur trente minutes d'émission, on y trouve 4 minutes 30 de publicité [121]. En France aussi, chaque chaîne tient compte des jeunes téléspectateurs dans sa grille : les enfants ont leurs émissions régulières du lundi au vendredi, à leur retour d'école, dès 18 heures. Le mercredi après-midi leur est entièrement consacré, avec succès d'ailleurs puisque les émissions programmées de 16 h à 18 h sur TF1 attirent 50 % des 8-11 ans et 33,5 % des 12-14 ans ; pour Antenne 2, les pourcentages sont respectivement de 41 % et 29 % [37]. Le dimanche après-midi leur est aussi destiné en partie, d'où des taux élevés de présence devant le petit écran : TF1 entre 16 h et 18 h attire 30 % des jeunes de 8 à 14 ans, et 51 % entre 18 h et 19 h. Quant à Antenne 2, 43 % des jeunes la regardent le dimanche entre 13 h 30 et 16 h. Pour les moins de 8 ans, une enquête du Centre d'Étude d'Opinion [36] nous apprend qu'ils sont 39 % à regarder la télévision, tous les jours ou presque, entre 16 h 30 et 19 h, et 44 % entre 19 h et 19 h 30.

Manifestement la télévision est la distraction préférée des enfants. Quand on demande aux enfants de 8 à 14 ans [80] ce qu'ils préfèrent faire pendant les jours de congé : 59 % répondent regarder la télévision, 44 % jouer dehors, 35 % faire du sport, 28 % jouer dans la maison. En ce qui concerne les activités du soir après l'école, 69 % des enfants citent la télévision, 39 % jouer dans la maison, 33 % jouer dehors et 33 % lire des livres.

Compte tenu des chiffres d'audience atteints par les émissions destinées aux enfants, on ne doit pas s'étonner des tarifs pratiqués par la Régie Française de Publicité. En 1985, pour un film de trente secondes, il en coûtait 58 500 francs le passage le dimanche entre 17 h 45 et 18 h, et 45 000 francs en semaine de 18 h 45 à 19 h.

Les chiffres d'audience des émissions pour enfants ne doivent cependant pas nous tromper : les enfants regardent en masse les émissions et programmes généraux. Ainsi, selon l'enquête du C.E.S.P. 1981, 50 % des 8-11 ans regardent TF1 entre 19 h et 20 h 30 le dimanche. Ils sont d'ailleurs 20 % à regarder le film du dimanche soir sur cette même chaîne jusqu'à 22 heures et plus (le pourcentage est de 37 % pour les 12 à 14 ans). Ces émissions en soirée sont donc encore très regardées par les enfants : selon une enquête de Télérama plus de 40 % des enfants déclarent regarder la télévision tous les jours ou presque jusqu'à 21 h et 30 % jusqu'à 22 h. En Grande-Bretagne, la moitié des enfants de 8 ans a regardé au moins une fois la télévision après minuit. Ce sera le cas de tous les enfants dès onze ans [47].

Ces derniers chiffres sont importants pour trois raisons. D'une part, le problème de l'influence de la publicité sur les enfants ne saurait être circonscrit aux seules publicités pour enfants. Les enfants regardent la télévision largement en dehors des horaires qui leur sont destinés. Aux États-Unis, 87 % des émissions regardées ne sont pas des émissions spécifiques pour enfants [173]. Aussi le plus souvent les publicités regardées ne sont pas des publicités pour jouets ou bonbons. Elles concernent des produits de consommation familiale (alimentation, desserts, boissons) ou adulte (hygiène, cosmétique) par exemple. Ce faisant elles familiarisent l'enfant aux objets du monde adulte, exerçant de facto une fonction de socialisation. Cette ouverture sur une facette du monde adulte explique en partie l'attrait de ces publicités-là : il est significatif que, lorsqu'on les interroge sur les publicités dont ils se souviennent ou qu'ils aiment, les enfants ont souvent à l'esprit des publicités pour des produits qui ne leur sont pas exclusivement destinés.

Les groupes consuméristes ont souvent demandé l'interdiction de toute publicité lors des émissions destinées aux enfants. Seuls en Europe, les Pays-Bas ont interdit jusqu'au 1er janvier 1983 toute publicité à la télévision avant 19 h 55. Ceci ne supprime qu'une partie de l'exposition aux messages, compte tenu des tendances croissantes à l'écoute tardive.

La troisième raison de l'intérêt de ces chiffres tient à ce qu'ils indiquent sur les conditions de réception de la télévision par l'enfant. Compte tenu des horaires d'écoute, par exemple entre 19 h et 20 h 30, la vision des films publicitaires est donc collective : l'enfant peut observer le film et enregistrer les réactions ou absences de réactions de ses parents à ces mêmes films. Il y aurait donc là une importante source d'apprentissage par l'enfant des attitudes à avoir vis-à-vis de la publicité. Nous verrons ultérieurement que cette possibilité éducatrice est rarement utilisée par les parents.

En moyenne, combien d'heures par jour l'enfant regarde-t-il la télévision ? Les chiffres les plus élevés se trouvent aux États-Unis où rappelons-le les programmes sont ininterrompus, 24 heures sur 24. Ils varient suivant l'époque de l'année et l'âge [18]. En février, en moyenne un enfant de 2 à 5 ans regarde 4 h46 minutes par jour, et 4 h 14 s'il a entre 6 et 11 ans. L'été, l'écoute est réduite de moitié. Sur l'année complète, en moyenne un enfant regarde donc la télévision 3 h 39 minutes par jour, soit plus de vingt-quatre heures par semaine, plus d'un jour sur sept. En somme, l'enfant américain avec plus de 1 300 heures de télévision par an passe plus de temps devant son écran qu'en classe. En Europe, les chiffres sont plus modestes : l'enfant allemand de 3 à 7 ans regarderait une heure par jour, celui de 8 à 13 ans 1 heure et demie [76]. En Grande-Bretagne, les enquêtes font état de 2 heures d'écoute par jour en moyenne pour un enfant de 5 à 11 ans, une heure et demie pour un enfant de 12 à 14 ans [23]. L'enfant belge regarderait une heure cinquante minutes (en automne et en hiver) s'il a entre 6 et 9 ans et 2 heures et demie à la même époque, s'il a entre 10 et 13 ans [147].

Les comportements des petits Français sont étudiés avec précision par le Centre d'Études d'Opinion [36]. L'enfant de 8 à 14 ans regarderait en mai 1 h 15 un jour de classe et 2 h 15 un jour de congé, soit 11 heures et demie environ par semaine. L'hiver, l'écoute est plus importante : 14 h 23 la semaine de la Toussaint, 17 h 10 la deuxième semaine de décembre et 22 h 17 la semaine précédant Noël. En novembre, l'écoute du mercredi, samedi ou dimanche est de 3 h par jour [151]. Selon des données plus récentes du C.E.O., en 1983, pendant la période scolaire les enfants de 7 à 12 ans regardaient la télévision de deux à deux heures trente par jour. La moyenne quotidienne s'éleva à près de quatre heures pendant les vacances.

Ces moyennes cachent en fait de grandes variations suivant le milieu familial. La variable-clé est le niveau d'instruction de la mère [36] : les enfants dont la mère a reçu une instruction primaire regardent beaucoup plus la télévision que ceux dont la mère a suivi des études secondaires ou supérieures (18 h 40 minutes par semaine en décembre pour les premiers, 12 h 24 minutes pour les seconds). Si on ajoute d'autres variables à la description du milieu familial, on peut identifier un groupe qui regarde moins de 5 h par semaine en décembre (6 %

des jeunes de 8 à 14 ans) et un groupe très gros consommateur de télévision, avec plus de 25 h d'écoute en moyenne en décembre (ce groupe représente 20% des jeunes interviewés par le C.E.O.). Les faibles consommations de télévision sont le fait d'un enfant jeune (8-10 ans) dont la mère a reçu une instruction supérieure, dont le père est cadre supérieur ou exerce une profession libérale, et qui est l'enfant unique de la famille, celle-ci ne possédant pas, par ailleurs, de télévision en couleur. Au contraire la plus grosse fréquentation concerne des enfants de 13-14 ans appartenant à une famille nombreuse (3 enfants ou plus), possédant la télévision en couleur, dont la mère n'a reçu seulement qu'une instruction primaire et dont le père est inactif ou ouvrier.

Le fait que le milieu familial, avec son système de valeurs, soit à la base de considérables différences dans la consommation de télévision par l'enfant, et donc de publicité télévisée, rend incertaines les conclusions hâtives tirées des comparaisons d'enfants fortement et faiblement exposés à la télévision [174]. Constater par exemple que les premiers aiment plus la publicité que les seconds, ou sont plus tournés vers la consommation, vers des valeurs matérielles n'autorise nullement à dire que la télévision est la cause de ces différences de valeurs. La causalité peut être inverse. En effet l'orientation vers la consommation ou vers la possession d'objets matériels s'acquiert dans le milieu familial. Elle est plutôt caractéristique des classes sociales modestes; les classes sociales aisées ayant résolu leurs problèmes de niveau de vie inculquent à l'enfant des valeurs plus spirituelles, qui le détournent de la télévision au profit de la lecture. De plus, selon les conditions socio-économiques de la famille les enfants se voient plus ou moins libres, ou encouragés à regarder la télévision. Aussi pour analyser les effets de la fréquentation assidue de la télévision, il faut éliminer toutes les autres causes possibles de ces effets. Par exemple on procédera à des comparaisons entre gros et petits consommateurs de télévision au sein de chaque classe sociale, pour éliminer l'effet de la classe sociale.

La classe sociale, le milieu familial ne sont pas les seules variables explicatives des variations de consommation de médias entre enfants : l'âge et le sexe influent aussi. Par exemple, sur la base d'une semaine où l'exposition moyenne fut de 16 h [36], les enfants de 8-9 ans regardent moins (14 h 9 minutes pour les garçons, 14 h 36 minutes pour les filles) que les plus âgés 13-14 ans (16 h 36 minutes pour les garçons et 17 h 16 minutes pour les filles). Comme on le constate, les filles regardent plus que les garçons, peut-être parce qu'elles sont moins souvent à l'extérieur du domicile.

Ainsi, au niveau quantitatif, celui du volume de télévision consommé, il apparaît que le fait de parler de « l'enfant » n'a guère de sens. L'enfant est membre d'une classe d'âge et d'une classe sociale : il obéit à des processus de socialisation différents selon qu'il est un garçon ou une fille, suivant le système de valeurs de sa famille. Ces paramètres — appelés « conditions de réception » — modifient aussi considérablement ce que l'enfant retire des messages télévisuels — c'est-à-dire sa perception qualitative. En apparence la télévision véhicule le même message à tous les enfants. En réalité les conditions familiales, le climat affectif et intellectuel ambiant jouent comme autant de lunettes invisibles qui viennent considérablement modifier ce qui est reçu par l'enfant, ce qui est accepté par lui à court terme et à long terme. D'un enfant à l'autre, la réception du même message sera fort différente même s'il n'en paraît rien extérieurement. Par exemple, nos recherches [91] sur les préférences des enfants en matière de films publicitaires ont montré que les enfants souffrant d'un fort manque affectif ne supportaient pas les films publicitaires présentant des scènes d'enfants heureux au milieu de leurs parents.

Avant d'aborder d'autres médias, il importe de tirer quelques implications des chiffres de consommation de télévision par les enfants.

— Suivant l'époque, l'âge, le milieu, un jeune américain regarde la télévision de 17 à 35 heures par semaine soit 900 à 1 800 heures par an. En France, les chiffres correspondants vont de 500 à 1 000 heures. Ces enfants regardent donc en majorité des programmes qui ne leur sont pas destinés et qui leur déplaisent souvent (qu'il s'agisse du journal télévisé où l'on ne parle « que de guerres et de catastrophes » ou d'émissions statiques où l'on parle beaucoup et de façon incompréhensible pour la plupart des enfants). L'interruption par les publicités constitue pour l'enfant souvent une parenthèse de répit entre deux émissions qui lui échappent. Le sursaut d'intérêt que l'on observe chez eux reflète parfois moins un engouement inaliénable que le plaisir de retrouver un instant la fonction première de la télévision à leurs yeux : distraire.

— Les chiffres d'écoute journalière, fussent-ils élevés, ne signifient pas que l'enfant est immobile devant l'écran comme médusé pendant deux heures ou plus. Dire que 41 % des jeunes de 8 à 11 ans regardent Antenne 2 le mercredi entre 16 heures et 18 heures [37] ne signifie pas qu'ils restent immobiles, les yeux rivés sur l'écran. Dans un souci de sensationnalisme ou mûs par le désir de convaincre du bien fondé de leurs opinions, certains chercheurs oublient la signification réelle des chiffres d'audience et en viennent à écrire : « Il n'est donc pas du tout impensable qu'au cours de l'hiver certains enfants soient *vissés* pendant plus de 6 heures par jour devant leur poste de télévision » [46]. Les chiffres d'audience sont obtenus soit en demandant à l'enfant de se souvenir s'il a regardé la veille par exemple telle ou telle émission à la télévision soit par la technique du carnet d'écoute. Celle-ci consiste à faire remplir par les parents un carnet où sont marqués, au fur et à mesure, les heures et les émissions regardées par l'enfant*. L'observation des enfants pendant qu'ils « regardent » la télévision révèle que l'enfant procède souvent à d'autres activités en même temps (feuilleter un illustré, jouer, dessiner...). Le mot regarder doit donc être interprété dans un sens limité : l'enfant regarde souvent la télévision sans la voir. En fait, plus les durées d'écoute sont élevées, plus l'enfant procède à des activités parallèles. D'une certaine façon, à long terme le seul résultat de l'exposition prolongée à la télévision dont on soit sûr est l'acquisition d'un style très particulier d'attention : « Regarder sans regarder ». Avec l'âge, les enfants aussi acquièrent ce style d'attention divisée et distante.

— Si l'on tient compte du nombre des films publicitaires par heure aux États-Unis, un enfant américain voit en moyenne 20 000 spots par an. Si l'on inclut les écrans publicitaires avant et après le journal télévisé, en France, un enfant de 8 à 14 ans verrait par jour en moyenne de 10 à 20 spots soit par an de 3 600 à 7 000 spots. En tant que tels ces chiffres n'autorisent aucune conclusion. On est souvent tenté d'exacerber la crainte du lavage de cerveau en agitant des chiffres symboliques. D'un point de vue scientifique il reste à étudier quels peuvent être les effets à court et long terme de l'exposition prolongée à la publicité. En soi, il n'est pas possible de dire si 7 000 spots sont beaucoup ou peu. Tout dépend de la façon dont ils sont perçus. Ne l'oublions pas, l'enfant n'aborde pas la publicité dans la perspective d'apprendre quelque chose en vue d'un achat ultérieur (sauf lorsque son anniversaire et Noël s'approchent), mais dans une perspective ludique, de détente et d'amusement. Ce que nous percevons dans un film et ce qu'il en extrait sont souvent résolument différents. Cela a été montré pour la violence [173]. Les scènes que les enfants trouvent violentes sont jugées anodines par les parents et réciproquement. C'est aussi vrai pour la perception des publicités télévisées.

Le média ami : leur magazine

La plupart des ouvrages ayant abordé la question de l'enfant et la publicité se sont limités à la seule publicité télévisée. Pourtant le

* Aucune des études analysées par l'auteur n'a fait usage de l'audimètre. Cet appareil note automatiquement quelle chaîne est regardée et à quelle heure (poste ouvert). Pour savoir *qui* dans la famille regarde, certains audimètres disposent d'un clavier : on demande à chaque membre de la famille d'appuyer sur sa touche personnalisée lorsqu'il regarde.

journal de Mickey est lu par 19 % des enfants de 8 à 11 ans et 23 % des 12-14 ans soit une audience totale de 1 030 000 lecteurs. Quant à Picsou Magazine, il touche 40 % des enfants de 8 à 14 ans, avec une audience de 1 985 000 lecteurs [37]. Enfin Pif et Tintin atteignent respectivement 769 000 et 585 000 enfants.

Les enfants entretiennent une relation tout à fait privilégiée avec le magazine, pour être plus précis avec leur magazine. En comparaison la relation avec la télévision est nettement moins positive. Même s'il y a des émissions pour enfants, le média TV est un média qui appartient aux adultes : son usage est contrôlé par ceux-ci, sa propriété est celle de la famille, une large partie des émissions suivies par l'enfant est destinée aux adultes. Manifestement l'enfant ne peut s'approprier ce média : à la différence du magazine, de l'illustré, l'enfant ne peut aller et venir dans le média, adapter le flot d'images à son humeur du moment. Les conditions de réception sont imposées par l'extérieur que ce soit par les rythmes d'écoute familiaux ou par les exigences de la programmation. Comme le note à juste titre M. J. Chombart de Lauwe : « La télévision le possède plus qu'il ne le possède » [42].

Cette représentation inconsciente que les enfants ont du média télévision s'exprime clairement quand on leur demande d'en dresser le portrait chinois [43]. Ainsi lorsqu'on interroge un groupe d'enfants de 8-10 ans : « Si la télévision était un animal, qu'est-ce que ce serait ? », les réponses du groupe sont unanimes :

« Ce serait un diplodocus - trop gros - il pèse trois tonnes - des milliers de tonnes - il est ancien - il est fort - il est bête - il a une petite cervelle - une grosse cervelle - un diplodocus, c'est pas un copain... ».

D'autres évocations traduisent l'agressivité perçue de la télévision à leur égard, que ce soit par le flot d'images incontrôlées qu'ils reçoivent, ou par la fatigue qu'elle engendre :

« Il a mal aux fesses - au ventre - aux yeux - parce qu'il a vu trop de films - il a mal à la tête parce qu'il voit des images tout le temps - il fait de la claustrophobie - parce qu'il ne peut pas s'en sortir ».

Manifestement, ce média, objet avant tout de la famille, n'entre pas dans le cercle affectif de l'enfant. Entre lui et ce média il n'y a pas de connivence, de complicité : c'est un être étranger qui s'impose, qui impose ses rythmes, ses horaires, ses programmes, comme le soulignent les réponses à la question : « Si la télévision était un monsieur, décrivez ce monsieur ? ». Le groupe des 11-12 ans le décrit :

« Grand - gros - plein de mécanique - il est automatique - il a 100 ans ».

Le groupe des 13-14 ans n'en pense pas moins :

« Il a une grosse tête - un tout petit corps - deux cheveux - il raconte - il fait des informations - il parle fort ».

Tout autre est le magazine, média que l'enfant s'approprie complètement, qu'il sélectionne, qu'il manipule à son gré, qu'il échange entre copains, qu'il lit et relit où bon lui semble, chez lui, dans la cour, dans la voiture, à l'école. Les portraits chinois du média magazine révèlent avec netteté « le besoin de l'enfant de trouver dans un journal un copain, un ami, un confident qui parle le même langage que lui et à qui l'on peut se confier » [43]. Écoutons les enfants : « Si ton magazine était un animal ? » :

« Ce serait un chien - grand - pas gros - pas moche - il est beau - il a 20 ans - 8 ans - 9 ans - il est gentil - malin - intelligent - affectueux - fidèle - il aime bien les enfants parce que les enfants le lisent - il est affectueux avec les lecteurs - il se laisse lire - il est copain avec tous les lecteurs » (groupe d'enfants de 8-10 ans).

Au niveau publicitaire, le magazine n'est pas le concurrent de la télévision, mais son complément. La télévision ne permet pas l'arrêt sur l'image : en quelques secondes elle doit démontrer le plaisir tiré du produit. La page magazine prend le relais et répond aux interrogations de l'enfant. De plus, dans le magazine la publicité entretient un dialogue actif avec le jeune lecteur, par tous les mécanismes de concours, de jeux, de promotions spéciales qui y fleurissent.

Cependant, du fait de la forte relation affective entre l'enfant et son magazine, la publicité magazine est vécue de façon ambivalente. Lors d'une enquête sur 120 élèves de 11 à 15 ans [7] on demanda : « Aimeriez-vous lire des magazines ne contenant aucune publicité ? ». 52 % répondirent non et 41 % oui. Les partisans de la publicité citent comme raisons : « C'est amusant » (14 %), « Ça agrémente en mettant de la couleur » (9 %), « Les magazines seraient monotones sans la publicité » (8 %), « La publicité ça informe » (12 %). Les partisans de l'absence de publicité en attendent plus de lecture dans le magazine (14 %), qui serait plus intéressant (10 %). Ces derniers ressentent un peu comme une tromperie l'épaisseur de leur magazine, qui est en fait plein de publicités. Leur attente vis-à-vis du support est telle qu'elle s'accommode mal de la présence publicitaire [9]. Il n'est pas étonnant alors que la différence soit faible entre les enfants préférant la publicité dans leurs journaux (43 %) et ceux la préférant dans les journaux de leurs parents (37 %) [60]. La force de ce dernier pourcentage révèle que l'on ne saurait limiter la lecture des enfants à la seule presse enfantine. Télé 7 Jours arrive en septième position en termes de pénétration du segment des 8-14 ans [80] : il est lu par 29 % d'entre eux, suivi par Télépoche (23 %).

Un média étranger : la radio

La radio n'est pas un média très saillant dans l'esprit des enfants : elle est rarement mentionnée par ceux-ci. Plusieurs facteurs expliquent cet état de fait.

— Les enfants sont plus attirés par l'image que par le son et préfèrent regarder la télévision, d'autant plus que celle-ci présente *et* l'image *et* le son.

— La radio ne présente pas de programmes pour eux. Elles appartient complètement au monde des adultes.

— A la différence de la télévision ou du magazine, l'écoute de la radio n'est pas une activité en soi : c'est toujours un complément à une activité parallèle. Ils l'écoutent en bruit de fond, souvent dans un contexte familial.

Manifestement ce média n'appartient pas à leur univers, ne fait pas partie de leur monde. il est significatif qu'ils savent très tôt tourner un bouton de télévision mais hésitent à manipuler les touches de la radio. L'impact de la radio est donc faible sur eux : il est significatif qu'ils chantent souvent des jingles sonores mais aucun qui soit exclusif du média radio. Il y a là un paradoxe : l'enfant qui mémorise bien les slogans, les formules verbales, traite donc la télévision comme la radio, et pourtant il mémorise peu cette dernière.

Sur le plan quantitatif, par jour, toutes stations confondues, la radio touche 13,5 % des enfants de 8 ans, 19 % de ceux de 10 ans [151]. La pénétration croissante de la radio avec l'âge préfigure la place importante qu'elle va occuper auprès des adolescents, comme média de la musique. La radio, libre ou moins libre, est l'envoûtement des adolescents. Aujourd'hui, la télévision a remplacé la radio comme média familial collectif. Devenue silencieuse, la radio est passée dans la semi-clandestinité de l'écoute attentive et personnelle.

3. Quand l'enfant distingue-t-il la publicité de la non-publicité ?

A partir de quel âge un enfant comprend-il ce qu'est la publicité, quels sont ses buts, ce qu'elle cherche à faire ? Cette question est cruciale : l'essentiel de l'inquiétude et du trouble liés à la présence de publicités aux heures de forte écoute des enfants en bas âge repose sur le sentiment diffus d'un abus de pouvoir. Si l'enfant regarde en toute confiance la publicité parce qu'il ne connaît pas son intention persuasive et sa nature à dessein enjolivante, il y a là une situation qui heurte la morale. Telle est la position de nombreux parents, des associations de consommateurs, de la très puissante association qui a mis le feu aux poudres aux États-Unis : « Action for Children Television » (A.C.T.). De fait, pour couper court à tout risque, plusieurs pays ont opté pour la suppression pure et simple de toute publicité destinée aux jeunes : point de publicité avant 20 heures sur les chaînes des Pays-Bas (jusqu'en janvier 1983), interdiction de toute publicité télévisée visant les moins de 13 ans au Québec.

La nécessité de telles mesures n'est cependant pas apparue à la majorité des pays. En soi, ceci ne signifie nullement que la majorité ait raison, mais témoigne de l'existence d'une argumentation inverse. On peut en effet avancer qu'une pratique ne doit être interdite que s'il est démontré qu'elle a des effets néfastes pour l'enfant ou pour son environnement immédiat (la famille). Le fait de demander un jouet ou une confiserie suite à une publicité est-il néfaste ? Suivant la sensibilité des parents, la réponse est positive ou négative. Naturellement, s'il s'agit d'un véritable tir de barrage permanent rendant la vie impossible et générateur de conflits, de frustrations et d'agressivité, le caractère néfaste sera admis par tous. De telles situations sont cependant rares : les études portant sur la fréquence et la nature des demandes faites par les enfants (chapitre 8) montrent que celles-ci ne dépendent pas uniquement de la publicité mais sont une surface projective de relations familiales plus ou moins tendues, de systèmes éducatifs plus ou moins tolérants.

Les opposants à l'interdiction avancent aussi que toute demande faite aux parents est l'occasion pour eux de former l'enfant à l'apprentissage du principe de réalité, du contrôle de ses désirs. Bref, c'est en pratiquant la publicité qu'on apprend à la connaître et donc à s'en méfier.

Pour contribuer à l'avancement de la question, nous présenterons les études les plus significatives ayant porté sur elle. Dans une première partie, nous montrerons que l'enfant acquiert dès trois ans les codes lui permettant de différencier la publicité de ce qui n'est pas la publicité — mais cette différence ne repose que sur des critères de forme. Dans la deuxième partie, nous verrons à quel moment l'enfant conçoit la notion abstraite d'intention persuasive. Dans la troisième partie, nous montrerons comment la perception que la publicité cherche à vendre agit comme filtre à la persuasion, mais ne supprime pas celle-ci (comme en témoigne l'efficacité de la publicité sur les adultes). En conclusion, nous tirerons quelques implications en ce qui concerne la réglementation ou la déréglementation des pratiques publicitaires.

Comment fait-il la différence ?

Les enfants qui, entendant la musique du générique de la publicité à la télévision, interrompent leurs jeux et regardent avec attention, témoignent qu'ils font clairement une différence entre elle et les autres programmes. A quel âge s'effectue cette discrimination ? Le chercheur se heurte ici à une difficulté méthodologique de taille : plus l'enfant est jeune, moins il est à même de répondre verbalement à des questions et cela pour trois raisons : d'une part, il peut ne pas comprendre la question ; il peut aussi ne pas disposer du bagage verbal pour répondre ; enfin, tout en comprenant la question et en sachant quoi répondre, il peut ne pas désirer répondre ou être intimidé par l'intervieweur, adulte étranger qu'il rencontre pour la première fois. A reposer exclusivement sur des réponses verbales, on risque donc de prendre pour une non-discrimination entre la publicité et le programme ce qui n'est que non-réponse, et cela d'autant plus qu'on s'interroge à propos des très jeunes enfants de six ans et moins.

Pour tourner cette difficulté, Wartella et Ettema [168] eurent recours à l'observation des enfants. 120 enfants de 3 à 8 ans assistèrent en petits groupes à une émission de télévision, dans le cadre de leur école. Dans cette émission d'une demi-heure, douze spots publicitaires étaient insérés, à raison de trois interruptions de deux minutes chacune. Rappelons qu'aux États-Unis on passe du programme à la publicité sans générique (telle la pomme d'Antenne 2). Pour observer les élèves, on eut recours aux enseignants de l'école, familiers des enfants. Ceux-ci devaient noter le comportement d'attention de chaque enfant juste avant l'interruption publicitaire, au début du premier spot de cette interruption et toutes les dix secondes pendant cette interruption. La mesure d'attention prévoyait trois cas : une attention complète (l'enfant est tourné vers l'écran, ses yeux aussi), une attention partielle ou pas d'attention du tout. Les résultats montrent que l'attention passe de partielle à complète pendant la transition du programme à la première publicité. Dès trois ans, les enfants semblent donc connaître les indices visuels et sonores signifiant l'interruption du programme par la publicité.

Une autre procédure d'investigation consiste à présenter aux enfants une séquence faite de publicités et d'émissions non-publicitaires pour enfants en ordre mélangé, en leur demandant d'indiquer, pour chaque segment, s'il s'agit ou non d'une publicité. Butter et ses collègues utilisèrent cette méthodologie sur 80 enfants de 4 et 5 ans en moyenne [33]. Comme le montra le tableau des résultats, bien que les enfants plus âgés aient mieux identifié les passages présentés, les plus jeunes réussirent mieux que ce que l'on aurait dû obtenir si leurs réponses avaient été données au hasard : 70 % des enfants de 4 ans identifièrent correctement les publicités, contre 90 % pour les enfants de 5 ans.

Levin, Petros et Petrella [106] modifièrent légèrement la méthodologie : ils ne présentèrent aux enfants de 3, 4 et 5 ans que les 10 premières secondes soit de publicités, soit d'émissions pour enfants, le tout naturellement en ordre dispersé. Ici encore, même les enfants de trois ans firent mieux que le hasard, le taux de réponses exactes croissant avec l'âge. Ainsi les enfants peuvent reconnaître les genres à partir de signes et indices présents dès les premiers plans de l'émission ou du spot publicitaire.

Quels signes les enfants utilisent-ils pour identifier l'appartenance d'un message au genre publicitaire ou non-publicitaire ? Pour répondre à cette question en ce qui concerne la publicité magazine, on présenta à des enfants de 5 à 11 ans quatre pages de magazines dont trois étaient des publicités [8]. Celles-ci concernaient un parfum, un stylo à encre et une calculatrice électronique. La page non-publicitaire était un article d'une page agrémenté d'une large photographie, appelé « Le rêve au volant » et portant sur les camions. Les enfants devaient indiquer laquelle des quatre pages présentées n'était pas une publicité. Plus de 60 % des enfants de 5 ans identifièrent correctement la non-publicité. Le taux fut le même pour les enfants de 5 à 8 ans, puis passa à 80 % pour les enfants de 9 ans pour atteindre 100 % à 11 ans. Compte-tenu du fait qu'il s'agissait de publicités magazines (un média moins familier que la télévision) et en plus de publicités visant les adultes, ces résultats témoignent d'une acquisition des clés de décodage de la publicité. Interrogés sur les raisons de leurs réponses, les enfants citèrent la forme de l'illustration, l'organisation de l'espace dans la page, la forme du texte, et des indices périphériques (« Je l'ai jamais vue »). De fait, une extension sur les signes de reconnaissance des spots télévisés indique que le fait de les avoir déjà vus plus d'une fois est pour l'enfant un sérieux indice qu'il s'agit d'une publicité. En ce qui concerne la publicité-magazine, pour les enfants, même les plus jeunes, on reconnaît une publicité au fait que « la photo du produit prend toute la page... il y a peu de choses autour... le texte est court et écrit gros... il y a la marque et un gros titre... ». La nature du produit montré contribue aussi à repérer la publicité. Ainsi l'annonce pour la calculatrice eut un taux élevé d'erreurs de classification : celle-ci représentait un chien et posait une question soluble grâce à la calculatrice. Les enfants l'ayant mal classée justifièrent leur choix en disant : « On y voit un chien. on ne fait pas de publicité pour les chiens ».

En ce qui concerne la télévision [173], les changements de rythme musical, la nature de ce qui est montré, la longueur, le caractère dense sont aussi des indices de reconnaissance : « Dans les émissions, il y a de la musique au début et à la fin, dans la réclame, il y a de la musique tout le long » ou encore « Les publicités c'est petit, les émissions c'est long ».

Ainsi, une fraction importante des enfants de 5 à 6 ans distingue la publicité du reste des programmes sur le plan de la forme. Il peut cependant y avoir confusion lorsque la publicité revêt volontairement une apparence non-publicitaire. En ce qui concerne la presse enfantine, la publicité Benco, par exemple, se présente comme une bande dessinée.

Peu d'études ont porté sur cette question. A partir d'études, Renouard [136] considère que « dès 8 ans, l'enfant est capable de reconnaître dans un magazine des pages de publicité d'autres types de discours, même si la page publicitaire met en scène un personnage de bande dessinée ou de télévision bien connu ».

Aux États-Unis, Atkin [12] a étudié la pratique un moment autorisée consistant à faire suivre un dessin animé très aimé des enfants par un spot publicitaire présentant le même personnage. Deux groupes d'enfants de 3 à 7 ans virent l'une des deux séquences suivantes :

— Un dessin animé très populaire auprès des enfants (Fred Flintstone), suivi immédiatement par un spot publicitaire où le même Fred Flintstone recommandait de manger les Corn Flakes X.

— Le même spot publicitaire mais situé après un dessin animé de Bugs Bunny, le lapin.

L'observation des enfants montra qu'ils portèrent plus d'attention au spot Flintstone lorsqu'il faisait suite au film Flintstone que lorsqu'il succédait au film Bugs Bunny. En soi, cette différence de degré d'attention ne prouve pas qu'il y ait eu confusion. Mais, lorsque le spot suivait le film Flintstone, les enfants exprimèrent un plus grand désir pour la marque X de Corn Flakes que dans l'autre groupe et firent plus souvent l'erreur de croire que Fred Flintstone mangeait ces Corn Flakes dans le dessin animé (et non dans la publicité). La pratique de faire suivre un dessin animé ou une émission par un spot présentant le même personnage est désormais interdite aux États-Unis.

Quand comprend-il le but de la publicité ?

Distinguer la publicité de son contexte est une chose, comprendre ce qu'est la publicité en est une autre. A quel âge l'enfant perçoit-il les objectifs de la publicité à son égard ? Ward, Wackman et Wartella [166] demandèrent à 615 enfants de 5 à 11 ans de répondre avec leurs propres mots à la question « Qu'est-ce que c'est, la publicité ? ».

Trois degrés de compréhension furent codés. Une faible compréhension correspond à des descriptions de pure forme (« Ça montre des enfants qui jouent ») ou affectives (« Elles sont drôles », « La publicité, c'est pour faire rire »). Une compréhension moyenne renvoie à la fonction informative sur les produits, sans perception de l'intention persuasive (« C'est pour montrer les choses qu'on peut acheter »). Enfin, il y a forte compréhension si l'enfant perçoit l'objectif de vente (« C'est pour attirer les gens à acheter le produit ») et éventuellement les protagonistes (« La publicité, c'est un moyen qu'un vendeur fasse connaître sa marchandise »). Les résultats montrent que la majorité des enfants de 5 ans n'a aucune notion des fonctions de la publicité : 68 % d'entre eux définissent la publicité uniquement par ses caractéristiques de forme, 26 % lui attribuent une fonction informative, seuls 6 % des enfants de 5 ans perçoivent l'intention persuasive. A huit ans, ils ne sont plus que 18 % à ne voir en la publicité que des différences de forme ; 57 % des enfants de 8 ans lui attribuent une fonction informative et 25 % des enfants perçoivent l'intention persuasive. A onze ans, 57 % définissent la publicité par sa fonction informative et 41 % perçoivent l'intention persuasive.

Robertson et Rossiter [140] ont distingué deux formes d'intention attribuée à la publicité : une intention d'assistance ou d'information (par exemple : « Ils disent des choses sur les produits », « Ça sert à décrire un objet », « Ça donne des idées », « Ça aide à chercher ») et une intention de persuasion (par exemple : « C'est fait pour que les gens achètent »). Leur enquête sur 289 enfants de 6 à 11 ans montre que la perception de l'intention persuasive croît fortement avec l'âge, alors que, à partir de six ans, la perception d'une intention d'assistance ne croît pratiquement plus avec l'âge. A cinq ans, 52 % des enfants déclarent que la publicité a une fonction informative ; ils sont 68 % à 6 ans et 55 % à 11 ans. En ce qui concerne la perception de l'intention persuasive, les pourcentages sont de 52 % à 5 ans, 87 % à 6 ans et 99 % à 11 ans. Cette dernière étude est intéressante car elle reconnaît la double fonction de la publicité et n'oblige donc pas l'enfant à choisir entre ces deux fonctions : on demandait à l'enfant s'il percevait chacune de ces fonctions.

Outre l'âge, d'autres variables pouvant influencer le niveau de compréhension des enfants étaient étudiées : la présence de frères et sœurs plus âgés, le niveau d'éducation des parents, la fréquence des interactions entre les parents et l'enfant, et le degré d'intégration sociale de l'enfant. En effet, puisque pour son information l'enfant dépend d'autres personnes (frères et sœurs, parents, copains), son degré de maturation publicitaire devait aussi dépendre de ces variables. Les résultats montrèrent qu'après l'âge, seul le niveau d'éducation des parents influence la perception de l'intention persuasive par l'enfant : à âge égal, plus leur niveau d'instruction est élevé, plus l'enfant perçoit pleinement l'objectif de persuasion. Curieusement, aucune des variables n'influence de façon sensible la perception de la fonction d'assistance ou d'information.

Ces résultats montrent que les perceptions des deux fonctions de la publicité ne s'excluent pas mutuellement. L'acquisition du concept de persuasion requiert cependant une sophistication mentale plus élevée. Le fait que cette acquisition soit très liée à l'âge indique qu'elle émane de deux sources au moins : la progression cognitive de l'enfant à travers les stades décrits par Piaget par exemple, mais aussi un effet d'expérience cumulée au contact de la publicité.

Les deux études précédentes demandaient aux enfants d'exprimer leurs pensées par des mots et de réagir par rapport au concept général :

« La publicité ». Suivant cette approche méthodologique, on peut estimer à 6-7 ans l'âge où l'enfant intègre la fonction informative et 8 ans celui où il perçoit la fonction persuasive. Compte tenu des difficultés liées à l'usage de méthodes verbales avec les enfants, plusieurs chercheurs ont montré que les enfants en savaient en réalité plus et plus tôt qu'ils ne l'exprimaient.

Donohue, Henke et Donohue [52] ont étudié la compréhension des intentions de la publicité auprès de très jeunes enfants (2 à 6 ans). Leur expérience, portant sur 97 enfants, utilisait des méthodes non-verbales et concernait un film publicitaire précis (pour les Corn Flakes X), et non le concept général « La publicité ». Les enfants étaient exposés au spot publicitaire, puis devaient choisir entre deux images celle qui correspondait le mieux à ce qu'ils avaient compris : l'une des images correspondait à l'intention persuasive (elle représentait un enfant assis dans un caddy, sa maman étant derrière, face au rayon des Corn Flakes dans un supermarché, et prenant le paquet de X dans sa main), l'autre était neutre (un enfant en train de regarder la télévision), 75 % des enfants de 2 à 3 ans répondirent « correctement », c'est-à-dire montrèrent l'image correspondant à l'intention persuasive. Le pourcentage fut de 70 % pour les enfants de 4 ans, 76 % pour ceux de 5 ans et 95 % à 6 ans. Pour les auteurs, les enfants les plus jeunes font mieux que choisir au hasard (50 %) ; de plus, la compréhension de l'intention s'accroît fortement avec l'âge, avec un seuil très net entre 5 et 6 ans. Selon nous, les conclusions de l'étude dépendent du taux de base auquel on compare les taux observés : est-ce 50 % (une chance sur deux) ou plus (au cas où l'image neutre serait en soi moins attirante que l'image correspondant à l'intention persuasive). Ceci n'affecte cependant pas le net seuil observé entre 5 et 6 ans.

Une étude d'Atkin [14] illustre bien les différences obtenues par des méthodologies différentes. On montra à 480 jeunes enfants de 3 à 7 ans, et de tous milieux sociaux, des publicités pour des corn flakes. Puis l'intervieweur demanda à chaque enfant : « Pourquoi ils montrent ces corn flakes à la télévision ? ». Si l'enfant répondait « Pour acheter, ou pour vendre, etc. », on considérait qu'il avait saisi l'intention persuasive. Puis, l'intervieweur aida l'enfant en lui suggérant une réponse « Est-ce qu'ils montrent ces corn flakes pour que les enfants les demandent à papa et à maman ? ». L'enfant pouvait alors montrer du doigt une des trois cartes indiquant « Oui », « Non » ou « ? » (Je ne sais pas). Cette seconde méthode (par choix entre trois possibilités de réponse) donne des taux de reconnaissance de l'intention persuasive bien plus hauts que la première méthode (question ouverte), comme le montre le tableau 1.

TABLEAU 1. A QUEL ÂGE L'ENFANT COMPREND-IL QUE LA PUBLICITÉ CHERCHE A FAIRE ACHETER?
(Effets du mode de réponse demandé à l'enfant sur les résultats)

	Pourcentage d'enfants de chaque âge donnant la réponse correcte à la question : « Pourquoi ils montrent des corn-flakes à la télévision? »				
	Age de l'enfant				
	3 ans	4 ans	5 ans	6 ans	7 ans
L'enfant doit répondre spontanément avec ses propres mots	5 %	12 %	21 %	42 %	48 %
L'enfant indique sa réponse en choisissant entre trois réponses suggérées	90 %	83 %	80 %	73 %	73 %

Si l'enfant choisissait au hasard entre les trois cartes, les taux observés auraient été bien plus faibles. Le fait que les plus petits manifestent des taux légèrement plus élevés est imputable à leur tendance bien connue à dire plutôt oui que non. Selon ces résultats, 80 % des enfants de cinq ans sauraient pourquoi on leur montre des Corn flakes à la télévision. L'interprétation de ces résultats dépend cependant de la part imputable à la « tendance au oui », élevée chez les tous petits enfants.

Précisément, une autre étude faisant appel aux réponses non verbales de l'enfant échappe à cette incertitude. Zuckerman et Gianinno [180] présentèrent vingt photos de personnages à des enfants entre quatre et dix ans. La moitié de ces personnages venait exclusivement de dessins animés non-publicitaires (la Panthère Rose, Bugs Bunny, par exemple) et l'autre moitié venait de dessins animés publicitaires pour des produits alimentaires (en France, ce serait des personnages tels Mamie Nova, Pepito, etc.). On présenta 10 paires de photos successivement, chaque paire comportant un personnage publicitaire et un personnage non-publicitaire, tirés au hasard. Chaque enfant devait indiquer lequel des deux personnages montre un produit (par exemple : des biscuits) à la télévision. Même à quatre ans, tous les enfants purent associer le personnage au produit. On mélangea alors les photos et chaque enfant devait montrer les personnages qui « veulent que tu achètes quelque chose ». Pour éviter qu'en montrant plus de 10 personnages, l'enfant de facto obtienne des réponses correctes, les résultats furent établis en soustrayant au total des réponses correctes (personnage publicitaire) les réponses incorrectes (personnage non-publicitaire désigné comme vendant quelque chose). Si l'enfant répondait au hasard, il devait donc obtenir la note zéro. La note maximale était 10. Les résultats montrèrent que les enfants de 4 ans, 7 ans et 10 ans obtinrent respectivement les notes de 3, 5 et 9. Si les enfants de quatre ans commencent à déceler l'intention persuasive, celle-ci n'est pleinement acquise qu'après sept ans.

On remarquera que les enfants associaient parfaitement le produit et son personnage sans comprendre pour autant que ce personnage veut « qu'il achète quelque chose ». Ceci conduit à faire deux remarques sur les études où l'on ne demande pas à l'enfant de répondre par des mots.

— Il y a une grande différence entre (i) être conscient d'une relation entre la publicité et l'achat, la vente, les lieux où l'on achète les produits et (ii) être conscient que la publicité a un but persuasif. L'étude de Donohue examinée ci-dessus démontre certainement l'existence de la première association, mais pas forcément de la seconde.

— Les méthodes non-verbales où l'on demande à l'enfant de sélectionner un dessin pour répondre souffrent d'un handicap. On ne sait pas par quel processus l'enfant sélectionne la bonne (ou la mauvaise) réponse. Or, il se pourrait très bien que les tout petits choisissent la bonne réponse pour des raisons qui ne sont pas les bonnes, en tout cas pas celles supposées par le chercheur [176].

Quittant les plus jeunes enfants, examinons comment la compréhension complète de la publicité évolue chez les plus âgés. Sur la base de 36 entretiens en profondeur menés auprès d'enfants de 3 à 14 ans, étudiés par groupes de trois (d'âge identique), Feertchak [61] note qu'à partir de 10 ans le discours de l'enfant se teinte d'évaluations publiphobes, liées au rôle économique de la publicité (par exemple : « C'est pour forcer les gens à acheter quelque chose » ou « Quelquefois, il y a des publicités qui sont marrantes et puis c'est dégueulasse »). Quant au fonctionnement institutionnel de la publicité (les agences de publicité, etc.) il échapperait même aux enfants de 12 et 13 ans.

Robertson et Rossiter [140] ont distingué, outre la perception des fonctions informative et persuasive, trois facettes de la compréhension de la publicité :

— Percevoir la notion de « source », d'une personne autre que soi-même et agissant à travers la publicité.

— Percevoir la notion de cible et de segmentation. Marqué par l'égocentrisme [127], le jeune enfant ramène tout à lui : toutes les publicités sont faites pour lui exclusivement. Plus tard, il comprend qu'un message peut être destiné à un autre que lui-même.

— Percevoir le caractère symbolique des représentations (être conscient de la différence entre les images — télévisées par exemple — et la réalité). En moyenne, à 6 ans un enfant sur deux a acquis ces perceptions, à 8 ans ils sont trois sur quatre, à 10 ans, neuf sur dix.

Quant au fonctionnement des agents économiques liés à la publicité, sa compréhension est tardive : ainsi, 360 enfants de 8 à 14 ans [91] devaient déclarer s'ils étaient ou non d'accord avec la phrase : « C'est la télévision qui demande aux gens qui fabriquent les produits de montrer ces produits dans la publicité », en donnant une note de 1 (pas d'accord) à 5 (d'accord), 3 étant la note de neutralité ou d'ambivalence. Les enfants de 8 à 12 ans hésitent encore quant à la réponse (note moyenne de 2,5) ; à partir de treize ans, le rôle des fabricants est reconnu, la télévision n'ayant aucun rôle de parrainage (note moyenne 1,9). A contrario, ces résultats suggèrent que les moins de 7 ans pourraient croire que la télévision elle-même sélectionne les produits montrés dans les publicités, servant alors de label de qualité. De fait, cette attitude ne concerne pas exclusivement les enfants : on trouve dans de nombreuses vitrines de magasins d'adultes des rappels « Vu à la Télévision ». L'hypothèse d'un effet de crédibilité attaché à la télévision est aussi suggérée par Ward et ses collègues [166]. Ils demandèrent aux enfants : « Pensez-vous que les produits montrés dans la publicité à la télévision sont les meilleurs ? ». A cinq ans, un enfant sur deux dit oui. Ils ne sont plus que 17 % à le croire à 8 ans et 8 % à 11 ans. Une étude similaire faite auprès d'enfants de milieux sociaux très modestes [118] montre que la crédibilité attachée au médium télévisé persiste plus longtemps chez ceux-ci : à 11 et 12 ans ils sont encore 41 % à penser que les produits montrés dans la publicité télévisée sont meilleurs que ceux qui n'y apparaissent pas.

Être ou ne pas être conscient : conséquences

Quelles sont les conséquences de la perception de l'intention persuasive de la publicité ? Celles-ci peuvent être examinées à trois niveaux : la confiance portée à la publicité par l'enfant, son attitude vis-à-vis de la publicité et le désir de produit qu'il en retire.

Quand les enfants comprennent le but persuasif de la publicité, ils croient moins aux messages publicitaires. Ceci est vrai aussi bien pour la « publicité en général » que pour des messages publicitaires spécifiques. Ainsi, dans une étude belge [46], on demanda à 500 enfants de 7 et 9 ans : « Crois-tu la publicité ? ». L'analyse des résultats, suivant que l'enfant est ou non conscient du but persuasif, reflète des écarts importants. Parmi les enfants conscients du but persuasif, 8 % croient « toujours » à la publicité, 66 % croient « parfois » et 26 % « jamais ». Parmi les enfants non conscients de ce but, les chiffres sont respectivement de 19 %, 71 % et 10 %. Dans cette même étude, les enfants de 7 ans ont plus cru aux trois messages publicitaires qui leur étaient présentés, que leurs aînés (9 ans).

Connaissant l'intention publicitaire, les enfants savent que le discours est partiel (« ils disent que les bonnes choses, pas les mauvaises »). Aussi, 80 % des enfants de 8 et 11 ans déclarent « ne pas pouvoir dire si un produit est bon, juste en le regardant à la télévision » ; ils étaient 55 % à le déclarer à 5 ans.

Au niveau de l'attirance pour la publicité, plus l'enfant perçoit une intention persuasive, moins il déclare aimer la publicité. Il semble donc que la perception d'une intention persuasive constitue un filtre cognitif, une défense mentale pouvant éventuellement être activée pendant le contact avec la publicité.

La capacité de comprendre l'objectif de la publicité diminue-t-elle les effets de celle-ci au niveau du comportement ? La réponse à cette question n'est pas immédiate. En effet, il est crucial de distinguer le désir du produit, l'intention d'achat et la demande faite aux parents. Comme nous le verrons au chapitre 8, entre le désir et l'action, de nombreuses autres variables interviennent (comme par exemple les habitudes de réponse des parents et les encouragements ou admonestations qu'ils prodiguent lors des requêtes). Nous examinerons donc ce que l'enfant retire éventuellement du contact publicitaire : le désir de l'objet.

Dans une première étude [140], on demanda aux enfants : « Est-ce que tu veux chaque jouet ou jeu que tu vois dans les publicités télévisées ? ». A 6 ans, 65 % des enfants disent « oui », à 10 ans ils ne sont plus que 7 % ; rappelons qu'à 6 ans, 50 % des enfants percevaient l'intention persuasive (mesurée par une réponse verbale de l'enfant) et que celle-ci est complètement perçue à 10 ans. Dans une seconde étude [166], on demanda aux enfants « Est-ce que tu veux la plupart des choses qu'on montre dans les publicités télévisées ? ». A 5 ans, deux enfants sur trois disent « oui », à 8 ans comme à 11 ans ce sera un enfant sur deux.

Ces derniers chiffres montrent que l'effet de filtrage opère, mais que toute persuasion ne disparaît pas pour autant. Après tout, l'adulte est aussi pleinement conscient des objectifs publicitaires : cela ne l'empêche pas d'être influencé.

Comment expliquer que, malgré ce filtrage, la persuasion demeure importante ? Tout d'abord, la persuasion n'est pas une chose mauvaise en soi ; nous acquérons nos opinions essentiellement par elle, il n'y a aucune raison a priori pour laquelle nous devrions être totalement résistants à la publicité. Le filtre cognitif nous rend plus discriminants, c'est tout.

D'autre part, au fur et à mesure que nous, les enfants comme les adultes, regardons la télévision, nous acquérons un style d'attention dit d'implication minimale [95]. Pour certains même, si la télévision a un effet sur l'audience dont on soit sûr, c'est bien celui-là : le fait de regarder devient une activité en soi, indépendamment du contenu. A force d'accumuler des images, notre niveau général d'attention décroît. Aussi, globalement, les différences s'estompent entre les genres ; tout participe de la même finalité première : distraire. Certes, certaines émissions sont longues, d'autres courtes, certaines sont statiques, d'autres dynamiques. A long terme, au fur et à mesure que le fond importe moins, ces différences de forme deviennent plus saillantes. Les études confirment cette hypothèse.

Ainsi dans leur enquête sur les enfants francophones et néerlandophones, les chercheurs du CRIOC [46] trouvèrent que les enfants qui regardent peu la télévision ont davantage conscience du but persuasif qu'elle poursuit, lorsqu'on leur pose la question : « Pourquoi montre-t-on de la publicité à la télévision ? ». Néanmoins, comme les enfants très exposés étaient surtout des francophones, et les peu exposés surtout des néerlandophones, un facteur culturel peut aussi expliquer ce résultat.

Nous avons étudié la compréhension de la publicité de 360 enfants français de 8 à 14 ans [91]. Le premier niveau de compréhension renvoie à une différence purement formelle (« A part qu'elle est plus courte, la publicité est comme les autres programmes de télévision »). Le second niveau de compréhension renvoie à l'aspect informatif de la publicité (« La publicité permet de connaître les objets et les choses qui existent »). Le troisième niveau est celui de la perception de l'intention persuasive (« A la télévision, ce qui distingue la publicité des autres programmes, c'est qu'elle cherche à vendre des choses »). Les enfants devaient indiquer leur opinion en donnant une note allant de 1 (pas du tout d'accord) à 5 (totalement d'accord). On examinera les différences de réponse selon que les enfants regardent peu, moyennement ou beaucoup la télévision, et après homogénéisation de chacun des trois groupes (pour éviter que ces groupes diffèrent sur d'autres variables que le taux d'exposition à la télévision, ce qui rendrait impossible l'imputation des effets aux différences d'écoute de la télévision).

Les résultats montrent que la perception de l'intention persuasive est très forte dans les trois groupes (note moyenne : 4,3 sur 5) et ne varie pas de façon significative suivant le taux de fréquentation de la télévision (donc de la publicité télévisée). En second vient la perception de la fonction informative ou d'assistance (note moyenne : 3,6 sur 5). Celle-ci croît très légèrement avec le taux de fréquentation. Tous les enfants de l'échantillon rejettent l'idée que la publicité est comme le reste des programmes à part qu'elle est plus courte (note moyenne : 2 sur 5). Néanmoins, le rejet est moindre chez ceux qui regardent beaucoup la télévision. Ceci suggère que, mentalement, les enfants savent pertinemment quel est le premier but de la publicité, mais cette connaissance n'est peut-être pas très saillante au moment du contact.

Il existe une troisième raison pour laquelle la connaissance du but persuasif ne supprime pas la persuasion. Si le produit est intéressant et bien mis en valeur, il est normal que nous soyons sensibles à la publicité. Enfin, la notion de filtre cognitif renvoie essentiellement à l'évaluation de la promesse publicitaire (« Je vous dis que le produit fait ceci ou cela »). Or tous les messages ne sont pas construits sur le mode argumenté (promesse publicitaire avec des preuves à l'appui, à l'instar des publicités pour les couches pour bébé ou les lessives). Une grande partie d'entre eux mettent en avant l'affectivité : le chemin de l'influence est plus émotionnel que cognitif, il y a séduction plus que persuasion. Face à une publicité que l'on aime, que l'on trouve drôle ou bien faite, où rien n'est affirmé explicitement, où l'on ne cherche pas à nous faire admettre que X est mieux que les autres marques, le filtre cognitif a moins de prise. Nous ne sommes pas ici dans le registre de l'exposé, ni de la plaidoirie argumentée mais dans le registre du spectacle, c'est-à-dire l'attente principale des jeunes spectateurs vis-à-vis de la télévision.

En conclusion, quelles implications tirer de ces résultats ? Les jeunes enfants doivent-ils être spécialement protégés de la publicité ? Cette conclusion paraît logique au vu des chiffres reflétant la confiance que portent les enfants de moins de 8 ans à la publicité et le désir qu'elle provoque chez eux, lorsqu'ils ne connaissent pas l'intention persuasive. D'un autre côté, on ne peut qu'être frappé du déclin très fort de l'attirance publicitaire et de la confiance avec l'âge, dès sept-huit ans. D'autre part, même si les très jeunes ne connaissent pas l'intention persuasive, ce n'est pas le seul de leurs déficits : la moitié des enfants de cinq à six ans ne sait pas quoi répondre à la question : « Qu'est-ce que cette publicité veut que tu fasses ? » [167]. Enfin, les mesures de souvenir des messages faites sur ces jeunes enfants indiquent que ceux-ci ne retiennent que des bribes du message et n'en saisissent pas toujours le sens. Cependant des slogans publicitaires sont souvent retenus et répétés par plaisir par l'enfant : la relation affective ainsi créée entre la marque et l'enfant, sur une base de simple plaisir auditif, peut effectivement induire en magasin des comportements d'appropriation de l'objet. Comme on le voit, et comme on le verra tout au long des recherches, la réalité est plus complexe que ne veulent bien le croire les parties en présence : nous consacrerons un chapitre complet (chapitre 11) à l'examen des implications politiques des faits mis en lumière.

4. Pourquoi l'enfant aime-t-il la publicité ?

Les enfants aiment la publicité. L'attention qu'ils lui portent et le souvenir qu'ils en ont en témoignent. Mais comment s'explique cette attirance ? A quoi correspond le rituel publicitaire chez l'enfant ? Après avoir répondu nous examinerons pourquoi certaines publicités lui plaisent plus que d'autres. Nous porterons une attention particulière aux personnages et autres héros enfantins qui peuplent les publicités, ainsi qu'aux effets de la présence d'enfants dans la publicité. Enfin, nous explorerons les motifs du rejet de certaines publicités, ainsi que les conséquences de l'acquisition avec l'âge d'attitudes publiphobes par l'enfant.

La publicité : un vrai rituel

On ne peut qu'être frappé par le rituel entourant l'écoute de la publicité à la télévision (le média principal des enfants). Alors que le mode habituel d'écoute est celui d'une attention divisée entre plusieurs tâches (jouer, feuilleter et regarder), dès qu'il entend la musique du générique, l'enfant interrompt ses tâches parallèles et vient se camper devant le poste. Qui plus est, il demande le silence autour de lui : tout est assujetti aux publicités. D'autre part, il est fréquent que l'enfant de six ans accepte d'aller se coucher mais « après la pub ». Ce rituel d'attention répétitive et source de plaisir rappelle à s'y méprendre celui lié aux contes et histoires racontés autrefois aux enfants par les parents et les grands-parents, au point qu'on a pu dire des publicités qu'elles étaient les comptines des temps modernes. Il est vrai que, de tous les programmes télévisés, la publicité est le seul à être exactement répété à l'identique.

La répétition est une dimension fondamentale du conte. Tous les manuels pour apprendre aux parents à raconter des histoires aux enfants insistent sur ce fait [104] : le conte doit être redit non seulement dans les mêmes termes, mais encore avec la même mimique, les mêmes gestes, les mêmes intonations. La répétition mot à mot, mimique à mimique est fondamentale. Pour s'en rendre compte, il suffit d'observer combien l'enfant est prompt à remarquer que vous avez changé certains détails de l'histoire narrée le soir pour l'endormir.

Quelles sont les fonctions de cette répétition? Pourquoi est-elle source de plaisir? Freud l'attribue à une pulsion innée de répétitivité. La répétition apporte aussi une maîtrise du réel, qu'il s'agisse de l'enfant qui vide et remplit vingt fois son seau de sable ou de l'enfant qui écoute vingt fois la même histoire ou qui regarde pour la nième fois une publicité. Dans le cas de l'histoire (comme de la publicité) la répétition permet à l'enfant de s'en pénétrer peu à peu, et d'attendre avec délice l'événement drôle ou inquiétant, l'heureux dénouement.

La répétition à heures fixes de la publicité, à l'instar de celle désormais disparue du conte, engendre trois plaisirs :

— Le plaisir de l'attente. L'enfant sait quand la publicité doit venir : soit en termes de contiguïté (« après Capitaine Flamme ») soit en termes d'horaire pour ceux qui maîtrisent ce concept. Ceci n'est pas spécifique à la publicité et concerne tout autant les feuilletons. D'une façon générale, le retour des mêmes émissions, tout comme les activités rituelles de s'alimenter, de s'endormir et de se lever apportent l'attente, la satisfaction et la sécurité de ce qui se répète [111].

— Le plaisir de participer : lorsque la publicité apparaît, elle n'engendre nullement l'ennui, mais un plaisir intense de revoir ce que l'on sait déjà par cœur, déclenchant toujours le même amusement, lorsque l'image-clé ou la saynète-clé réapparaissent sur l'écran.

— Le plaisir de réagir avec les autres. Le plus souvent l'enfant ne regarde pas la télévision seul mais avec ses frères et sœurs ou ses amis. Il y a donc une émotion collective qui s'ajoute à l'émotion individuelle.

La publicité a d'autres ressemblances structurelles avec le conte, qu'elle soit destinée à l'adulte ou à l'enfant. Toute fable passe par la mise en place de quelques personnages, en nombre réduit, suivie d'une phase de tension, de suspense, qui se résoud heureusement toujours à la fin, grâce éventuellement à un artifice magique. Il en va de même des publicités télévisées.

Suivant l'âge de l'enfant, il est recommandé d'adapter les ingrédients du conte. Ainsi pour l'enfant de moins de cinq ans, dont l'expérience est courte et le vocabulaire pauvre, le conte ne doit parler que d'actes, d'objets ou d'êtres connus, le texte dit doit être très court, très simple, l'intrigue doit se réduire à une seule action, et à un petit nombre de personnages. Les publicités présentent en général quelques personnes (la famille, un couple, deux amis) et des objets connus (les produits de consommation courante) ; l'intrigue y est simple : « il y avait un problème - comment faire ? - avec X, plus de problème ». A partir de cinq-six ans, l'enfant veut de l'aventure ; il aimera les spots où les voitures sont mises à l'épreuve, ou bien qui se passent dans l'espace.

Le conte repose souvent sur un élément d'impossibilité qui se résoud comme par magie. Le pouvoir magique des bottes de sept lieues ou de la baguette magique ravissent le tout jeune enfant marqué par l'animisme et qui lui-même essaye d'agir sur le monde par l'ordre et la prière. Aujourd'hui la Tornade Blanche a remplacé la baguette magique, et Mamie Nova ou Mamie Tournus sont des fées. La publicité à la télévision fournit une moisson quotidienne d'actes miraculeux. Si une tache est faite sur la belle moquette blanche, trente secondes après, grâce à X, comme par miracle, elle a disparu ! Une colle parvient à faire tenir un homme collé au plafond par ses semelles ! La résolution du problème, le moment où toute difficulté se résorbe, la scène finale d'épanouissement sont des facteurs importants dans la satisfaction que tirent les enfants de la publicité télévisée.

La publicité, comme le conte, ouvre la porte au merveilleux. L'analyse des films publicitaires populaires auprès des enfants révèle qu'ils mettent souvent en scène certains des fantasmes de ces derniers : images d'abondance (l'enfant sous une pluie de bonbons) ou images d'omnipotence (l'enfant-roi à qui une cour obéit).

Enfin, et ce n'est pas la moindre des similitudes, la publicité comme le conte exerce une fonction rassurante. Structurellement, elle est la parenthèse du merveilleux, alors que le reste du programme est souvent dramatique. Ainsi elle encadre le journal télévisé, où l'on ne parle, au dire des enfants, que du chômage, de grèves, de guerres, autant de sujets angoissants pour l'enfant. Les enfants ont envie d'avoir confiance dans la vie : le journal télévisé est ce qu'ils aiment le moins [159]. Par contraste, la publicité fournit à l'enfant une vision rassurante du monde : les problèmes y trouvent tous leur résolution, le monde décrit est un monde de bonheur. On a pu critiquer le caractère stéréotypé des situations et des personnages dans la publicité et la déréalisation auxquels ils contribuent. Certes dans la réalité la maman n'est pas comme la bonne maman de la publicité, le papa n'est pas comme le bon papa de la publicité. Mais test après test, lorsque l'on demande aux enfants de faire eux-mêmes leur film publicitaire, ou de choisir entre plusieurs images, ce sont pourtant ces situations et personnages stéréotypés qui apparaissent.

Ainsi structurellement, lorsqu'elle présente la publicité, la télévision fonctionne comme une nounou efficace, ou une grand-mère de substitution, occupant le vide créé autour de l'enfant par la réduction de la cellule familiale à sa plus simple expression (le père et la mère et leurs enfants). Puisque grands-pères et grands-mères — grands pourvoyeurs de récits, de veillées et de symboles — sont désormais hors de proximité des enfants, la télévision a pris le relais. La famille ne se limite pas vraiment au couple parental, mais inclut désormais à part entière la télévision : il ne s'agit plus du couple mais du "trouple" [130]. A travers les publicités, la télémama égrène ses comptines. A la limite, la petite musique annonçant le début de la séquence publicitaire fonctionne comme la phrase annonciatrice d'antan : « Je vais vous raconter une histoire ». Quant au petit lion marquant la fin de la parenthèse publicitaire, il s'apparente à la locution qui termine tout conte, pour éviter de ramener l'enfant brutalement à la réalité, ponctuation indispensable car le petit enfant ne saisit pas toujours que le conte est fini.

La télévision publicitaire a aussi pris le relais de la leçon de choses auprès des plus jeunes. Elle introduit l'enfant au monde des objets et en particulier des objets d'adultes, car ne l'oublions pas la majorité des publicités qu'il voit ne le concerne pas directement. La publicité est en cela une des formes de socialisation de l'enfant : celle qui le familiarise avec les objets. Il est caractéristique que, examinant les publicités qui plaisent le plus aux garçons et filles de 8 ans, deux sur trois concernent des produits pour l'adulte ou la famille et non des produits pour enfant [47]. De même, l'examen des variations du degré d'attention des enfants, entre l'émission télévisée et la publicité qui s'y insère, montre que les enfants de 5 à 7 ans accroissent leur niveau d'attention lorsqu'il s'agit de publicités pour des produits qu'on aurait pu juger a priori moins concernants pour eux [163]. Ces publicités (pour des produits cosmétiques, des produits d'entretien, etc.) paraissent a posteriori les concerner plus que les autres, peut-être parce qu'elles initient aux comportements et rôles adultes.

Les publicités qu'ils aiment

Quelles raisons les enfants donnent-ils eux-mêmes au fait qu'ils aiment une publicité ? Qu'est-ce qui les attire fortement, mobilisant leur attention ? Compte tenu de l'importance de ce média auprès des enfants, beaucoup plus de recherches ont été faites sur les films de télévision que sur les annonces en magazine. D'autre part, eu égard au coût de réalisation d'un film publicitaire de 30 secondes (de 450 000 à 700 000 francs) et au coût de l'achat d'espace*, la plupart des annonceurs soumettent leurs projets de film à un pré-test avant de décider du film final et de partir en tournage. Ces pré-tests consistent en général à réunir 8 ou 9 enfants de la cible visée et à les faire s'exprimer sur l'univers du produit concerné, les images des marques, les publicités concurrentes et enfin les projets de publicité entre lesquels l'annonceur et son agence de publicité hésitent. L'expression des enfants est soit verbale, soit non-verbale (dessins, collages visuels...). Ces études, souvent non publiées pour cause de confidentialité, contiennent de nombreux enseignements sur les moteurs de l'attirance et du rejet de messages publicitaires par les enfants. Elles contribuent, avec les recherches fondamentales faites sur ce sujet, à mieux comprendre les processus affectifs prenant place pendant l'exposition au message.

TABLEAU 1. POURQUOI ILS DISENT AIMER UNE PUBLICITÉ?

		A cause du produit	A cause de la forme publicitaire
	Age	%	%
Filles	7	60	40
	8	60	40
	9	28	72
	10	16	84
	11	18	82
	12	20	80
Garçons	7	100	—
	8	40	60
	9	20	80
	10	21	79
	11	17	83
	12	9	91

Le *produit* est la base principale du jugement porté sur les publicités par les jeunes enfants (5 à 8 ans). L'intervieweur non averti, rompu aux nuances subtiles faites par l'adulte entre son évaluation du produit et son évaluation du message publicitaire, est toujours surpris par l'assimilation faite par l'enfant :

« J'aime bien cette pub parce que c'est mon fromage favori ».

* En 1984, Miro-Meccano a dépensé plus de 8 millions de francs en publicité télévisée, pour l'ensemble de ses produits; Milton-Bradley, plus de 10 millions; Mattel, 7 millions; Lego, 3,3 millions; Ceji, 8,4 millions; et Fisher-Price, 3 millions (Base : Pige Secodip, 1984).

« Il y a de la publicité pour Action Joe. J'adore cette publicité. Action Joe c'est un grand bonhomme comme ça. On habille ça avec des vêtements et tout ça. J'adore Action Joe ».

Quand le produit plaît, la publicité est appréciée; s'il déplaît, elle sera rejetée. Avec l'âge, cette non discrimination s'estompe vite, comme en témoigne le tableau 1 [47].

L'enfant de 7/8 ans justifie son appréciation d'une publicité d'abord par l'intérêt du produit, et ensuite par la forme publicitaire. A partir de neuf ans, deux cas de figure peuvent se présenter :

— Si le produit le concerne directement (c'est-à-dire aussi bien les jouets, la confiserie, la nouvelle Renault... que la lutte contre le tabac), son appréciation dépend et de l'attrait du produit et de la forme publicitaire.

— Si le produit ne le concerne pas ou peu, c'est essentiellement la forme publicitaire qui compte.

D'une façon générale, jusqu'à 9/10 ans, la perception de l'enfant est pointilliste. Ils se font une idée du contenu du film publicitaire à partir d'un ou deux détails. Chaque fois un détail les séduit ou les choque : tout va dépendre de ce détail. La sélection de ce détail est largement affective : un timbre de voix, un animal (les petits lapins des piles Duracell), l'habileté d'une pirouette visuelle... Examinons les éléments de forme qui les séduisent.

L'*humour* est la caractéristique de forme la plus mentionnée par l'enfant. C'est un des ressorts les plus solides des processus affectifs suscités pendant l'exposition à la publicité. Les enfants apprécient le gag, l'image forte et désopilante, l'air hébété du personnage surpris, l'erreur comique, etc. L'humour visuel peut être compris par les enfants de tous âges; l'humour verbal (astuces, jeux de mots, blagues) n'est accessible qu'à partir de 8 ans.

Les enfants sont aussi très friands de *spectaculaire*, utilisant au maximum le pouvoir visualisateur du média télévision, les trucages et la mise en scène qu'il permet. Quand les enfants parlent de ce qu'ils aiment à la télévision, ils parlent de ce que les acteurs font, pas de ce qu'ils sont ou de leurs sentiments. Leurs explications sont pleines de verbes : courir, sauter, déraper, tomber, glisser, se battre,... Il en va de même pour la publicité : ils aiment voir les produits en mouvement (voitures), des scènes actives et physiques (homme descendant en luge dans une valise), des robots, la magie, les gros plans sur le produit en action, des montages très rapides...

Mais les publicités appréciées sont aussi celles où l'enfant peut soit se *projeter*, soit s'*identifier*. Les enfants aiment voir ce qui constitue le fondement imaginatif de leurs jeux, tout élément qui leur permet d'inventer une histoire faisant partie de leurs jeux. Par exemple, à 6 ans ils aiment les animaux, à 10 ans les cowboys et héros galactiques pour les garçons, les bébés et chansons pour les filles. Le caractère projectif du message publicitaire est donc facteur de plaisir. Ainsi, outre qu'il permet de jouer sur le double registre du réel et de l'imaginaire, et qu'il est souvent humoristique, le dessin animé permet à l'enfant de se projeter en lui : ses personnages sont suffisamment flous et stimulants pour que l'enfant puisse projeter sur eux ses émotions, ses désirs et sentiments profonds [96]. A contrario, les enfants n'aiment pas les messages où toute projection est exclue : par exemple des scènes de travail en usine ou des interviews de professionnels.

Le processus d'*identification* explique que des scènes de vie quotidienne soient aussi très appréciées des enfants : l'enfant s'y retrouve. On peut distinguer l'identification personnelle et l'identification collective. La première met en jeu le rapport de l'enfant-spectateur à un autre enfant, situé dans la publicité. Lorsque le spectateur est très jeune (5-7 ans), l'identification est possible si l'enfant représenté a le même âge. Notons qu'il peut s'agir soit d'un petit garçon soit d'une petite fille. Dès 8-10 ans, les attitudes sexistes naissent : comme le démontrent les enquêtes [42] sur les héros préférés des enfants, les garçons ne prennent pas les filles pour modèle, et les filles non plus !! L'identification est facilitée s'il s'agit d'un garçon, légèrement plus âgé que l'enfant spectateur (donc pouvant servir de modèle d'aspiration [62]).

L'identification collective consiste à retrouver dans les personnages à l'écran (la famille, les maîtres d'école, les pompiers, le facteur) les personnages du même type que ceux de son environnement immédiat. L'enfant est très prompt à faire des connexions avec sa propre expérience, son propre vécu. Si la représentation télévisée concorde avec ce vécu, il s'impliquera émotionnellement dans le message. Si elle est en totale discordance, l'enfant rejettera le film car non conforme à la « réalité ». Cette identification collective englobe le produit ou la marque : le fait de reconnaître dans une publicité un produit utilisé à la maison confère une certaine aura à cette publicité.

Le *thème* de la publicité est un facteur d'attraction. Actuellement les enfants aiment les publicités qui les plongent dans un univers de science-fiction, de robots, d'espace intersidéral, de courses galactiques. Les univers du cirque, de l'histoire, du western, de la jungle, de gendarmes et voleurs, le mystère, jouissent aussi d'un fort attrait. Le choix de l'univers dépend de la cible retenue : en effet les préférences des enfants évoluent suivant l'âge et le sexe. L'erreur classique en matière d'univers ou de thème est la projection de l'adulte. Par exemple, Alice au Pays des Merveilles évoque de profondes résonances chez maints adultes : mais la plupart des enfants français ne le connaissent pas. L'utilisation de cet univers dans une publicité n'aidera pas particulièrement l'enfant français à entrer dans la publicité.

Pour conclure, parmi les causes expliquant l'attrait de la publicité en général on ne saurait omettre le *format* de celle-ci. En effet pour des raisons liées au coût de l'espace publicitaire (240 000 francs pour trente secondes à 20 h 30 sur TF1 le dimanche), les spots télévisés sont forcément très courts et conviennent donc, de facto, très bien à la faible capacité d'attention prolongée de l'enfant. De plus, comme la majorité des adultes regarde la publicité d'une façon distraite, avec une implication minimale [3], le message véhiculé doit obligatoirement être très simple et très facile à comprendre : d'où l'usage de multiples signes redondants (visuels et sonores), de répétitions dans le film même, d'un vocabulaire réduit, autant de caractéristiques qui rendent ces messages très accessibles mentalement à l'enfant. Or, nous le verrons ci-dessous, quand la situation inverse se produit (l'enfant ne parvenant pas malgré ses efforts à comprendre le film), cela entraîne en général le rejet de cette publicité. L'implication minimale des adultes pendant l'écoute de la publicité a une dernière conséquence de taille : l'objectif essentiel des messages est moins de convaincre de la différence que de vaincre l'indifférence du spectateur. D'où l'usage croissant de l'humour pour attirer l'attention et de la *musique* pour soutenir celle-ci, faciliter la mémorisation à long terme du slogan, et doter la marque d'une aura émotionnelle positive. Or les enfants aiment fortement l'humour et adorent scander des refrains musicaux si ceux-ci sont saccadés et rythmés.

L'effet persuasif des héros et personnages célèbres

Dans les publicités destinées aux enfants, il a été courant d'utiliser des personnages populaires auprès des enfants pour recommander l'usage du produit : Platini et la boisson aux fruits Oasis, la Panthère Rose conseillant des glaces Iglo (en Belgique), le fameux Fred Flinstone recommandant une grande marque de corn flakes aux États-Unis. Cet usage est désormais réglementé aux États-Unis et dans la plupart des pays. En France, le Bureau de Vérification de la Publicité (B.V.P.), Association sans but lucratif, émet des recommandations sur cet usage. Elles n'obligent que les annonceurs ou agences de publicités ou supports adhérents du B.V.P. Ces recommandations constituent des règles d'autodiscipline que s'imposent volontairement les professionnels concernés. Une des recommandations (GEN 2 bis, mars 1983) concerne les attestations et l'utilisation de héros enfantins : « Par ailleurs, les personnages de fiction classiques ou célèbres ou à la mode, nés de l'imagination de dessinateurs, de cinéastes ou d'écrivains (héros de bandes dessinées, de films de fiction, de fables ou de contes), jouissant d'une forte notoriété, ne peuvent être utilisés sous forme de dessins, marionnettes, comédiens costumés, etc., dans la publicité destinée aux enfants si cette utilisation est susceptible de constituer aux yeux d'un public enfantin une caution pour les produits présentés. Ces personnages ne doivent donc ni recommander le produit ou son utilisation, ni être en situation de l'utiliser de façon normale ».

La recommandation du B.V.P. ne concerne que les personnages de fiction (Tintin, Mickey...) et non les attestations d'adultes (par exemple un sportif connu). D'autre part elle interdit l'usage de ces personnages de fiction si cette utilisation est susceptible de constituer aux yeux des enfants une caution pour les produits présentés. Comme nous allons le montrer ci-dessous, ce « si » est étonnant : on utilise des héros *précisément pour* leur valeur de persuasion. Au cas où cela ne serait pas le cas, l'usage (onéreux par ailleurs [103]) du héros est inutile.

Le héros est d'abord un facteur d'attention à la publicité. 175 enfants de 7 et 9 ans virent au milieu de plusieurs dessins animés de Mickey, une série de neuf publicités, présentées deux fois [46]. Parmi ces spots, deux faisaient usage de personnages. Des petits personnages de dessin animé ressemblant à des martiens présentaient les pommes chips Smiths; dans un court dessin animé la Panthère Rose conseillait les glaces de la marque Iglo. Interrogés après la projection sur les personnages dont ils se souvenaient, 98 % des enfants ont cité Mickey, 93 % la Panthère Rose et 31 % les martiens (et cela malgré les deux passages publicitaires). L'usage d'un personnage connu a conféré une valeur d'attention trois fois plus forte que l'usage de personnages non connus (les martiens).

Le héros ou personnage ne sert pas uniquement à attirer l'attention, il sert aussi de motivation d'achat. Ainsi, on demanda aux enfants « pourquoi les enfants mangent-ils des glaces Iglo ? » : 34 % des enfants ayant vu le film publicitaire avec la Panthère Rose dirent « Parce que la Panthère Rose aime les glaces Iglo » (contre 18 % du groupe de contrôle n'ayant pas été exposé à ce film pendant l'expérience). En d'autres termes le contact avec le message publicitaire amena les enfants à prendre en considération un critère de choix qui n'a rien à voir avec les qualités intrinsèques du produit.

Lorsque le dessin animé publicitaire suit de près ou de loin le dessin animé non publicitaire présentant le même héros, il peut se produire un effet de confusion auprès des enfants. Atkin [12] présenta un dessin animé publicitaire, où le fameux Fred Flintstone recommande une marque de corn flakes, à trois groupes d'enfants identiques en termes d'âge, de classe sociale, de niveau scolaire et de sexe. Le premier groupe vit le spot publicitaire juste après un dessin animé non publicitaire de Bugs Bunny; le second groupe vit le spot publicitaire juste après un dessin animé non publicitaire des Flintstones; le troisième groupe vit le spot publicitaire plusieurs minutes après le dessin animé non publicitaire des Flintstones. En comparant le premier groupe aux deux autres groupes réunis, on constate que les enfants ont porté plus d'attention au spot Flintstones lorsqu'il suivait (de près ou de loin) le dessin animé Flintstones que lorsqu'il suivait le dessin animé de Bugs Bunny. Les plus jeunes enfants (de 3 à 7 ans) exprimèrent aussi un plus grand désir. Enfin ces enfants avaient tendance à se souvenir d'avoir vu Fred Flintstone manger ces corn flakes dans le dessin animé plutôt que dans la publicité.

Si l'on compare à présent les groupes 2 et 3 entre eux, qu'est-ce qui est plus efficace : passer le spot immédiatement après ou quelques temps après? Contrairement à ce qu'on aurait pu attendre, le passage de Fred Flintstone (publicité) dans des conditions non adjacentes au dessin animé des Flintstones attira plus l'attention et engendra plus de désir de la marque que dans le passage adjacent. De plus, les enfants du groupe non-adjacent étaient moins certains du film où ils avaient vu Fred Flintstone manger les corn flakes.

Ces résultats sont importants car ils montrent qu'il n'est pas nécessaire de rechercher des conditions de passage adjacent. La simple proximité entre le programme où paraît le héros et la publicité (où il reparaît) suffit : elle crée plus d'attention, plus de confusion auprès des plus jeunes, et plus de désir.

Dans les exemples précédents, la publicité présentait un personnage de fiction, de dessin animé, recommandant l'usage d'un produit ou d'une marque (préconisation directe). Quel est l'effet persuasif d'un personnage réel, très connu des enfants, et ne recommandant pas directement de consommer le produit. C'est le cas des films Coca-Cola où l'enfant joue avec des membres d'une très fameuse équipe de joueurs de basket ball et boit à la fin. A aucun moment les joueurs de basket ball ne citent ni ne consomment la boisson.

Dans une ingénieuse expérience [81], on demanda à 225 enfants (entre 6 et 10 ans) de choisir un produit parmi cinq paires de produits (deux confiseries; deux jouets; deux vêtements, etc.). Quelques temps après, on redemanda aux enfants leurs préférences : mais derrière un des produits de chaque paire il y avait une photo de personnage célèbre (le boxeur Mohammed Ali, le Président Ford, etc.). Pour chaque paire de produit, la photo se trouvait alternativement sur l'un ou l'autre des produits. Les résultats de cette préconisation indirecte, par simple contiguïté muette entre le personnage et le produit, sont montrés ci-dessous (tableau 2) : ils sont probants. La simple juxtaposition d'un personnage près d'un produit conduit parfois à de complets retournements de préférences. Par exemple, devant choisir entre un frisbee et un ballon de plage, seuls 36% des enfants choisiront le frisbee : la majorité (64%) préfèrera le ballon. Mais lorsque le frisbee fut présenté devant une photo de Mohammed Ali, alors 60% des enfants choisirent le frisbee. Néanmoins tous les personnages célèbres n'ont pas la même efficacité : Mohammed Ali se révéla bien plus efficace que Lucille Ball qui ne modifia pas les préférences, au contraire. Enfin, l'expérimentateur avait inséré la photo d'un personnage inconnu (un homme anonyme). On peut constater que son effet persuasif est aussi élevé que celui du Président Ford. Manifestement l'usage d'une célébrité n'est pas la panacée : elle ne fait parfois pas mieux que n'importe quel présentateur anonyme. Il arrive même qu'elle éloigne l'enfant du produit. Néanmoins l'usage de la célébrité appropriée peut faire passer les préférences pour un produit de 36% à 60%!

Les résultats ci-dessus sont descriptifs : ils constatent un effet. Mais quel est le processus psychologique qui crée cet effet? Comment l'expliquer? L'effet persuasif lié à la source d'une communication (le présentateur ou l'auteur du message) dépend de la perception que le spectateur se fait de cette source sur trois dimensions :

— Une dimension d'expertise : est-il compétent pour parler du sujet?

— Une dimension d'honnêteté : dit-il cela parce qu'il le croit ou uniquement parce qu'il est payé?

— Une dimension de proximité affective émanant soit des caractéristiques désirables de la source (une actrice ou un acteur de cinéma), soit de la ressemblance entre la source et le récepteur (par exemple des enfants présentant ou jouant avec le produit).

L'usage approprié des vedettes consiste à les choisir fortes sur la première et la troisième dimension pour que la seconde soit oubliée. La dimension d'expertise implique que n'importe quel personnage ne convient pas pour n'importe quel produit : par son côté sportif, Platini était pertinent pour promouvoir une boisson à l'orange. De plus, cette vedette est très aimée : Platini sert de modèle d'identification aux enfants (qui le connaissent et qui aiment le football). Le fait qu'il soit payé pour promouvoir Oasis, même si cela est su par certains, est psychologiquement moins saillant, moins présent à l'esprit.

TABLEAU 2. L'EFFET INCITATIF DE L'ASSOCIATION D'UN PERSONNAGE CÉLÈBRE A UN PRODUIT

Personnage utilisé	Paire de produits entre lesquels les enfants doivent choisir	Pourcentage d'enfants choisissant chaque produit (présenté sans le personnage)	Pourcentage d'enfants choisissant chaque produit (présenté avec le personnage)
Mohammed Ali			
	Frisbee	36 %	60 %
	Ballon de plage	64 %	75 %
Président Ford			
	Biscuit A	56 %	68 %
	Biscuit B	44 %	57 %
Capitaine Kangaroo			
	Gants de Ski	49 %	55 %
	Casque de Ski	51 %	59 %
Lucille Ball			
	Poupée	45 %	45 %
	Pistolet	55 %	52 %
Homme Anonyme			
	Pommes Chips	55 %	67 %
	Pretzels	45 %	56 %

L'avantage d'utiliser des personnages de dessin animé (Mickey, Tintin, Casimir) est que l'enfant ne suspecte pas que ces personnages parlent par intérêt puisque étant fictifs ils ne peuvent pas toucher d'argent.

Dans le tableau 2, on voit que le Président Ford n'est pas plus persuasif qu'un présentateur anonyme, en ce qui concerne les produits alimentaires : cela peut provenir soit du fait que les enfants lui dénient une expertise particulière en la matière, soit qu'il ne jouisse pas auprès d'eux d'une grande cote affective.

Quelles implications tirer de ces diverses études? D'une part la pratique du témoignage — direct ou indirect (par simple contiguïté) — est très persuasive. S'il s'agit de personnages de fiction célèbres ou à la mode, issus des dessins animés ou des bandes dessinées, cette technique tire parti de la très forte adhésion affective au personnage et du manque de connaissance des rouages financiers liés à l'usage des personnages dans les publicités. Cette pratique est interdite aux États-unis et dans la plupart des pays. En revanche, rien n'interdit l'usage des mêmes mécanismes d'influence en ce qui concerne la promotion sur le lieu d'achat (Casimir sur le lait Candia, confiseries Mickey, découpages de Lucky Luke dans des emballages de yaourts, etc.)*.

En fait, au moment même où elles créent un personnage pour un feuilleton télévisé, les maisons de production pensent déjà à l'utilisation commerciale de ce personnage. Par exemple, en même temps que l'émission Chapi-Chapo était lancée, un biscuit portant le même nom apparaissait dans les magasins [21]. Quant aux attestations émanant de personnes célèbres, elles sont autorisées en France.

De nombreuses marques ont créé leur propre personnage : le lapin Gringoire, Pépito, Mamie Nova, Papie Brossard, etc. Comment s'explique cette pratique ? Elle s'inscrit dans une tendance à la personnification des marques, elle-même réponse à la banalisation des produits.

En effet, plus les produits se ressemblent plus il devient difficile de vendre la différence. Une première tactique consiste — sans jamais le dire explicitement — à laisser croire qu'une caractéristique (partagée en fait par tous) est plus présente dans une marque que dans les autres. Cette tactique vise à s'attribuer pour soi seul un avantage générique de la catégorie de produit. Par exemple, en montrant qu'un superbe petit lapin continue à battre du tambour alors que les autres petits lapins — mûs par des piles « ordinaires » — ont cessé de battre, la marque Duracell s'attribue l'avantage de l'ensemble des piles alcalines (la durée). La seconde tactique est celle de la marque-personne.

En ce cas, le message publicitaire consiste moins à présenter les avantages du produit qu'à mettre en avant de façon valorisée un personnage de marque (aux deux sens du terme). L'objectif ultime est d'agir sur les préférences moins par le biais des avantages du produit que par la création d'une *relation* affective entre la marque et l'enfant (ou l'adulte d'ailleurs comme dans le cas de la Mère Denis). Or il est plus facile d'avoir une relation avec un être vivant qu'avec un objet. Le problème publicitaire devient alors celui des ingrédients à même de créer cette relation.

Les animaux forment un bon support d'identification et de projection. Cela tient au fait qu'ils sont vis-à-vis des enfants dans la même relation de dépendance que les enfants vis-à-vis de l'adulte. Compte tenu de la banalisation du chocolat en tablette, le seul tremplin d'identité, de singularité du chocolat Poulain reste son nom. De plus en plus la publicité de cette marque de chocolat met l'accent sur la

* Nous aborderons spécifiquement l'influence des primes, cadeaux concours aux chapitre 7 et 9.

représentation visuelle du symbole de marque, un poulain : « Il y a toujours des petits poulains, c'est joli, avec des enfants, un petit écureuil qui mange le chocolat. J'aime bien » (8 ans).

Est-ce suffisant pour être efficace? il semble que non : ainsi une comparaison [69] de plusieurs films pour le biscuit au chocolat Pépito, dans lesquels caracole le petit mexicain appelé Pépito, a montré de grandes différences d'efficacité au niveau des ventes. Une des raisons tient à l'intégration du produit dans le scénario. Dans le film peu efficace, le produit n'était pas vraiment intégré dans l'histoire, mais était parallèle à celle-ci : les gags n'apportaient rien au message par rapport à ce que l'annonceur cherchait à dire sur le produit. Dans le film efficace le produit était totalement intégré à l'action et pouvait être décodé un peu comme la « potion magique ».

Pour se différencier l'un de l'autre malgré leur similitude, Oasis et Banga misent l'un et l'autre sur l'établissement d'une relation avec le spectateur. Le discours sur le produit n'intervient qu'en second plan. Oasis a choisi une personne comme support de relation : le chanteur bon vivant, gai et très aimé des enfants (et de leurs parents) Carlos. Le film se passe dans une île des tropiques, univers paradisiaque, ludique et festif : Carlos danse et chante le refrain de marque avec des enfants. Banga a choisi d'imiter les Aventuriers de l'Arche Perdue : le jeune héros renvoie à l'aventure, à l'action, au péril, au suspens, à la soif. On voit donc que le personnage publicitaire — animal ou humain — fonctionne de deux façons : il est pôle d'affectivité et de sympathie (la relation) mais aussi symbole des qualités du produit ou de la satisfaction que l'on en tire (la joie et la désaltérance).

L'effet de la présence d'enfants dans le message

La plupart des publicités télévisées pour enfants montrent des enfants, seuls ou avec leurs parents, en situation de consommer le produit. En France, l'Article 15 de la Régie Française de Publicité (chargée de la vente de l'espace publicitaire sur TF 1, Antenne 2 et FR 3) stipule que les enfants « ne peuvent être prescripteurs d'un produit ou d'un service » et donc avoir un rôle commercial ou marquer d'une manière trop appuyée, par la parole ou par le geste, leur appréciation de ce même produit ou service. C'est ainsi que, théoriquement, ils ne doivent pas prononcer le nom du produit, porter un logo, une marque ou une inscription commerciale sur leurs habits. Ils peuvent cependant chanter en chœur dans les messages publicitaires, même s'il s'agit d'un discours commercial, dès lors que les voix des enfants sont mêlées à celles des adultes (chœur familial par exemple) et que leur participation se fond dans l'ensemble, à l'image et au son*. Néanmoins, lorsqu'il s'agit de produits incontestés (par exemple le dentifrice) un certain degré de prescription ou de description du produit peut être admis.

Plusieurs pays ont émis des régulations plus restrictives. En Finlande, l'enfant ne peut être l'acteur principal d'une publicité que si celle-ci traite de santé et d'éducation. Dans ces cas, la présence d'adultes est souhaitée dans la publicité. Aucun enfant ne doit apparaître dans les publicités de confiseries. Aux Pays-Bas, les publicités pour confiseries ne peuvent comporter d'enfants de moins de 14 ans.

A la différence des héros et personnages célèbres, il n'y a pratiquement pas d'études scientifiques ayant porté sur le pouvoir persuasif des enfants sur d'autres enfants. La réglementation ci-dessus procède donc plus d'une évaluation des moyens que des résultats. Elle ne résulte pas du fait (à prouver) que l'enfant est un moyen de persuasion infaillible mais de l'évaluation qu'il est en soi répréhensible de faire jouer à l'enfant le rôle de prescripteur d'un produit qu'il découvre lors du tournage ou presque. Elle s'inscrit aussi dans une logique de protection de l'enfant acteur et de limitation des officines d'enfants-mannequins. Il est vrai que des pressions sont faites par beaucoup de parents pour faire tourner leurs enfants (soit par fierté, soit par lucre) [102]. Or, interviewée par la commission « L'Enfant et la Publicité », Françoise Dolto estime que le tournage d'enfants de moins de deux ans n'offre pas de dangers psychologiques, à la différence des enfants plus âgés qui pourraient se trouver « dépersonnalisés » par les rôles qu'on leur demande de tenir.

L'attitude des mères face à la présence d'enfants dans la publicité télévisée semble en général favorable. En France cette présence serait même à la limite demandée par les mères [132] : elles y trouvent un élément de variété et d'affectivité. Les spots sont plus « amusants, mignons, sentimentaux, on se fait avoir... mais de façon agréable ».

Cette dernière remarque témoigne que les parents sont conscients que la présence d'enfants dans les publicités pour adultes sert à attirer leur attention et créer une émotion. Ne l'oublions pas, les enfants apparaissent souvent dans des publicités ne les intéressant pas directement. Ainsi l'analyse de 800 annonces publicitaires parues dans la presse hebdomadaire a révélé que, dans plus des trois quarts des cas, les enfants n'étaient utilisés que pour valoriser des produits ne les concernant pas [65]. Cette pratique paraît efficace auprès d'adultes

* Régie Française de Publicité : Fiche de Jurisprudence « Enfants », septembre 1983.

« Êtes-vous séduit par le visage ou la voix d'un enfant, même lorsqu'il sert la publicité ? » a-t-on demandé à des parents : 60 % ont répondu par l'affirmative [28].

L'attitude des mères vis-à-vis de la présence des enfants dans les publicités télévisées varie suivant les produits et les rôles :

— Elle va de soi pour les produits d'enfants (jeux, jouets, alimentation, vêtement), mais aussi pour les campagnes d'intérêt public (sécurité routière, lutte anti-tabac), d'hygiène (dentifrices) voire pour des services (banques, E.D.F., etc.) [132]. Dans ces derniers cas, l'argument est que la publicité renforce le message des parents ou qu'elle les ouvre sur autre chose que les confiseries ou jouets. En revanche la présence des enfants en tant que « vendeurs » est jugée inadéquate pour les produits durables (électroménager, voiture, etc.). Naturellement si leur présence est accompagnée de celle de leurs parents, elle ne fait que signifier « la famille » et ne pose pas de problèmes.

— Les mères sont très négatives lorsque les enfants sont présentés comme des pantins d'adultes, lorsqu'ils se tiennent mal (à table par exemple) ceci contrecarrant l'éducation donnée par les parents, lorsque la publicité renforce les stéréotypes sexistes (une petite fille faisant la vaisselle). Enfin les mères critiquent vivement les spots où les parents sont ridiculisés, tournés en dérision, où les enfants donnent des conseils ou font la leçon aux parents. La publicité ne doit pas contribuer à affaiblir l'autorité parentale.

Ces résultats sont issus d'études qualitatives, sur un petit échantillon. Une enquête sur 1 228 mères de famille, en Grande-Bretagne, confirme la sensibilité au comportement de l'enfant dans la publicité [114]. 55 % des mères interrogées estiment que les enfants y montrent souvent le mauvais exemple (34 % ne trouvant aucun problème).

Quel est l'effet de la présence d'enfants dans les publicités destinées à d'autres enfants ? Cela contribue-t-il fortement à la persuasion ? Pour répondre à cette question nous analyserons l'effet « enfants » sur chacune des étapes de la persuasion : attention, compréhension, adhésion. Faute d'expériences contrôlées ayant porté spécifiquement sur le sujet, nous nous reposerons sur le bilan cumulatif d'études qualitatives et sur l'expérience des publicitaires.

La présence d'enfants attire l'attention des autres enfants. La voix des enfants à la télévision conduit souvent l'enfant distrait à regarder à nouveau. Cet effet est en partie imputable au fait que l'enfant apprend vite que la présence d'enfants à la publicité signifie souvent que le film va être pour lui.

Au niveau de la compréhension, il apparaît que les enfants ont souvent du mal à comprendre ce que disent à l'écran les enfants-acteurs de leur âge [160]. En revanche sur le plan de l'adhésion, la vue de vrais enfants confère au message une plus grande crédibilité que dans le cas du dessin animé. D'autre part, suivant l'âge et le sexe de l'enfant-acteur, l'enfant-spectateur peut en déduire si le produit est ou non pour lui (les parents aussi d'ailleurs). Sous cet angle, la présentation d'enfants fixe la cible. Elle renvoie une image précise du type d'enfant auquel on s'adresse en particulier.

Mais la représentation d'enfants ne se fait pas au hasard : elle n'est pas la panacée. En effet, l'expérience montre que, à partir de 8 ans, l'enfant est très sensible à la représentation que la publicité donne de lui — via le personnage qui joue. En d'autres termes des précautions doivent être prises pour que l'identification puisse fonctionner, sinon on risque le rejet. Par exemple, l'expérience montre que les enfants de 9/10 ans n'aiment pas voir un enfant du même âge : ils lui trouvent toujours quelque chose qui ne va pas. Si le spot présente une petite fille, les garçons rejettent car c'est une fille ; les filles se montrent aussi très critiques et déclareront d'emblée : « Si c'était moi, je ferais pas les choses comme elle ». En revanche ils aiment voir les adolescents comme dans les films Hollywood chewing-gum : les enfants aiment ce qu'ils feront dans quelques années, quand ils seront plus libres de leurs parents ! A cet âge là l'identification fonctionne bien si les modèles publicitaires servent de modèle d'aspiration.

L'examen des enfants dans les publicités révèle de multiples représentations de l'enfant, par exemple :

— L'enfant aventurier qui tel Tintin est hyper-actif. A certains égards Pépito s'inscrit dans ce modèle : il accomplit des choses formidables que les enfants ont envie de faire (dompter un lion, monter sur un gratte-ciel). Il en va de même des films Banania : « Il y avait un petit garçon, il sautait par-dessus la barrière, il suivait un bus. C'était bien » (9 ans). Le héros du film Banga brave les périls.

— L'enfant espiègle, plus malin ou adroit que ses parents (dans un film pour des bonbons, il arrive à les envoyer en l'air et à les récupérer dans sa bouche, son père essaye en vain).

— L'enfant surdoué, plus compétent que son père (dans une campagne radio pour les huiles Total, l'enfant explique à son père comment il faut choisir une huile).

— L'enfant sage, poli et gentil, rêvé par beaucoup de parents.

Le problème est que certaines de ces représentations peuvent plaire aux parents, mais pas aux enfants. Par exemple les enfants aiment bien les scènes où l'enfant-acteur commet des actes un peu irrévérencieux vis-à-vis des figures d'autorité; au contraire ils ne se reconnaissent pas dans l'enfant « toutou », sage et poli. Or maintes publicités pour enfants sont aussi vues par les parents : il y a donc une certaine difficulté pour trouver le ton juste, acceptable par les deux parties. Afin de limiter les risques, on procède en général à un pré-test qualitatif, toujours très riche d'enseignements, auprès des enfants et des parents.

En même temps qu'elles représentent un certain type d'enfant, les publicités suggèrent de facto une certaine relation entre l'enfant et ses parents, même si ceux-ci sont absents du film et si aucune interaction enfant-parents ne paraît. Ainsi certaines publicités de la Vache Qui Rit où l'enfant se voit promettre de grandir grâce aux bons ingrédients de la Vache construisent une mère nourricière et normative, et un enfant dépendant. Très différente est la relation postulée par le gastronome en culotte courte, plongé dans l'hédonisme de la dégustation de son Kiri et menant sa vie sociale de façon très indépendante : la relation est ici une relation d'autonomie.

Certaines relations acceptables il y a dix ans ne le sont plus aujourd'hui : l'enfant évolue, les rapports familiaux évoluent. A ce titre, certaines publicités semblent résulter plus de la projection des souvenirs d'enfance de l'adulte qui les conçoit, que de la prise en compte de la réalité de l'enfant visé, telle qu'elle est définie par son sexe, sa classe d'âge, sa classe sociale et son milieu familial.

La représentation des relations parents-enfants dans la publicité (comme dans le reste des programmes) constitue une surface projective très sensible. Certains enfants aimeront telle représentation, d'autres enfants telle autre. De quoi dépendent ces préférences ou rejets. Il semble que la nature même des relations que l'enfant entretient avec sa famille explique une partie des réactions de l'enfant face à la publicité. Ainsi, l'analyse des relations intra-familiales de 362 enfants français de 8 à 15 ans a révélé huit types de climats familiaux [91]. L'étude des préférences des enfants en matière de spots publicitaires montra que celles-ci étaient influencées par le climat familial. Par exemple, l'enfant qui se perçoit délaissé par ses parents n'aime pas les images publicitaires d'enfants heureux avec leurs parents. L'enfant appartenant à une famille où l'on communique beaucoup entre parents et enfants rejette les publicités où l'enfant se pose en conseilleur des parents.

Pour conclure, la présence d'enfants dans la publicité offre de nombreux avantages en termes de communication. Montrant de vrais enfants, la publicité gagne en crédibilité et en potentiel d'identification de la part de l'audience. Mais elle a l'inconvénient de construire un certain type d'enfant : en d'autres termes, le choix des protagonistes et leur comportement plaira à certains enfants et moins à d'autres. Tout film fait donc un choix quant au type et au nombre d'enfants-récepteurs à qui il va plaire. Ainsi ce qui sera gagné en crédibilité et identification risque d'être perdu en largeur de cible. C'est pourquoi les annonceurs visant une clientèle très large font souvent usage du dessin animé : ses personnages sont « unisexes » et campent moins une classe d'âge précise. Le dessin animé plaît à tous, petits et grands ; en revanche, hormis pour les plus jeunes enfants, il manque de crédibilité et permet peu l'identification. Comme on le voit, en communication, il n'y a pas de panacée.

Les publicités qu'ils n'aiment pas

Quels facteurs conduisent l'enfant à rejeter une publicité ? L'analyse des films « détestés » et des justifications données par les enfants permettent d'identifier un certain nombre de critères.

Les enfants ne supportent pas de *ne pas comprendre*. Le problème de la compréhension des films publicitaires par l'enfant est trop souvent négligé : seules des caractéristiques de forme sont supposées être pertinentes lorsque l'on s'adresse à un enfant. Certes jusqu'à 8 ans cela est le cas : l'enfant perçoit essentiellement la publicité comme un divertissement. Mais à partir de 9 ans il commence à y chercher une information (« si je devais faire une publicité, je dirais ce que le produit a de spécial, ce qu'il fait de particulier »). Or une partie des procédés rhétoriques employés dans la publicité destinée aux adultes échappe complètement aux enfants même à douze ans. Au stade Piagetien des opérations concrètes*, la pensée de l'enfant demeure attachée à l'image, à ce qu'il voit, non à ce qu'il ne voit pas, ni aux abstractions. Ils mélangent la forme et le fond : s'ils ne comprennent pas, ils rejettent.

Par exemple [96], un film pour les piles Saft Leclanché commence par une voix off « Chaque fois que les hommes ont besoin de compter sur une pile », puis on voit et entend une série de scènes : un éléphant, un écossais jouant de la cornemuse, une voiture de course, un bébé... et une pile de cette marque. Les plus jeunes enfants s'en tiennent aux images attrayantes : de toutes façons, la publicité comme le reste des programmes n'est pas supposée véhiculer un message de fond, mais procurer le plaisir de l'instant. Les enfants de 9-10 ans eux sont

* Ce concept est expliqué au chapitre 1, page 9.

déroutés par ce spot : ils ne font pas le lien abstrait entre la pile et les scènes précédentes (que l'on est supposé enregistrer par un magnétophone à pile). S'adressant à des adultes, le spot a supprimé la présentation du magnétophone : malgré son absence visuelle, le produit est présent à l'esprit de tout adulte. Il ne l'est pas pour l'enfant. S'en tenant aux images dans leur contiguïté, un enfant exprime sa frustration de ne pas comprendre « Dans un bébé, dans un éléphant..., on ne met pas de pile ».

De la même façon, les enfants ne comprennent pas qu'une publicité pour un produit ne montre pas le produit. C'est le cas par exemple dans certaines annonces de marques de chaussures féminines : le produit a quasiment disparu au profit d'une ambiance, d'une atmosphère visuelle. Pour les enfants [74] de 10 ans interviewés, « si une annonce est pour des chaussures, elle doit montrer des chaussures ».

Les incohérences entre l'image et le texte les déroutent et engendrent l'irritation. L'enfant en veut au film de le laisser dans un état d'incompréhension [59] : « Dans le film pour les montres Citizen... au début ils disent, c'est pour des gens distingués et puis à la fin, ils montrent que tout le monde peut l'avoir... à la fin, le type qui part avec son vélo, il était venu avec une Jaguar ou une Rolls » (9 ans), ou encore « On voit des poireaux qui se balladent... et puis le poireau s'en va, je ne sais pas trop pourquoi ? ». A 9 ans, il est important pour l'enfant d'avoir le sentiment de bien dominer intellectuellement les choses. Avoir le sentiment de ne pas comprendre entache l'attitude vis-à-vis du spot et du produit. Même si, de notre point de vue d'adulte, l'enfant n'a pas compris le sens exact d'une publicité, du point de vue de l'enfant, l'important c'est de comprendre quelque chose, de trouver un sens, peu importe ce sens. Il ne supporte pas de voir quelque chose qui reste mystérieuse, dont le sens lui échappe.

Le caractère *non-crédible* entraîne aussi une réaction de rejet. En effet, à la différence de l'adulte qui part du principe que de toutes façons tout est exagéré, partiel voire trompeur sauf dans certaines publicités, l'enfant fait le cheminement inverse. Mû par sa bonne foi, sa confiance dans l'adulte, et l'obéissance à la lettre des règles morales imposées par l'adulte [126], à cinq ou six ans il déclare : « Si c'était des faussetés, ils auraient pas le droit de le dire ». Après être régi par la morale du strict devoir, inculquée par la contrainte adulte, il développe — dans sa phase pré-pubertaire — son propre système de valeurs et accède à une morale authentique, du bien et du mal, du vrai et du faux, sur laquelle il est très sensible voire manichéen. L'idée qu'un film puisse présenter « des mensonges » le heurte et ne manque pas d'engendrer une réaction émotionnelle de rejet : « Quand ils racontent des choses qui ne sont pas vraies, j'aime pas du tout

(9 ans) ». Il est donc particulièrement à l'affût de ce qui fait « truqué ». Cette perception* émane souvent d'un *effet trop rapide* du produit, comme par exemple un « shampooing qui semble n'avoir besoin que de quelques secondes pour donner une superbe coiffure ». On note dans cet exemple que l'enfant (9 ans) a décodé au premier degré le temps publicitaire : les quelques secondes dans le spot sont prises à la lettre, et non comme une contrainte liée à la nécessité de faire tenir tout le message en trente secondes.

L'enfant voit aussi du mensonge lorsque l'image ne correspond pas à son expérience personnelle : l'identification personnelle ou collective ne fonctionne pas, au contraire. Ainsi face à une publicité pour une lessive un enfant déclare « ma mère à moi, elle ne chante pas et danse pas comme dans la publicité, quand elle étend le linge pour le sécher » (7 ans).

Le fait de *ne pas aimer le produit ou la marque* est une cause fréquente de rejet des publicités. Ce qui expliquait l'attrait des publicités chez les plus jeunes explique aussi la réaction inverse.

L'enfant est aussi mal à l'aise devant certaines images qui lui font *peur* (araignées, Dracula) ou certaines images qui le gênent par leurs *connotations sexuelles.* Ce dernier critère concerne essentiellement l'enfant à partir de 9-10 ans. Avant, l'enfant ne voit pas du tout ce que nous adultes décodons immédiatement. Vers dix ans en revanche, l'enfant décode partiellement les sous-entendus sexuels mais ceux-ci l'embarrassent voire l'irritent. Aussi il réagit de façon négative devant les publicités de soutien-gorges, de couples amoureux, de signes d'affection prononcés. Les petites fesses des frites Végétaline ou le baiser de la mère à son bébé sont aussi des éléments irrésistibles que provoquent les rires, témoignage classique de la gêne sexuelle. Ces réactions de honte correspondent à la phase de latence décrite par les psychanalystes [40]. A cet âge l'enfant a un dégoût pour la sexualité et se replie vers l'intellectuel.

L'enfant de 10-11 ans n'aime pas les situations de *type pédagogique.* Ainsi, dans certaines publicités de type démonstratif, un homme sérieux avec les attributs du savoir (lunettes, blouse blanche) présente, en regardant le public droit dans les yeux, une série d'arguments sur son produit. Ce style de publicité reconstruit une relation maître-élève, que manifestement l'enfant ne tient pas à retrouver dans son territoire de liberté et de distraction (la télévision). Il faut cependant noter que ces publicités n'empêchent pas l'enfant de parfaitement se souvenir du message [74].

* Nous examinerons en détail au chapitre 6 la perception du mensonge par l'enfant.

Manifestement à cet âge l'enfant a pris l'habitude d'écouter parler les figures d'autorité (maîtres d'école) et de mémoriser leur message, tout en portant sur leur compte des appréciations très négatives. Cette attitude négative devant les images d'une personne parlant et l'ennui qu'elles provoquent se retrouvent dans les attributs associés par les enfants « aux héros et aux méchants ». Lorsqu'ils décrivent ce qu'est un héros, ils mentionnent surtout des actions (ce qu'il fait) ; le méchant est souvent celui qui, au contraire, parle beaucoup. Or, en termes d'effort de traitement de l'information, il est plus facile de suivre une série d'actions qu'un long discours. L'un est source de plaisir, l'autre d'effort.

Si le fait de retrouver une figure pédagogique devant eux les rebute, l'inverse leur plaît beaucoup : l'enfant aime les films qui font descendre l'adulte de son piédestal, où il se comporte de façon enfantine, voire « un peu bébête ». Cette compensation fugitive à la réalité observée autour d'eux les amène aussi à aimer les scènes irrévérencieuses pour les produits adorés des adultes (par exemple une voiture qui s'écroule en morceaux) [141].

Enfin, les enfants justifient souvent leur rejet de certaines publicités en disant qu'elle est « bête ». Cet adjectif signifie soit qu'ils ne l'ont pas comprise soit qu'au contraire ils l'ont trop comprise et que l'image est un peu une offense à leur intelligence. Ce dernier cas se manifeste par exemple dans le commentaire suivant : « En ce moment il y a les biscuits Belin, c'est complètement bête, avec les biscuits qui parlent » (9 ans).

Publiphobie : un tigre de papier ?

S'il est d'abord publiphile voire publivore, avec l'âge l'enfant se déclare vite publiphobe : à 6 ans, ils sont 69 % à déclarer aimer la publicité, à 8 ans 56 % et à 10 ans 25 % seulement [146]. L'examen de leurs déclarations en France ou outre-Atlantique [26] révèle une attitude presque cynique et très méfiante vis-à-vis des publicités en général et des agents économiques qui les produisent. Les phrases ci-dessous, émises spontanément par nombre d'enfants de neuf et dix ans, témoignent d'une remise en cause profonde de l'institution publicitaire : « Ce qu'ils cherchent à faire, c'est à vendre, pas à décrire le produit ; la publicité est faite pour forcer les gens à acheter le produit ; il y a tel produit, ils n'arrivent pas à le vendre alors ils n'arrêtent pas de passer la publicité là-dessus ; c'est des faussetés, du baratin ». A cet âge, l'enfant ne regarde donc pas la publicité de façon naïve. Il a en tête que ce petit film qu'il voit n'est pas gratuit. La fonction négative de la publicité comme conduisant à une sur-consommation revient d'une façon insistante dans le discours de l'enfant de 10 ans.

Quelles sont les sources de cette publiphobie? Tout d'abord, au moment même où il se donne des idéaux de bien et de mal et intègre en lui la morale, l'enfant ne peut que constater avec le recul que souvent le discours publicitaire et la réalité ne concordent pas, à ses dépens. A 6 ans, un enfant sur dix a remarqué un écart entre les produits tels qu'ils sont dans la publicité et tels qu'ils sont dans la réalité; à 8 ans, ils sont un sur deux; à 10 ans 80% des enfants ont fait cette expérience. Ne l'oublions pas, l'enfant vit le message publicitaire avec intensité, lorsqu'il s'agit d'un produit à haute implication, un produit qui le concerne. Il anticipe avec ferveur l'utilisation qu'il va faire du produit. Si la réalité diffère de ce qu'il croyait, sa déception sera grande et sa rancune tenace. Celle-ci a comme effet l'apprentissage de la méfiance mais aussi un profond ressentiment. En effet, à cet âge l'enfant accède au jugement subjectif de la faute [126] : celle-ci n'est plus jugée en fonction de la seule gravité des résultats, mais principalement en fonction de l'intention de celui qui la commet. Or pour l'enfant, si représentation de l'objet et réalité divergent, c'est « qu'ils l'ont fait exprès ». L'attribution de l'erreur d'achat qui a pu en résulter n'est pas faite à soi-même et éventuellement à un processus de choix trop rapide, mais à l'autre, l'auteur des publicités.

A un âge où l'enfant a besoin d'idéal et réclame la vérité, la publicité, émanation institutionnelle des adultes, le choque. Jusqu'à 8 ans, il savait le mensonge interdit, mais pour des raisons qui lui échappaient, imposées de façon externe par l'adulte. Avec le développement du jeu, de la coopération entre copains, de l'échange mutuel, il comprend et intériorise combien la véracité et la franchise sont nécessaires à cette coopération, à cet échange. il est donc normal qu'éclate la condamnation de la publicité, perçue comme la fille du mensonge.

La publiphobie déclarée par l'enfant est aussi le reflet du discours des parents. Interrogé par un adulte, l'enfant veut faire adulte : il reproduit ce qu'il a entendu autour de lui. Les phrases suivantes témoignent de cette influence : « Maman dit qu'elle a essayé cette lessive et que ça ne marchait pas » (9 ans) ou encore « Papa dit que pour Talbot Horizon, ils peuvent pas la vendre, alors ils font de la publicité ». Comment interpréter autrement que par l'adoption du discours parental le fait que, à âge égal, plus l'enfant appartient à un milieu social élevé, plus il est publiphobe [164]. De fait lorsque l'on demande [91] aux mères françaises et à leurs enfants entre 8 et 14 ans leurs attitudes vis-à-vis de la publicité, la corrélation est significative : leurs opinions varient de concert.

TABLEAU 3. PUBLIPHOBIE ET COMPORTEMENT D'ACHAT
(de la différence entre les déclarations et les faits)

	A la suite de publicités récentes...	
	parmi les enfants publiphiles, combien ont acheté ?	parmi les enfants publiphobes, combien ont acheté ?
Deux produits	22 %	21 %
Un produit	28 %	27 %
Zéro produit	50 %	52 %

Si les enfants apprennent à se méfier et à prendre en grippe la publicité, cela veut-il dire que leur comportement vis-à-vis des produits montrés dans la publicité s'en trouve affecté ? En d'autres termes, les enfants demandent-ils ou achètent-ils moins de produits vus dans les publicités, au fur et à mesure qu'ils grandissent et deviennent très négatifs vis-à-vis de la publicité ? Ce n'est pas le moindre des paradoxes de la publicité : la réponse est négative. Ces attitudes hostiles n'ont guère de répercussions sur les comportements effectifs de demande aux parents ou d'achat autonome. Quand l'enfant est petit (5 ans ou 7 ans), l'évaluation du produit et celle de la publicité sont intimement liées : les enfants demandent les produits des publicités qu'ils aiment. Mais à 10 ans, lorsque les attitudes vis-à-vis de la publicité sont devenues négatives, la fréquence des demandes et des achats est indépendante de cette attitude : les publiphobes et les publiphiles ont le même comportement de requête ou d'achat personnel [145]. Cette indépendance des deux réactions se poursuit chez les adolescents [164], comme le démontre le tableau 3 ci-dessus.

Comment expliquer cette apparente incohérence au fur et à mesure que l'enfant grandit ?

Une première explication serait que les déclarations de publiphobie tiennent plus du stéréotype verbal, de la classification commode permettant de se faire une idée, une fois pour toutes, au sujet du concept général « la publicité ». A dix ans, ces attitudes ne sont sûrement pas superficielles. Mais, au fur et à mesure que l'enfant sait faire le tri et prend ses distances vis-à-vis des messages, la persistance d'attitudes négatives devient alors un cliché, sauf si l'adolescent les justifie par de nouveaux arguments (la publicité serait inflationniste, créatrice de faux besoins, de stress et de violence). Or les enquêtes montrent que ce n'est pas le cas.

Une seconde explication tient au fait que l'enfant acquiert la capacité de discriminer entre (i) l'attitude vis-à-vis de la publicité en général (ii), l'attitude vis-à-vis du produit présenté et (iii) l'attitude vis-à-vis de la publicité spécifique présentant le produit. En d'autres termes on peut être à la fois anti-pub, ne pas aimer une certaine marque de bière, et trouver sa publicité bien faite. Pour le jeune enfant qui accède au monde extérieur essentiellement via la télévision, il est normal que les attitudes vis-à-vis des produits et vis-à-vis des spots soient liées. Avec l'âge, l'enfant utilise d'autres sources d'évaluation des produits (ses copains, le magasin, l'expérience) ; de plus, à la différence de son cadet, il ne tient plus compte du produit dans son évaluation de chaque publicité, mais principalement de caractéristiques d'exécution et de forme.

La troisième explication repose sur l'observation : plus une attitude est générale moins elle prédit les cas particuliers. Cela a été montré en matière de personnalité : le fait de connaître les grands traits de personnalité d'une personne ne permet pas de prédire ce qu'elle fera dans telle ou telle circonstance précise [120]. Nous avons montré que le fait de connaître les grandes valeurs fondamentales des Français, à un haut niveau d'abstraction (sont-ils des décalés, des recentrés, des aventuriers, des utilitaristes ?) ne permettait guère d'expliquer leur choix de produits [88]. Il en va de même pour la publicité : il y a trop de différences entre toutes les publicités pour que certaines, dans le lot, ne parviennent à intéresser ou séduire le plus extrême des publiphobes. L'attitude publiphobe (ou publiphile) porte sur un concept, une abstraction (la publicité en général). La réalité publicitaire, ce sont des pages concrètes, des films tangibles, face auxquels le consommateur peut être plus ou moins critique.

La dernière explication consiste à ne pas oublier les conditions dans lesquelles nous regardons les publicités. Avec l'âge et la publiphobie qui l'accompagne, l'attention aux publicités décroît considérablement [163]. Au lieu de rester devant l'écran, l'enfant sort ou regarde ailleurs. La réception du message se fait alors de façon incidente, en état de semi-attention : les processus critiques et d'évaluation sont peu actifs. A force de répétition, une trace mémorielle se forme qui sera peut-être disponible en mémoire lorsque l'enfant sera dans le magasin et aura à choisir entre plusieurs produits. Cette information acquise et mémorisée incidemment peut jouer au moment de l'achat. On peut donc être publiphobe et ne pas toujours avoir une attitude critique vis-à-vis des messages.

C'est à l'examen de ces processus de jugement et de critique pouvant ou non survenir pendant l'exposition à la publicité que nous consacrerons le prochain chapitre.

5. Qu'est-ce que l'enfant retient de la publicité ?

Les enfants croient-ils les publicités qu'ils voient et éventuellement qu'ils aiment ? Avant d'aborder au prochain chapitre la question de la crédulité des enfants et les processus d'adhésion au message que véhicule une publicité, il faut nous interroger précisément sur ce message. En effet, la croyance ou l'adhésion sont des réponses au message tel qu'il a été décodé, compris ou interprété. En tant qu'adultes nous parvenons facilement à extraire un sens, un « message » des publicités que nous regardons ou écoutons. Même si ce sens décodé diffère parfois de l'intention de l'émetteur (combien de Français ont interprété le symbole de la « poire » R-14 comme Renault l'entendait ?), il y a bien un sens décodé, variable éventuellement suivant les individus. Précisément, ce serait une erreur d'attribuer aux enfants notre capacité de comprendre les publicités, de comprendre les messages qu'elles tentent de nous communiquer. Non seulement les enfants extraient parfois de ces messages autre chose que l'adulte mais encore la compréhension et le décodage varient suivant leur âge.

Comprend-il les messages comme l'adulte ?

Parce que les publicités nous paraissent en général extrêmement simples à comprendre, nous oublions parfois qu'il n'en est pas de même pour les enfants.

Par exemple, les enfants de 4 et 5 ans regardant l'image télévisée ont du mal à séparer ce qui est essentiel et pertinent de ce qui ne l'est pas. Ils sont vite distraits et quittent l'objet central du message pour porter attention à des détails périphériques. Avec l'âge ils parviennent à mieux diriger leur attention vers les parties de l'écran qui sont essentielles en ignorant les autres. Pour tenir compte du handicap des plus jeunes enfants, les films, publicitaires ou non, doivent s'efforcer de réduire au maximum les détails non importants, visuels ou sonores : ils risqueraient d'embrouiller l'enfant et de faire perdre son attention. Néanmoins l'épuration de tous les éléments en dehors de l'objet focal du message n'est pas souhaitable non plus. Cela risque de rendre le film trop « spartiate » ou austère et nuire alors à sa valeur d'attention. D'autre part, quand il revoit un film pour la deuxième ou troisième fois, l'enfant y cherche des informations nouvelles : aussi une petite dose d'éléments non essentiels est nécessaire pour répondre à la demande de l'enfant.

Cette première difficulté ne concerne pas que la télévision. Les créateurs de revues pour enfants de quatre et cinq ans ont appris à proposer des images à leur mesure [122]. Puisque des dessins trop fouillés gênent la reconnaissance des formes, Pomme d'Api, Perlin et Pinpin par exemple présentent des images qui évitent les ombres, les espaces à trois dimensions, les plans compliqués, les paysages complexes : seuls les objets qui comptent sont mis en valeur, en jouant avec les formes arrondies et les couleurs.

Une seconde question concerne l'usage à la télévision des signaux visuels et auditifs. En tant qu'adultes nous sommes habitués à la non-synchronisation entre le son et l'image, et à la diminution des redondances entre le canal visuel et le canal auditif. L'enfant en bas âge ne peut pas faire face à ce type de message : il requiert une convergence des informations visuelles et sonores. A cinq ans, ne sachant ce qu'il faut regarder en particulier dans l'image du petit écran, l'enfant utilise les signes sonores (paroles) pour diriger son attention vers tel ou tel personnage par exemple. La musique s'inscrit aussi dans cette logique. En tant qu'adultes, nous considérons en général la musique comme faisant partie de l'arrière plan : elle ne ferait qu'accompagner ce qui est au premier plan, les dialogues et l'action. Il en va différemment pour l'enfant.

Tout d'abord la musique attire son attention : elle est entendue même s'il n'écoute pas attentivement. Elle aide aussi à la mémorisation des séquences : la plupart des enfants apprennent plus facilement l'alphabet en le chantant. Enfin, elle communique du sens. Même lorsqu'il écoute des paroles, l'enfant de 4/5 ans décode essentiellement du ton, c'est-à-dire la musique de la voix. Avant même d'avoir acquis un répertoire linguistique étendu, il décode les émotions liées au ton de ce qui se dit [169]. Mais pour faciliter la compréhension de l'enfant la musique doit être intégrée dans les mouvements visuels survenant à l'écran.

Il existe actuellement un débat sur les effets de l'utilisation d'un rythme rapide avec changements fréquents de plans visuels, usage successif d'accélérés et de ralentis. G. Lesser, le père de Sesame Street, a utilisé largement cette philosophie de présentation : surprendre visuellement en permanence, introduire des relances constantes pour maintenir l'attention des enfants de 4 et 5 ans auxquels cette émission était destinée [105]. Des études psychophysiologiques récentes [158] ont montré que ces techniques maintenaient certes l'éveil, le niveau d'activation physiologique (« arousal ») de l'enfant mais nuisaient à la compréhension et à la mémorisation. En somme, ce qui attire l'attention du petit enfant l'empêche de bien comprendre; réciproquement des rythmes de présentation plus lents, avec des plans visuels plus statiques facilitent la compréhension mais attirent moins l'attention. Ces résultats ont porté sur des séquences de plusieurs minutes, où il est important de maintenir en permanence l'attention. On peut raisonnablement penser que le problème du maintien de l'attention est moins aigu dans une série de spots publicitaires de trente secondes chacun : le problème essentiel ici est plutôt que l'enfant extraie quelque chose du message.

Mais pourquoi les changements de plans nuisent-ils à la compréhension de ce qui est montré à l'enfant de 4 et 5 ans? Pour comprendre une série d'informations parvenant au même moment (images, mots, musique), il faut l'organiser. Or la télévision envoie en permanence une masse de signaux nouveaux avant même que l'enfant ait traité les signaux précédents. En matière de compréhension, plus d'informations n'est pas synonyme de meilleure compréhension. Tout se passe un peu comme chez ce singe qui après une opération du cerveau était devenu extrêmement sensible aux stimulations externes : si on lui proposait un grain de raisin, il le prenait et le portait à sa bouche immédiatement. Mais avant qu'il ne l'ait mis dans sa bouche, un nouveau grain lui était offert : alors il laissait tomber le premier grain et prenait le nouveau grain. En fait, il ne sut jamais quel était le goût du raisin. Tel est le problème essentiel de la télévision : de nouveaux stimuli visuels arrivent avant que nous ayons eu une chance de les intégrer mentalement en vue de les conserver en mémoire. C'est pour cela que nous ne nous rappelons pas de ce que nous avons vu à la télévision mais que, à l'occasion, nous reconnaissons avoir déjà vu telle image ou tel film, ou telle émission. Le médium conduit à une énorme perte d'information sur l'adulte et a fortiori sur l'enfant [154]. La publicité limite ce handicap par la répétition qui, telle un barrage, freine l'évacuation mentale.

Un dernier obstacle à la compréhension par le jeune enfant tient à la difficulté qu'il éprouve à suivre des séquences. Ainsi Leifer [100] présenta un petit film de conte de fées à des enfants de 4, 7 et 10 ans. Puis il leur demanda de remettre dans l'ordre chronologique trois photos tirées du film. Tous les enfants de 10 ans réussirent à retrouver l'enchaînement, 20 % seulement des enfants de quatre ans y parvinrent (et encore peut-être était-ce dû au hasard).

Ainsi une partie importante des images publicitaires est décodée de façon imparfaite. Nous adultes savons que l'objet important dans un spot est le produit. Nous comprenons la promesse publicitaire (X a telle qualité, X fait ceci pour vous), même si elle n'est pas exprimée verbalement dans le message. Tout ceci nous paraît immédiat et trivial. L'enfant de 4 et 5 ans, peu conscient de l'intention persuasive de la publicité, ne comprend pas le message, la promesse publicitaire. De la publicité, il n'extrait que des « packages de mots » (les slogans, surtout s'ils sont chantés) et quelques images ici et là, surtout celles où l'on voit un jouet. Car le jouet à l'écran, comme en vitrine, est en soi le message : même seul il suffit à susciter le désir et l'émotion.

De quoi se souvient-il ?

Tous les parents le savent : quand un enfant connaît une publicité, il est capable de la décrire très minutieusement, de se souvenir de tous les détails (il en va de même des histoires et contes). Comment évolue ce souvenir, de quoi dépend-il ?

Des indications précieuses sur ce que l'enfant extrait des publicités nous sont données par les études de mémorisation publicitaire. On y présente plusieurs films à des enfants de différentes classes d'âge : puis, soit immédiatement soit quelques jours après, on mesure le souvenir de ce que l'enfant a vu et entendu. L'analyse des réponses des enfants permet de distinguer quatre stades dans l'évolution du souvenir [27].

— Les enfants de moins de 5 ans ont un souvenir unidimensionnel, concret et descriptif : seul un aspect voire une image du film sont mémorisés, mais pas du tout le « message » (ce que la publicité cherchait à faire comprendre ou ressentir). L'enfant ne mémorise guère la marque mais un « package de mots » (le slogan) rendu attractif par son rythme interne, son euphonie globale, et la musique qui le supporte. A cet âge, la mémoire de l'enfant est épisodique [31] : elle ne conserve que des instants, un peu comme des diapositives isolées. Deux exemples illustrent ce premier niveau de souvenir publicitaire : « Ils avaient des casques de l'espace sur la tête », ou « Il y avait un cow-boy sur un cheval ».

— Le deuxième niveau de souvenir est toujours concret et descriptif, mais devient multi-dimensionnel : l'enfant extrait de la publicité et conserve en mémoire plusieurs détails. Ceux-ci sont restitués au hasard, sans ordre particulier, de façon hétéroclite et sans compréhension de leur lien avec le fond du message publicitaire. Il faut en général plusieurs relances pendant l'interview pour obtenir tous ces détails : ils ne sont pas mentionnés spontanément.

— Le troisième niveau de souvenir est multidimensionnel, concret et descriptif, mais de plus il est spontané et cohérent. Les éléments sont désormais reliés entre eux et constituent un récit : « C'est un bonhomme qui a un moulin à café, puis il lui explose dans les mains, alors il s'en va dans le couloir et puis plein de péripéties. J'aime bien cette publicité pour le café mais je ne me souviens plus de la marque ». L'enfant montre là qu'il possède une mémoire sémantique.

TABLEAU 1. COMMENT LE SOUVENIR DE LA PUBLICITÉ ÉVOLUE-T-IL SUIVANT L'ÂGE DE L'ENFANT ?

	5 ans %	7 ans %	11 ans %
Niveau 1 Souvenir d'une image isolée ou de slogans	31	12	9
Niveau 2 Multiples images, sans cohérence entre elles	50	36	27
Niveau 3 Multiples détails, avec cohérence interne	17	48	52
Niveau 4 Multiples détails reliés au sens du message	2	4	12

— Dans le dernier niveau, l'enfant extrait le sens du message et le restitue. C'est ce sens qui constitue l'objet essentiel du souvenir, non les détails épars de la publicité en question. L'enfant raconte son souvenir en organisant les détails de telle façon que le sens du message apparaisse à l'intervieweur : « Ils mettent un paquet de Dash. Puis il questionne une dame pour savoir si elle a déjà essayé Dash. Alors elle dit non parce que ça l'a pas intéressée, quoi, comme ça. Il recouvre le paquet Dash d'un paquet blanc avec un X dessus. Il dit à la dame d'essayer. Et alors elle essaye et elle trouve que c'est très blanc bien sûr. Et puis alors après, il lui montre que c'était Dash. Alors là, la grande découverte. Elle est toute contente... De toutes façons c'est truqué, ils ont fait ça pour la publicité ».

Comment ces quatre niveaux de souvenir se répartissent-ils suivant l'âge de l'enfant ? Le tableau 1 [166] témoigne de l'intégration progressive du fond du message avec l'âge.

Les comparaisons de taux de mémorisation de messages publicitaires selon le sexe ne témoignent pas de différences significatives entre garçons et filles.

Les exemples de souvenir publicitaire présentés ci-dessus marquent les différences dans le mode d'assimilation de la publicité par l'enfant. Le petit enfant enregistre de façon presque mnémotechnique une image ou une phrase. Il restitue une image ou des sons qui l'ont frappé. Plus tard, l'enfant se souvient des publicités à partir des réactions émotionnelles ou des associations engendrées pendant la communication, et dont il a souvenir : « Ça m'a fait rire » ou « Celui-là, il m'a énervé ». Notons que les messages publicitaires qui n'argumentent pas, mais présentent une atmosphère, une ambiance, un univers comptent sur ces mécanismes pour s'enregistrer dans la mémoire à long terme. Le souvenir de ses propres émotions résiste mieux à l'oubli que le souvenir des faits [75]. Enfin, les enfants plus âgés (11-12 ans) se souviennent en fonction de l'objet de la publicité (« c'était une pub pour... »), de leur intérêt pour celui-ci et de leur évaluation du message (« Ils disent ça mais de toutes façons c'est truqué : ils ont fait ça pour la publicité »).

Ce troisième type d'assimilation explique que des publicités non aimées au moment où l'enfant les regarde soient en fait mémorisées. Par exemple, des enfants de 9/11 ans n'avaient pas du tout apprécié une publicité concernant les élections européennes, présentée au milieu de 29 autres spots publicitaires [132]. Une semaine après, ils ne se souvenaient plus que d'une publicité sur quatre, dont cette publicité électorale sur l'Europe. Il convient donc de ne pas tirer de conclusions hâtives à partir de l'impact immédiat d'une publicité (l'émotion qu'elle suscite pendant son passage). Sauf chez les plus jeunes, il n'y a pas de corrélation entre l'évaluation portée pendant la communication et la mémorisation à long terme. Dès que l'enfant atteint 7/8 ans, cette mémorisation dépend avant tout de ses préoccupations, c'est-à-dire de ses centres d'intérêt ou de ses interrogations du moment :

— A 7/8 ans ils mémorisent des publicités montrant des produits « enfantins » (jouets, confiseries) mais aussi des campagnes pour la santé (anti-tabac).

— A 9/11 ans, le champ des produits mémorisés s'élargit considérablement : c'est l'âge où l'enfant s'ouvre à l'environnement et met son « grain de sel » partout.

— A 12/14 ans, ils mémorisent les publicités de produits adolescents ou adultes (automobiles, décoration), même si elles n'avaient pas été appréciées lors de leur passage.

Le fait que la mémorisation traduise les centres d'intérêt et les préoccupations de l'enfant et pas uniquement la valeur « spectacle » ou humoristique du spot surprend parfois les chercheurs. Par exemple une enquête [55] sur 275 enfants de 9/10 ans examina le lien entre le nombre de caractéristiques attractives présentes dans un spot (chansons, animaux, gags, enfants, etc.) et le souvenir de ce spot. Les enfants se souvenaient de 17 % des spots sans caractéristiques attractives et de la moitié des spots ayant trois caractéristiques attractives. Puisque 17 % des films « a priori » non attractifs étaient mémorisés, sans que l'on puisse invoquer l'effet d'artifices propres à séduire les enfants, le ressort de leur mémorisation se trouve probablement dans la résonance rencontrée par le fond même de ces messages.

Il serait donc hâtif de considérer que les enfants, mus par le seul principe de plaisir, ne *réagissent* qu'à des artifices de forme. Le mot « réagir » est en réalité un terme vague, pouvant faire référence à au moins trois variables distinctes :

— Réagir affectivement (rire par exemple) pendant le passage de la publicité.

— Mémoriser la publicité.

— Croire le fond du message (la promesse publicitaire).

L'amalgame de ces processus sous un même terme ne correspond pas à la réalité des faits révélés par les études :

— L'évaluation affective ne garantit pas la mémorisation : par exemple, s'il y a trop d'éléments attractifs dans un film publicitaire, les enfants sont un peu noyés et ne se souviendront pas bien du film publicitaire.

— La mémorisation du message a peu d'importance si la marque ou le produit ne sont pas mémorisés. Or souvent les artifices attractifs embrouillent et masquent le fond du message et la marque (ce phénomène est appelé « vampirisme de la création »), surtout auprès des plus jeunes.

— Mémoriser un message ou le trouver agréable ne signifie pas adhérer au contenu de ce message, nous le verrons ci-après.

Ainsi chaque fois qu'il est fait référence à des concepts larges tels que « réactions » ou « l'impact de la publicité », il importe d'en préciser le contenu exact (aimer, se souvenir ou croire). La mémorisation est souvent prise comme preuve de l'influence de la publicité sur les comportements de l'enfant : cela résulte typiquement de cet amalgame. Cependant, parce que la mémorisation des slogans est une observation qui interpelle maints parents, nous l'abordons en détail à présent.

Slogans et marques : les effets d'un engouement

Dès l'âge de deux ans les enfants chantent des jingles publicitaires. Plus tard ils retiennent par cœur les slogans, ce qui rend maints parents perplexes, voire inquiets. En toute innocence, les enfants s'amusent à répéter « Des pâtes, des pâtes oui mais des Panzani » ou « Quand t'as dit Cantadou t'as dit goût », et bien d'autres slogans commerciaux. Ce fait soulève deux questions : pourquoi cet engouement et quelles peuvent en être les conséquences comportementales? Y a-t-il comme certains le craignent un véritable conditionnement? Du point de vue des publicitaires, le slogan n'est qu'un moyen : l'objectif est de créer une attitude favorable à la marque. Nous nous interrogerons donc aussi sur la mémorisation des marques.

D'une façon générale, pendant ses premières années l'enfant aime à répéter les mots qu'il entend, à imiter les syllabes et les sons, même lorsqu'il n'en comprend pas le sens [127]. L'enfant répète pour le plaisir, sans le souci de s'adresser à quelqu'un de particulier. Cette répétition, appelée écholalie, est une des manifestations premières du langage de l'enfant pendant sa phase égocentrique. Quelles sont les sources de ce plaisir de répéter pour répéter? La réponse est malaisée et dépasse le cadre du présent ouvrage. Plusieurs explications ont été avancées. Pour les Freudiens, elle s'apparente à un plaisir masturbatoire, lié à la phase orale du développement psycho-sexuel de l'enfant. D'autres ont avancé que le phénomène n'était pas différent dans son essence de la répétition d'actes (refaire vingt fois le même pâté de sable). A travers la répétition l'enfant expérimente sa maîtrise soit des actes soit ici du parler. Cette répétition peut avoir une autre fonction : chez l'enfant de moins de cinq ans, l'animisme s'accompagne de la croyance à la vertu incantatoire des mots. dans les contes de fées, les objets s'animent, les portes s'ouvrent lorsque des mots sont prononcés (Abracadabra, Sésame ouvre-toi). Peut-être la répétition à cet âge est-elle aussi liée à la prédominance de pensée magique? Enfin l'enfant a moins de continence verbale que l'adulte. Ignorant l'intimité du moi jusqu'à 7 ans, il garde rarement pour lui les pensées qui lui viennent à l'esprit. Ce facteur facilite l'extériorisation des slogans qui lui trottent dans la tête.

Les enfants ne sélectionnent pas n'importe quel ensemble de mots ou, pour être plus précis, de phonèmes. En écoutant une phrase verbale ils la découpent en fonction de ses éléments sonores et non des mots : le slogan qui pour l'adulte est « quand t'as dit Cantadou, t'as dit goût » est autre chose pour l'enfant (Kantadikantadoutadigou). Comme le suggère le slogan précédent, l'enfant aime entendre et prononcer des onomatopées, c'est-à-dire des ensembles formés par harmonie imitative, comme « glou-glou », « tic tac », « Pschitt, Pschitt Altor », « Mais qu'est-ce t'as bu doudou dis donc ? », « Oasis, Oasis ». L'enfant aime aussi les rimes, les séquences euphoniques cadencées, surtout si elles sont supportées par une ligne musicale.

Il se trouve que ces critères forment le B-A-BA des exercices mémotechniques [123]. Le principe de base en est simple : en reliant n « bits » d'information par une association, on diminue considérablement ce qui doit être stocké en mémoire. La phrase musicale forme un tout : c'est pour cela que les enfants apprennent mieux l'alphabet en le chantant. La musique fournit une structure là où il n'y avait que mise bout à bout de 26 lettres. L'adjonction d'un sens aboutit au même résultat (« mais où est donc Ornicar »).

L'enfant ne comprendrait pas qu'on lui en veuille de répéter des slogans. En effet, d'une façon générale, il reçoit maintes félicitations de ses parents et autres adultes lorsqu'il répète correctement des phrases ou des comportements. La récitation d'un poème aux parents fait l'objet des plus grands encouragements par ceux-ci. La répétition est donc une pratique que l'environnement renforce. Quant à l'école, tout son système de distribution de sanctions ou de récompenses est fondé sur la capacité à apprendre par cœur. Mais on y sélectionne pour lui ce qu'il doit apprendre. Pendant la parenthèse de plaisir que représente la télévision, il est maître du choix. Parmi tous les slogans répétés à la télévision, il sélectionne en fonction de ses goûts.

La mémorisation des slogans décroît avec l'âge alors que, au contraire, la mémorisation des marques augmente avec l'âge [93] [148]. En effet le jeune enfant regarde avec plaisir la publicité ; de plus on a vu ci-dessus les multiples fonctions jouées par la répétition dans cette tranche d'âge. Au fur et à mesure qu'il perçoit l'objectif persuasif et développe de façon concomitante des attitudes publiphobes, il porte de moins en moins attention aux publicités et ne cherche plus à mémoriser les publicités.

Pourquoi, après avoir vu une publicité, l'enfant de 5/7 ans cite-t-il moins la marque lorsqu'il décrit ce qu'il vient de voir ? Une première raison tient à la mémorisation des slogans et autres « packages de mots ». Dans les procédés mémotechniques, quand on apprend par cœur un tout, il est difficile de mémoriser voire de distinguer chacune de ses parties : pour retrouver cette partie, il faut se remémorer le tout. Chez les plus jeunes, le nom de marque est imbriqué dans le slogan ou dans le dialogue. Il n'a pas d'autonomie.

Une seconde raison tient au « vampirisme de la création ». Il arrive que l'artifice utilisé pour attirer l'attention n'intègre pas le produit ou la marque. Ces films ou annonces de magazine reposent sur une théorie à deux temps : attirer à tout prix l'attention, puis parler du produit. Cette théorie a priori séduisante échoue toujours sur le billot des études de mémorisation [157] : dans la perception des spectateurs ou des lecteurs l'artifice masque le produit. Ils se souviennent bien du premier et pas du second. De plus l'enfant de 5 et 6 ans intègre mal les images trop fouillées, les scènes où trop d'événements se passent car il a du mal à faire le tri entre ce qui est essentiel et ce qui ne l'est pas. Pourquoi à cet âge la marque serait-elle l'essentiel ? Au contraire puisque les enfants en bas âge regardent la télévision publicitaire sans savoir qu'elle vise à vendre la marque X ou Y, ils n'ont aucune raison a priori de tendre l'oreille pour entendre le nom de la marque (s'ils ne savent pas lire). En revanche, leur mémoire visuelle enregistre bien plus que leur mémoire verbale. Dans leur souvenir des publicités, ils citent en général la catégorie de produit (café, lessive...) car elle est repérable visuellement. Qui plus est, alors même qu'ils ne savent pas lire, ils *reconnaissent* les marques dans les linéaires des magasins.

Cette reconnaissance nous rappelle qu'une marque ne se signe pas uniquement par son nom mais par un ensemble de signes visuels distinctifs. En tant qu'adultes, habitués à l'usage des mots, nous oublions que « les enfants de l'image » utilisent surtout des indicateurs visuels : ce que nous appelons assouplisseur Cajoline est pour l'enfant de 4 ans le « bidon bleu avec un petit ours dessus », et Yoplait est le yaourt avec une petite fleur.

Est-il efficace de faire mémoriser son slogan ? Compte tenu du sens large du mot « efficace », la question doit être précisée : la mémorisation d'un slogan par l'enfant peut-elle avoir une influence sur ses choix de produit ou les demandes qu'il formule à ses parents ? Aucune étude empirique n'ayant porté sur cette question, nous y répondrons de façon spéculative.

Pour que la connaissance d'un slogan puisse avoir un lien avec l'achat d'une marque, une condition nécessaire est que l'enfant ait conscience de la présence du nom de cette marque dans ce slogan. Ceci, nous l'avons examiné ci-dessus, n'est pas toujours le cas. Supposant cette condition réalisée, il nous faut distinguer un premier cas :

celui où la mémorisation du slogan résulterait de l'adhésion à la publicité. En d'autres termes une publicité ayant convaincu ou séduit l'enfant peut avoir deux conséquences *parallèles* (i) l'amener à se souvenir voire même à prendre plaisir à en répéter des parties (chez les adolescents, les onomatopées ou slogans publicitaires deviennent même parfois un code, un langage) (ii) l'amener à acheter le produit. Une étude qui montrerait que ceux qui se souviennent sont aussi ceux qui achètent ne démontrerait pas que la connaissance du slogan est la cause de l'achat.

Avec l'âge l'enfant se met à distinguer son évaluation du produit et son évaluation de la publicité (« jamais j'irais acheter une Visa, mais la pub est super, à la fin... le mexicain qui dit : eh Gringo Badaboum, Badaboum »). Les sources de la mémorisation tiennent à de multiples causes autres que l'intérêt pour le produit. C'est pourquoi nous mémorisons des slogans pour des produits que nous n'achetons pas, voire que nous n'achèterons jamais. De la même façon l'enfant mémorise des slogans de publicités pour des produits qui ne le concernent pas. Aucun « effet » n'est à attendre de cette mémorisation, si ce n'est une répétition publicitaire auprès des parents par enfant interposé.

Dans l'exemple ci-dessus l'enfant a une série d'attitudes très nettes vis-à-vis des voitures : il sait celles qu'il aime et celles qu'il n'aime pas. S'il devait faire un choix, il déciderait sur la base de ces attitudes. D'une façon générale le souvenir d'un slogan — sans attitude favorable vis-à-vis de la marque — pèsera peu lors du choix, face à des attitudes favorables vis-à-vis des produits concurrents. Nous connaissons tous « Pourquoi Picon parce que c'est bon ». Mais ne sachant rien de Picon, et ayant des attitudes formées sur d'autres boissons concurrentes, nous n'avons jamais goûté Picon.

Pour que la répétition d'un slogan puisse avoir un effet sur les choix de l'enfant, il faut donc qu'il n'ait pas déjà de préférences ou d'attitudes fortes (j'aime/j'aime pas) vis-à-vis des marques concurrentes. Le jour où il aura à faire un choix, face à ces marques concurrentes qui trouvent peu de résonance en lui, et en l'absence de différences de prix, la marque dont il se souvient — par son slogan ou non — disposera d'un avantage. Nous l'avons vu au chapitre 1, la simple répétition de stimuli neutres au départ parvient, à la longue, à les rendre agréables. Il se crée mentalement une sorte de proximité, une familiarité génératrice d'attitudes favorables. Le fait de se répéter un slogan recrée cet effet affectif : il confère à la marque, neutre au départ, un point de différence émotionnel.

Comme on le voit, les conditions « d'efficacité » de la mémorisation du slogan d'une marque sont très précises. Il faut que l'enfant (i) ait au départ une attitude neutre vis-à-vis de cette marque (ii) n'ait pas d'attitudes positives vis-à-vis des marques concurrentes (iii) et que les caractéristiques physiques des marques soient comparables, par exemple en magasin, s'il s'agit d'une boisson aux fruits, que la bouteille de la marque du slogan ne soit pas plus petite que les bouteilles des autres marques ou ne soit pas plus chère. En effet, face au linéaire, l'enfant hésitera à se laisser aller à choisir la marque qui éveille une certaine résonance en lui (du fait de sa propre répétition du slogan) si elle est bien plus chère qu'une autre. Cette hésitation concernera cependant plutôt l'enfant qui commence à gérer son propre argent de poche. Avant cette étape, tant que le critère « combien ça coûte » compte peu pour lui, « l'effet résonance » pèsera sur ses choix de marque.

6. L'enfant croit-il la publicité ?

Le but de la publicité n'est pas d'amuser ni de divertir, il est de rendre un produit ou une marque intéressants. Trop souvent on oublie que la séduction n'implique pas l'envie d'acheter. Déjà Cicéron distinguait les orateurs dont on disait : « Qu'il a bien parlé ! », et ceux dont on disait : « Faisons ce qu'il propose ! ». Le fait que la publicité soit plaisante est une garantie d'impact : cela attire l'attention. Or l'impact est une condition nécessaire mais non suffisante de l'efficacité. Si la publicité n'était qu'une fiche technique, personne ne la regarderait, mais si elle se contente de divertir sans rejaillir sur le produit, sans l'intégrer, elle n'est que création gratuite. La publicité est trop chère pour être gratuite.

L'article 15 du règlement de la Régie Française de Publicité stipule « qu'aucune méthode de publicité radiophonique ou télévisuelle ne doit profiter de l'impressionnabilité et de la faculté de croire propres aux enfants ». Quant au Bureau de Vérification de la Publicité, il rappelle que « la publicité ne doit pas exploiter la crédulité naturelle des enfants... ». Ces deux articles soulèvent une question cruciale : les enfants croient-ils ce qu'ils voient et entendent dans la publicité ? Font-ils le tri entre la réalité et la fiction, le vrai et le faux lorsqu'il s'agit de publicité ? Une question aussi large, on s'en doute, n'attend pas de réponses du type oui ou non. Il s'agira d'identifier les circonstances pouvant amener effectivement un enfant à croire un message publicitaire, en le prenant à la lettre. Ces circonstances peuvent être liées à des facteurs individuels (âge, style cognitif, habitude de la publicité) ou émaner de types particuliers de présentation du produit.

Les premiers soupçons de l'enfant

Quelle attitude l'enfant a-t-il face à la publicité : lui fait-il confiance ou au contraire soupçonne-t-il que tout est faux? Plusieurs études ont abordé cette question : ainsi, on demanda [166] à 615 enfants entre 5 et 11 ans si les publicités disaient toujours la vérité. Le mot « toujours » fut choisi volontairement pour détecter le pourcentage d'enfants ayant une foi absolue dans la publicité. La moitié des enfants de 5 ans répondit oui; ils ne sont plus que 12% à 8 ans et 3% à 11 ans. Parmi les sceptiques, à 5 ans, la majorité estime que la publicité dit parfois le vrai, parfois le faux; à 11 ans, la majorité déclare que la publicité ne dit jamais la vérité. Toujours pour ces sceptiques, quelles sont les raisons pour lesquelles la publicité ne dit pas la vérité? A cinq ans, deux enfants sur trois ne donnent pas de raison ou s'en tirent par des redondances « Ils mentent », « C'est pour se payer ta tête ». Avec l'âge les raisons se font très précises : à huit ans, la moitié des sceptiques invoque le désir de plaire à tout prix, de faire acheter, et le tiers le désir de faire du profit.

Quelles sont les justifications des enfants qui déclarent que la publicité dit toujours le vrai? Les plus jeunes enfants se basent sur le respect de la règle : il est interdit de mentir. Puisque cette règle, qu'ils ne comprennent pas toujours [126], leur est imposée telle un tabou par les adultes, ces derniers la respectent forcément. Les plus âgés, quant à eux, se fondent sur leur expérience : ils n'ont jamais été déçus après avoir acheté un produit vu dans la publicité. A l'inverse, c'est l'expérience de la déception qui vaccine très vite l'enfant contre une extrême crédulité : deux tiers des enfants de 8 ans et trois quarts de ceux de 11 ans ont eu une expérience personnelle négative après avoir cru la publicité.

Dans une autre enquête [140], on demanda à 275 enfants de 6 à 10 ans « Fais-tu confiance à toutes les publicités? ». A six ans, le pourcentage des confiants atteint 65%; il n'est plus que de 30% à 8 ans et de 7% à 10 ans. Ainsi, globalement, de 50 à 60% des enfants de cinq ans croient que la publicité dit la vérité. Doit-on en conclure qu'il y a là une population particulièrement vulnérable et méritant protection?

Il existe un problème méthodologique dans les questions relatives au caractère « vrai » des publicités et à la confiance qui en découle. Entre cinq et huit ans, même si le mot est le même, la notion de vrai n'a pas le même sens. Entre 5 ans et 8 ans, la question posée n'est donc pas vraiment la même, malgré les apparences.

La vérité est la croyance que ce que l'on voit, ce que l'on sent est conforme à un réel [22]. Or, pour l'enfant de 5 ans, interrogé en profondeur, ce réel est le magasin, le monde extérieur [47]. Si un produit est dans la publicité, c'est qu'il *existe* vraiment. De même, certains d'entre eux diront que le mot vrai ne convient pas à la publicité, parce que « Les singes, ça ne parle pas ! ». Ici, la réponse renvoie au caractère réel des animaux utilisés dans une publicité. Avec l'âge, l'enfant sait bien que la question ne porte pas sur ces deux critères de réalité, mais sur l'attribution de qualités à un produit, sur la promesse publicitaire elle-même.

Sur la base des chiffres ci-dessus, on ne saurait donc considérer le débat comme clos et la population des enfants de 5 à 7 ans comme particulièrement naïve face à la publicité. Car effectivement les produits montrés sont « des choses vraies, disponibles dans les magasins ». Cela correspond à la fonction informative ou d'assistance très tôt attribuée à la publicité par les enfants. Les 50 à 65 % d'enfants déclarant vraie la publicité à 5 ans nous laissent dans l'incertitude sur leur crédulité par rapport aux promesses publicitaires.

Lucidité apparente ou réelle ?

Les annonceurs et les sociétés d'études de marché spécialisées sur l'enfant-consommateur, quant à eux, n'ont aucun doute sur la question. Ainsi pour le directeur de la publicité de la société Meccano : « Jamais l'enfant au-delà de 5/6 ans n'est dupe... Devant un spot télévisé, après la première réaction, il analyse le texte et les images... Puis détecte les incohérences, les contradictions... Chaque erreur fait d'ailleurs planer un doute sur la véracité du message et sur le produit » [156].

Il est vrai que, étude après étude, l'enfant à qui l'on demande d'évaluer des publicités se montre volontiers critique. Il cherche le détail, la faille, l'incohérence; il flaire le truc, l'artifice. Quand on l'expose à des messages publicitaires, il ne manque pas de réagir vivement, en positif comme en négatif. Assurément l'image qui ressort des interviews d'enfants est aux antipodes de l'enfant manipulé, supercrédule et naïf.

En sciences sociales, les facteurs méthodologiques peuvent influer fortement sur les résultats. L'enfant se présente critique en général dans le cadre d'interviews individuelles (l'enfant répondant seul face à un intervieweur) ou dans des réunions de groupes (plusieurs enfants répondant ensemble à un animateur). Au contraire, lorsqu'il s'agit d'études comportementales où l'on se contente d'observer les enfants entre eux réagir à la publicité, le nombre de critiques émises spontanément face à telle ou telle publicité est bien inférieur : les enfants en ce cas semblent être moins en posture d'analyse critique [55].

Ne l'oublions pas, dans certains cas la situation d'interview crée une demande : elle amène l'interviewé à « voler au secours de l'expérimenteur », même à son corps défendant [143]. Face à un adulte, l'enfant, qu'il soit seul ou en groupe, tend à se comporter en adulte et se montre très censeur. Tout ce que les études montrent donc est que l'enfant a la *capacité* d'être critique. Elles nous indiquent aussi les indices utilisés par l'enfant pour évaluer la véracité du message ou plutôt pour le surprendre en flagrant délit de mensonge. Examinons en détail ces deux points importants.

En matière d'apprentissage il est fondamental de différencier l'acquisition d'une compétence et la mise en pratique de cette compétence [17]. Cela a été montré par exemple en matière d'apprentissage de la violence à partir de modèles télévisés. L'enfant apprend certains actes violents, mais le passage à l'acte n'est pas automatique [107].

Dans le cas qui nous concerne, dès 7/8 ans les enfants ont la capacité de soumettre à un filtrage serré le moindre message. Ils procèdent de façon pointilliste, à partir de détails. Il suffit qu'un détail paraisse suspect pour que l'ensemble du message soit considéré comme faux. Néanmoins cette auscultation pointilliste n'a de prise que sur les publicités réalistes : le dessin animé ne se prête pas à ce type d'analyse. En tant que genre imaginaire, le dessin animé n'a pas à être jugé en termes de véracité.

N'ayant pas encore accès aux fonctions d'abstraction et de logique, l'enfant de 7 et 8 ans n'est que perception. Sa pensée est construite et limitée par ses sens. C'est la raison pour laquelle il n'évalue pas le message publicitaire globalement : il ne le peut. N'ayant pas de théorie, il cherche des indices tangibles qu'il compare à sa propre expérience, à sa propre perception. Écoutons comment il procède à ses tests de véracité :

« Je n'aime pas la publicité de Dash... on cache la marque et on demande à la dame « Vous voulez savoir ce que c'est ? » Et la dame « Ah oui, ah oui, dites-moi tout de suite »... Pour faire les « Ah » ou le « Dites-le moi, dites-le moi », il faut vraiment être payé. on ne fait pas ça tous. C'est pas notre réaction ».

Le fait de procéder à un test de véracité ne signifie pas que ce soit le bon test. Le détail retenu peut se révéler mauvais prédicteur de la véracité du fond du message. D'une certaine façon on peut même dire que l'attitude critique est un écran : n'étant pas à même de juger sur le fond, le pointillisme consiste à juger sur la forme. Il traduit une certaine incapacité à juger. L'exemple suivant illustre le fait que le détail qui a attiré l'attention de l'enfant peut-être invalide sur le plan de la logique (même s'il est suffisant pour l'enfant) : « dans la publicité Daucy, le jardin qui est loin de la maison, ça traduit mal la réalité ». Pour cet enfant, un jardin se trouve obligatoirement autour de la maison.

Avec l'âge, l'enfant travaille plus de façon logique et montre qu'il ne se laisse pas forcément abuser par l'image. Il ne croit plus systématiquement ce qu'il voit : « J'y crois pas tellement à cette publicité : je sais pas si c'est vrai parce que la dame elle montre que c'est blanc mais peut-être ce sont les draps qui sont neufs ».

Ces réactions mentales à la communication ont été obtenues par interview. En situation naturelle peut-on présumer qu'elles existent tout autant ? Compte tenu des études sur les facteurs qui accroissent ou limitent la contre-argumentation et autres réactions mentales pendant le contact avec un message [125], cela dépend du degré d'implication de l'enfant et du type de produit.

— Certains produits sont très impliquants pour l'enfant : ceux qui le concernent directement (jouets, confiseries, vêtements...). Lorsqu'il rencontre des publicités de ce type, l'enfant est tout entier dans la communication. Pour tous les autres produits, la vue des publicités ne s'inscrit dans aucune problématique d'achat, à court ou moyen terme. Pour ces publicités (c'est-à-dire la majorité de ce qu'il voit) l'enfant ne cherche pas à extraire de l'information et pour cause : il n'y a aucun problème à résoudre (choisir) que l'information même publicitaire pourrait résoudre ou en tout cas faire avancer. Le contact avec ces publicités est nettement moins susceptible d'engendrer moult réactions mentales.

— Certains produits sont achetés plutôt sur la base de faits (leurs caractéristiques tangibles) d'autres sur la base de sentiments, d'impressions. Par exemple un Meccano ou une maquette appartient plutôt au premier type, une barre chocolatée au second. Pour une confiserie, que signifie être critique ? Des propositions verbales du type « Mmmh ! C'est super » ne sont pas assujetties aux mêmes critères de vérité que « Paic lave et dégraisse mieux qu'aucun autre liquide vaisselle ». Dans une publicité pour une confiserie, ce seront les réactions émotionnelles de plaisir ou de rejet qui prédomineront, pas les réactions cognitives. Notons pour conclure que le type de choix (à partir de faits ou d'impressions) n'est pas une propriété du produit, mais de l'enfant qui fait le choix. En général, quel que soit le produit, le très jeune enfant décide principalement sur la base d'impressions. Avec l'âge il se met à acheter certains produits (jouets, vêtements) en tenant plus compte de leurs caractéristiques. Ainsi un même jouet peut donner lieu à un processus de choix plutôt fondé sur les caractéristiques factuelles chez un enfant et plutôt fondé sur des impressions ou sentiments chez un autre.

Ce qui fait vrai ou faux pour l'enfant

A partir de 6/7 ans nous l'avons vu, la majorité des enfants exprime verbalement que la publicité ne dit pas toujours la vérité. Mais pour la plupart des publicités, l'enfant ne se demande pas si le message est vrai ou faux : la question n'est tout simplement pas à l'ordre du jour. La plupart des publicités ne sont pas vues dans une perspective d'apprentissage ou pour faire un choix : elles concernent des produits pour adultes. Ces publicités sont alors vécues comme le reste des programmes, c'est-à-dire comme une distraction, comme un interlude de plaisir et de relaxation avant ou après des pièces plus rébarbatives telles le journal télévisé. Le problème du vrai et du faux ne se pose pas.

Comment les enfants abordent-ils alors ces publicités ? Essentiellement sur des caractéristiques de forme : puisque le produit est neutre à leurs yeux, seule la forme publicitaire va être évaluée. En plus, on va juger chaque publicité par rapport aux canons qui régissent le genre publicitaire. On va évaluer si la « pub » est une « bonne pub » ou non.

Un des critères les plus importants — en plus de ceux abordés au chapitre 4 — est qu'elle fasse vraisemblable. Ce point crucial nous paraît avoir été jusqu'à présent sous-estimé.

En effet, dès 5 ans, 56 % des enfants déclarent qu'on ne peut pas dire si un produit est bon à partir de la seule publicité. Ils seront 80 % à 8 ans [166]. A cet âge l'enfant aborde donc la publicité en état d'incrédulité partielle. La langue française ne prévoit que deux états psychologiques : croire ou ne pas croire. Il en existe un troisième : croire sans croire. Sachant qu'il ne peut pas tirer de conclusion sur le caractère vrai de ce qu'une publicité affirme, il y a mise entre parenthèses des processus d'évaluation de la crédibilité. L'enfant a appris que la règle du jeu publicitaire est de chercher à convaincre, et de s'autoriser certaines latitudes avec l'exactitude. Entre 7 et 8 ans l'enfant aborde donc le message publicitaire avec une certaine distanciation.

Qu'attend-il d'une publicité pour un produit peu impliquant ? Qu'elle joue le jeu : qu'elle assume son statut de publicité — un essai de persuasion — sans oublier cependant que le récepteur n'est pas dupe, sans donc se prendre trop au sérieux, et surtout qu'elle distraie.

Aussi, bien que les produits ne le concernent pas, il est des pratiques qui le font bondir. La première est de ne pas choisir son camp, soit le fantastique soit le réalisme : « Parfois c'est réel, parfois c'est irréel, on ne sait pas ». L'enfant n'aime pas cette confusion, il veut pouvoir se repérer facilement : « Ah, il y en a une que je trouve bête : ils font de la publicité pour la soupe aux poireaux... on voit des poireaux qui se balladent. et après bon. Ils ont fait cela pour le montrer. Quoi. Et les poireaux sont emmêlés. Mais ça ils le font exprès, ils montrent exprès que c'est du cinéma... Je trouve que c'est un petit peu ridicule ». Ici manifestement le clin d'œil publicitaire échappe à la compréhension de l'enfant, désorienté par le caractère volontairement non plausible de la scène : « C'est mieux de faire une publicité où les choses *semblent* possibles ».

Ce sont les détails qui garantissent à l'enfant cette plausibilité. Mais chez le petit enfant (5/6 ans) qui ne différencie pas le réel et l'imaginaire, le plausible est très extensible. Il adhère par exemple sans critique à un dessin animé pour un dessert frais : « Au Pays de la Roche aux Fées, il se passe des choses merveilleuses... » dit la publicité. Interrogé sur le film, il dira « Une vache qui parle et pourquoi pas ! Ça doit pouvoir se faire ». En revanche à 8 ans, cette même vache pose un problème : « Une vache qui souffle et qui fait apparaître une mousse au chocolat, c'est un peu bête ». On voit que l'imaginaire devient affecté d'un signe négatif : il renvoie l'enfant à l'époque où il n'était « qu'un bébé, c'est pour les petits ». Devenu grand, il préfère que la publicité s'inscrive le plus nettement dans le monde du réel : « Il ne faut pas montrer un enfant qui devient un géant en mangeant un fromage car ce n'est pas possible ». Ces détails obéissent à une logique d'enfant : « C'est un produit qui nettoie le sol. J'aime pas. C'est un balai qui vient tout seul comme ça, tout seul puis qui nettoie. Il faudrait quand même quelqu'un qui prenne le balai ». Le grossissement, l'emphase déplaisent aux enfants : « Ce qu'ils racontent parfois c'est trop gros », « Ils en rajoutent », « Il ne faut pas exagérer », « Il ne faut pas délirer ». L'enfant recherche donc une certaine mesure : à trop en faire, cela devient invraisemblable. Dans son souci de vérité, il mélange la véracité de la forme et la véracité du fond. Si un trucage est trop évident, l'enfant est irrité et critique le produit.

A l'inverse les publicités qui se prennent trop au sérieux et qui oublient que « c'est de la pub » les rebutent aussi. Les enfants n'aiment pas en général quand un autre enfant se vante trop. Il en va de même pour les publicités de type « lessive » qui veulent convaincre à coup de preuves et de mots. L'enfant rappelle qu'il n'est pas dupe : « Ce qui m'énerve, c'est quand elle découvre que c'est Dash, je trouve que c'est un peu... un petit peu bête. De toutes façons c'est truqué : ils ont fait ça pour la publicité » ou « La dame, elle est plutôt payée pour ça » ou encore « Pour faire le « oh ! » ou le « dites-le moi, dites-le moi », il faut vraiment être payé. On ne fait pas ça tous. C'est pas notre réaction ». Comme l'indique ce dernier commentaire d'enfant, le caractère vraisemblable est aussi conféré par la ressemblance avec le vécu de l'enfant. Par exemple, si dans un film publicitaire, le professeur d'école se comporte de la même manière que son propre professeur, cela confère une énorme crédibilité aux yeux de l'enfant. Il compare avec ce qu'il vit : il y a crédibilité s'il retrouve des éléments familiers.

Il ressort des discours d'enfants que ceux-ci ne comprennent pas certaines figures de style publicitaires : ce qui est un clin d'œil ou un message au second degré court le risque d'être qualifié d'invraisemblable. Il faut du temps pour parvenir à savoir lire entre les lignes et décoder les figures de style de la communication par l'image [176].

Qu'en est-il lorsque le produit montré dans la publicité est impliquant ? Ainsi pendant la période de Noël, l'enfant sait qu'il a le droit de commander des jouets. Il aborde donc la publicité avec un problème précis à résoudre : sélectionner un ou plusieurs jouets. Suivant l'âge de l'enfant et son style propre, il aura tendance à choisir plutôt sur la base d'impressions (approche de type « Feeling »), ou plutôt sur une base factuelle (est-ce que la voiture électrique a bien tous les gadgets mobiles nécessaires ?). L'enfant du premier type extrait de la télévision une sensation. Elle résultera d'images fortes et de sons, de la mise en scène d'un univers entourant le produit et le dotant d'une *valeur ajoutée imaginaire* : « A la télé, ils montrent Action Joe : il arrive dans le sauvetage avec une dépanneuse. Puis il y a un monsieur qui tombe de la montagne. Alors, il dit « attention, j'appelle radio ». Et avec le crochet, il rattrape le monsieur et il dit « Action Joe, Joe, Joe... ». Comme ça. J'adore cette publicité sur Action Joe ». Ici l'enfant s'est totalement impliqué dans le message : il participe complètement à l'univers ainsi créé. Le réel et l'imaginaire se mêlent.

L'enfant du deuxième type scrute plus l'objet : « J'ai vu une publicité pour un jeu à la télé : c'est un jeu avec des billes. On tourne. Et puis les billes tombent dans un trou et cela fait lever un objet... ». Cette attitude tournée vers les caractéristiques de l'objet conduit en général l'enfant à ne pas décider sur la seule foi de l'image télévisée : il va chercher à vérifier. Les publicités en magazine lui en donnent une première occasion : elles fournissent tous les détails (sauf le prix) sur le jouet. Les enfants scrutent attentivement ces pages, en dissèquent chaque mot, lisent et relisent les textes. L'enfant examine aussi à volonté les explications disponibles dans les catalogues. Enfin, il se sert de ses amis et du magasin : « J'ai vu le robot à la télé. Je ne sais plus comment il s'appelait. Mais je l'ai revu aux courses et je l'ai quand même reconnu. Sur le robot, ils disaient plein de choses qui ne sont pas vraies parce que j'ai essayé. Ils disaient qu'il montait les côtes et plein de choses et j'ai essayé et il n'arrivait pas à faire ces choses ».

Ainsi l'enfant n'est pas toujours critique face au message publicitaire. Quand l'image est très forte, elle entraîne l'émotion, et éteint pendant la communication toute attitude critique. Sinon, l'attitude générale est celle d'incrédulité en suspens, une sorte de : « je ne te dis pas que je ne te crois pas, mais je ne te crois pas pour autant ».

Après exposition aux messages publicitaires, le résultat est plus une sorte de « non rejet », de « non mépris », de « pas impossible » qu'une acceptation ou une croyance [170]. Naturellement cette généralisation doit être nuancée selon l'âge et le style cognitif de l'enfant : ce n'est que vers 12 ans que les processus cognitifs acquièrent une grande autonomie vis-à-vis des processus émotionnels. Le tableau 1 en témoigne [47].

TABLEAU 1. L'ENFANT FAIT-IL CONFIANCE AUX PUBLICITÉS QUI LE SÉDUISENT ?
(« Je crois ce que dit ma publicité préférée »)

	Age	% oui		Age	% oui
Filles			Garçons		
	7 ans	82 %		7 ans	94 %
	8 ans	71 %		8 ans	69 %
	9 ans	62 %		9 ans	56 %
	10 ans	43 %		10 ans	51 %
	11 ans	40 %		11 ans	43 %
	12 ans	27 %		12 ans	25 %

Avant sept ans on croit parce l'on aime : la séduction prime. Avec l'âge les processus s'affinent, on aime ce que l'on croit et on peut aimer une publicité pour sa forme tout en ne croyant pas la promesse publicitaire. De plus certaines promesses publicitaires sont manifestement non crédibles selon un critère de vérité rationaliste (la conformité à la réalité positive), mais crédibles selon un critère de vérité subjective (la conformité à un souhait psychologique). Par exemple, dès l'âge de raison, l'enfant déclarera ne pas croire que la barre chocolatée Lion le rendra fort comme un lion, car il utilise un critère rationnel. Mais si le film est bien fait, l'incrédulité est en suspens : la promesse peut être crue sur un plan imaginaire.

Le petit enfant, quant à lui, n'utilise que ce dernier critère. A quatre et cinq ans sa pensée est encore égocentrique. Si cela peut arriver dans l'imagination, cela peut donc arriver en réalité. Il ne bronche pas à la vue d'images où le réel et l'irréel se mélangent [129], comme par exemple un petit déjeuner où siègent les parents, les enfants et Casimir, ou Groquick. Avec l'âge, les deux critères de vérité peuvent co-exister. Les questions d'enquête sur la crédibilité des promesses publicitaires ne mesurent que la vérité positive, pas la vérité subjective, sur le plan imaginaire. Celle-ci se manifeste silencieusement par l'achat du produit.

Les travaux de l'historien P. Veyne sont particulièrement utiles pour comprendre que l'alternative du vrai et du faux est erronée : il existe une pluralité de programmes de vérité. Cet auteur a cherché à répondre à la question [162] : les grecs croyaient-ils à leurs mythes? Sa réponse est qu'il existe une pluralité de modes de croyance : on peut croire à moitié ou croire à des choses contradictoires. Ainsi à partir d'un certain âge, les enfants croient à la fois que le Père Noël leur apporte des jouets par la cheminée et que ces jouets y sont placés par leurs parents. Entre une réalité et une fiction, la différence n'est pas objective, elle n'est même pas dans le produit : elle est en nous.

Publicité mensongère ou impressions trompeuses?

Lorsqu'il se place sur le terrain de la réalité physique, nous l'avons vu, l'enfant va exercer sur le message un filtrage critique. il va le soumettre à un test de vérité. Mais nous avons aussi vu que les détails utilisés, faute de mieux, n'étaient pas toujours pertinents. Le fait de se montrer critique ne garantit pas du tout le succès. Une première raison est que l'enfant a souvent des difficultés à percevoir avec clarté le réel. Le voudrait-il, il n'a pas encore la compétence pour le faire : « C'est un fromage, ils disent « Mangez Gervais, vous allez grandir ». Alors le petit garçon, il est tout petit, il est à peu près comme moi, il mange Gervais et il grandit comme un géant, comme si ça se pouvait ça. *Ça ne se peut pas hein?* » [59]. Tout à coup, l'enfant interpelle l'adulte-intervieweur pour lui demander une confirmation, une structure.

La deuxième raison de l'insuccès tient à la nature de l'image et du son : certains enfants peuvent être induits en erreur et attribuer au produit des performances qu'il n'a pas. Par exemple pour donner un aspect plus motivant à une petite voiture de course, certains films ont présenté de véritables pilotes de course sautant dans leur vraie voiture lors d'un grand prix, le relais étant pris par des images de la voiture en miniature éventuellement accompagnée de bruits de moteurs réels. Le risque que ces trucages n'apparaissent pas à tous les enfants comme un artifice a amené plusieurs pays à se doter d'une réglementation restrictive.

Ainsi en France, le Bureau de Vérification de la Publicité stipule que la description écrite, sonore ou visuelle des jouets ne doit pas être susceptible d'induire en erreur quant à leurs caractéristiques (performance, vitesse, durabilité, solidité, dimensions). De plus la taille réelle des jouets ou leur échelle doit être aisément identifiable, de préférence en les montrant accompagnés d'un objet quelconque dont la taille ou l'échelle peut être aisément connue.

Il est souvent fait procès aux publicitaires d'enjoliver la présentation du produit pour induire l'enfant en erreur. Selon nous ce procès d'intention n'est pas fondé. La profession publicitaire dans son ensemble n'a aucun intérêt à la multiplication des cas de déception entre le produit et la réalité : son image est suffisamment contestée sans cela. L'annonceur particulier n'a rien à y gagner non plus : à quoi sert d'investir dans une campagne de publicité si, en magasin, le produit paraît bien pâle et le rêve envolé. Malgré les précautions des annonceurs et l'action préventive de la Régie Française de Publicité, des déceptions peuvent exister. En effet, ne l'oublions pas, une grande part de la persuasion est auto-persuasion : le spectateur sélectionne dans l'image ce qui lui plaît et occulte certains éléments pourtant bien présents [86]. Par exemple, la bande-son du film pour le jeu « Impérator » était si bonne que les gens interviewés, adultes et enfants, avaient « vu » des gladiateurs et des lions... alors qu'ils ne les avaient en réalité qu'entendus. D'autre part, ils s'attendaient à trouver une boîte extraordinaire avec des lions, des gladiateurs, des couronnes, des légions. Pourtant le film avait représenté le produit réel : sur les trente secondes du film, huit et demie étaient consacrées à sa démonstration. Cette partie n'a pas été vue : adultes et enfants ont imaginé un jouet extraordinaire. Déçus par la boîte réelle en magasin, ils ne l'ont pas achetée : le produit ne s'est pratiquement pas vendu [69].

Ainsi, l'inclusion d'une information dans un message ne garantit pas qu'elle sera vue. Une expérience illustre bien les conséquences de cette réalité psychologique pour la défense du consommateur. Dans maints pays, France incluse, la publicité des jouets doit clairement indiquer quand des éléments (piles électriques, batteries, peintures, accessoires supplémentaires) doivent être achetés séparément. De même, dans toute démonstration, il doit être clairement montré si le mouvement est mécanique, électrique ou assuré par une simple opération manuelle. Liebert [108] présenta à des enfants de 5 et 10 ans un film publicitaire pour un nouveau jouet, avec la mention incluse : « Jouet non prêt à l'emploi : nécessite un montage » (mention visuelle et parlée). 85 % des enfants de 10 ans comprirent qu'il fallait monter soi-même le jouet ; à 5 ans, ils ne furent que 40 %. Une seconde mention fut alors testée sur un autre groupe d'enfants : « Il faut assembler les parties avant de pouvoir jouer avec »*. Tous les enfants de 5 et 6 ans comprirent bien que le jouet n'était pas fourni monté.

Ainsi, en conclusion, seul un test de la réception du message garantit qu'il a bien été communiqué, et prévient les risques d'erreur. Ces tests révèlent parfois des surprises comme le montre une étude faite sur les emballages de produits d'entretien. Très curieux et explorateurs, les enfants goûtent parfois les produits d'entretien que leurs mères rangent dans les armoires. Pour prévenir les risques d'empoisonnement les fabricants ont mis en place des systèmes de fermeture appropriés. Mais ceux-ci ne préviennent pas tous les risques : parfois les parents oublient de refermer les emballages après usage. Aussi a-t-on dessiné et inscrit sur les emballages des signes ou rajouté des odeurs dont l'objectif est de réduire l'attraction de ces emballages auprès des enfants. En testant l'efficacité de ces signes et odeurs répulsifs, Schneider [150] a montré que la combinaison de certains d'entre eux exerçait en fait une certaine attraction sur les enfants entre 4 ans et 5 ans. Par exemple, alors que 56 % des enfants étaient attirés par l'emballage normal sans signes répulsifs, le dessin d'une tête de mort combiné avec l'adjonction d'une odeur antiseptique attira 67 % des enfants ! Pourtant l'odeur antiseptique seule exerçait bien un effet répulsif (33 % d'attraction). Schneider montra aussi que la forme de l'emballage était en soi un facteur d'attraction ou de répulsion.

* Note de l'auteur : les phrases traduites en français sont bien plus longues que les phrases originales en anglais (Partial assembly required et It must be put together before you can play with it).

7. Quand la publicité crée-t-elle le désir ?

L'objectif de la publicité adressée aux enfants est d'influencer leurs choix, de peser sur leurs préférences afin qu'ils achètent ou demandent tel produit plutôt que tel autre, telle marque plutôt que telle autre marque. Dans ce chapitre nous présenterons des preuves du pouvoir incitatif de la publicité, à la télévision ou en magazine. Il peut paraître étonnant de présenter des faits prouvant ce que tout parent considère comme une évidence. Ce n'est pourtant pas un exercice de style, en effet :

— Il est courant d'utiliser les demandes de l'enfant, son comportement de prescription comme indice de l'efficacité publicitaire. Nous montrerons que la fréquence des demandes n'est pas un indicateur satisfaisant de l'influence publicitaire. Cette fréquence dépend aussi d'autres influences.

— Souvent lorsqu'ils sont attaqués, les publicitaires rétorquent qu'il ne faut pas exagérer l'efficacité de la publicité. Celle-ci ne serait que la source d'information sur les produits, mais l'enfant utiliserait d'autres sources (ses amis, la vue du produit en magasin, etc.) pour se faire une opinion. En quelque sorte elle mettrait le produit ou la marque à l'ordre du jour, mais n'exercerait pas de rôle incitatif. L'enfant trouverait ailleurs la motivation d'acheter.

S'il est vrai que la publicité réussit dans sa fonction incitative, il est vrai aussi qu'elle n'y parvient pas toujours. En particulier nous verrons qu'une publicité mémorisée ou bien aimée n'est pas forcément motrice. D'où une nouvelle question : quelles sont les caractéristiques des publicités télévisées ou en magazine qui leur confèrent un potentiel incitatif? Dans nos réponses nous analyserons en détail l'aspect motivant des concours, primes, cadeaux et autres promotions, qui constituent une part importante des annonces publicitaires dans les magazines pour enfants.

Nous concluerons ce chapitre par l'analyse des différences de persuasibilité suivant les enfants : à quel âge l'enfant est-il le plus susceptible d'être influencé? Observe-t-on des différences suivant le sexe de l'enfant, suivant sa classe sociale? Cette dernière variable est importante : parmi les critiques de la publicité, il est fait reproche d'inciter les enfants des classes modestes à acheter, sans égard pour les limites créées par l'exiguïté des ressources financières de la famille. Enfin, toutes choses égales par ailleurs, les enfants qui regardent beaucoup la télévision sont-ils plus influençables que ceux qui la regardent peu?

Le pouvoir incitatif de la publicité

Pour mesurer le pouvoir incitatif de la publicité adressée aux enfants, il est courant d'utiliser le nombre des demandes émises par l'enfant. Les parents emploient en général cet indice. Quand on leur demande si la publicité a une influence sur leurs enfants et le nombre de fois où l'enfant émet des demandes, leurs réponses à ces deux questions sont extrêmement corrélées [165] : plus ce nombre est élevé, plus ils déclarent que la publicité influence leurs enfants. En France une étude du C.N.R.S. [55] présente aussi comme preuve de « ce que la publicité fait faire à l'enfant » des chiffres sur les demandes de celui-ci. Dans cette étude on demandait aux enfants interviewés : « Beaucoup d'annonces à la TV concernent des jouets tels que des jeux, poupées, voitures de course. Après avoir vu ces jouets à la TV combien de fois demandez-vous à votre mère de vous les acheter? ». 16 % des enfants regardant rarement la télévision répondirent demander souvent. Chez ceux qui regardent souvent la télévision, le chiffre est de 40 %.

Pourtant le nombre des demandes émises par l'enfant n'est pas un parfait indicateur de l'efficacité publicitaire parce que de nombreux autres facteurs influencent ce nombre. Citons par exemple parmi ces facteurs (i) le caractère plus ou moins favorable des parents à l'égard des demandes : certains parents y font obstacle, d'autres en accédant aux demandes de l'enfant l'encouragent à recommencer, (ii) le temps passé avec l'enfant : une mère au foyer passant plus de temps avec son enfant a de facto plus de chances de recevoir des demandes qu'une mère qui travaille (iii) l'imitation des copains qui ont reçu tel ou tel jouet, etc. C'est précisément parce que les demandes de l'enfant résultent de nombreux facteurs (dans et hors de la famille) que nous les traiterons à part dans le prochain chapitre. Pour revenir à l'étude précédente, il est bien connu que les parents à attitude éducative ferme limitent la fréquentation de la télévision par leurs enfants [39]. De plus, ces familles résistent voire découragent les demandes de produits faites par leurs enfants. Le parallélisme entre le faible taux de demandes et la faible écoute de la télévision résulte en grande partie d'une tierce variable : les postures éducatives de la famille de l'enfant. Cette étude montre donc qu'il y a corrélation entre l'écoute de la télévision et le nombre des demandes, elle ne prouve pas la relation de cause à effet.

Le nombre des demandes souffre d'une autre limitation : avec l'âge l'enfant utilise des tactiques plus subtiles d'approche des parents. Il abandonne l'approche frontale (« Je veux ceci ou cela ») et introduit son point de vue de façon plus feutrée, plus comme un conseil avisé. L'influence publicitaire transite donc de multiples façons : on ne saurait la restreindre à *une* tactique particulière d'approche des parents par l'enfant.

Plusieurs études prouvent à l'envi l'efficacité publicitaire. 80 % des mille enfants de six à douze ans interrogés par la Fédération Nationale des Associations Familiales Rurales avouent, à la différence des adultes, qu'ils se laissent influencer par la publicité pour acheter des bonbons et du chewing-gum [60]. Dans une autre enquête, on demanda aux enfants de 5 à 11 ans : « Aimerais-tu avoir la plupart des choses que l'on voit à la publicité télévisée ? » : à 5 ans, 66 % des enfants répondirent oui, à 8 ans 51 % et à 11 ans 49 %. Mais cette question appelle-t-elle une réponse négative ? Dans l'idéal, dans un monde sans contrainte, pourquoi refuser ces objets ? Une seconde question est plus proche du pouvoir incitatif de la publicité : « Est-ce qu'il y a des publicités à la télévision qui te font avoir envie du produit qu'elles montrent ? », 67 % des enfants de 5 ans disent oui, 87 % à 11 ans [166].

Les études ci-dessus reposent sur des déclarations verbales, plusieurs expériences ont examiné le comportement des enfants. Goldberg et Gorn [70] montrèrent à 45 enfants, entre 8 et 10 ans, un dessin animé des Flintstones interrompu par une publicité pour un nouveau jouet, un camion métallique appelé Hot Wheels. Ils montrèrent à 45 autres enfants le même dessin animé avec à trois reprises la publicité Hot Wheels. Enfin 45 enfants utilisés comme groupe de contrôle ou groupe témoin ne virent *que* le dessin animé. Puis on présenta à l'ensemble des enfants le jouet en leur disant que, s'ils voulaient l'obtenir, ils n'avaient qu'à reconstituer un petit puzzle et que les premiers qui y parviendraient gagneraient le jouet Hot Wheels. Le puzzle étant quasiment insoluble les chercheurs prirent le temps passé par chaque enfant à essayer de le résoudre comme mesure de son désir du jouet. Les enfants du groupe sans publicité passèrent en moyenne 14 minutes à essayer de résoudre le puzzle; ceux qui virent une fois le message publicitaire passèrent en moyenne plus de 24 minutes et ceux qui le virent trois fois presque 20 minutes (témoignant donc d'un début de saturation publicitaire). Ainsi un seul passage publicitaire amena les enfants à passer presque deux fois plus de temps que les enfants sans publicité.

S'il fallait d'autres indications du pouvoir qu'a la publicité télévisée d'influencer les choix et les préférences, il est significatif que 60 % des enfants de 5 et 6 ans, sachant à peine lire, citent la marque lorsqu'ils demandent une boisson fruitée; en ce qui concerne les corn-flakes, ils sont 90 % à exprimer leur demande en terme de marque [166]. On pourrait cependant objecter à juste titre que, même sans publicité, par le mécanisme de l'habitude, les premières marques consommées acquièrent le statut de marques préférées [119]. Il est plus facile d'acquérir une habitude que d'en perdre une. Cependant on constate que les secteurs à forts investissements publicitaires sont en général ceux où l'enfant formule ses demandes en termes de marque et non de façon générique (« du Nesquick » et non « un chocolat au lait ») [43].

TABLEAU 1. LE POUVOIR INCITATIF DES ANNONCES EN MAGAZINE

	Nombre d'acheteurs de Nesquick par semaine		
	avant la campagne	pendant la campagne	après la campagne
Groupe ayant reçu Pif (avec publicité)	100	113	73
Groupe témoin (sans publicité)	100	93	78
	Résultats en quantités achetées		
	avant la campagne	pendant la campagne	après la campagne
Groupe ayant reçu Pif (avec publicité)	100	117,5	91
Groupe témoin (sans publicité)	100	100	88

La plupart des études concernent l'influence du média télévision. Les annonces magazines ont-elles aussi un fort potentiel incitatif?

Pour l'établir, on distribua d'office à 1 500 familles françaises, de trois enfants et plus, un abonnement à l'hebdomadaire pour enfants Pif. Un échantillon identique de 1 500 autres familles servit de groupe témoin et ne reçut aucun abonnement. Leurs achats alimentaires quotidiens furent suivis pendant deux mois, grâce au prélèvement en magasin du double de leurs tickets de caisse, indiquant quelles marques ont été achetées et en quelles quantités. Comme le montre le tableau 1, le groupe test a intensifié le volume de ses achats après avoir été soumis un mois durant à une campagne pour Nesquick*.

Une vague d'interviews complémentaires montra que l'enfant a pris lui-même le produit dans le linéaire dans 35 % des cas. Il serait donc erroné de considérer que l'efficacité est l'apanage de la télévision. Selon l'enquête périodique I.E.D. [80], pendant la période étudiée, il est arrivé à une mère sur deux de voir son enfant venir lui demander un produit en lui montrant une annonce parue dans son journal.

Quelles publicités font acheter ?

Toutes les publicités ne jouissent pas d'un pouvoir incitatif : certaines n'ont aucune action sur les intentions d'achat ou de demande des enfants. Par exemple dans une expérience spécialement faite pour démontrer l'efficacité de la publicité, on montra à 522 enfants entre 7 et 10 ans une série de dessins animés [46]. Un tiers des enfants vit en plus 9 spots publicitaires; un autre tiers vit ces 9 spots publicitaires à deux reprises pendant la projection. Parmi ces spots deux concernaient des confiseries (Mars et Penny). A la fin de la projection on proposa aux enfants de choisir *l'un* des cinq produits suivants : une pomme, un Mars, un Raider, un Cha-Cha ou un Penny. Dans les trois groupes la moitié des enfants choisirent Raider. La pomme vint en seconde position : un enfant sur cinq la choisit. Seul un enfant sur dix choisit le Mars et cela quelque soit le groupe (sans publicité, avec un passage ou deux passages de publicité). Quant à Penny, pratiquement personne n'en prit. Ces deux films publicitaires avaient été appréciés par les enfants mais ils n'influençaient pas leurs choix.

Au chapitre 4, nous avons examiné les facteurs qui attiraient l'enfant, qui le faisaient s'impliquer dans la communication. Rappelons certains de ces facteurs :

— La publicité se situe-t-elle dans le bon univers? Certains univers ne sont pas très intéressants comme univers de projection des enfants.

* Source : Panel Nielsen-ERIM (test du 15 mai au 17 juillet 1983).

— Les personnages permettent-ils à l'enfant de s'identifier à eux? Accomplissent-ils des choses formidables que l'enfant peut avoir envie d'imiter?

— Les gags ajoutent-ils à la compréhension du message et à l'intérêt du produit ou ne font-ils qu'attirer l'attention, sans lien avec le produit?

Pourtant, de même que l'on se souvient très bien de publicités pour des produits que l'on n'aime pas, le fait d'aimer une publicité ne garantit pas son action sur les intentions d'achat : plaire et inciter, bien que liés, ne sont pas équivalents. On a demandé à 362 enfants de juger un ensemble de publicités sur une série de critères (par exemple est-ce fou? Est-ce rigolo? Est-ce joli?, etc.) [91]. On leur demanda aussi de noter chacune de ces publicités sur deux autres variables : « Est-ce que tu l'aimes bien? » et « Est-ce que ça te donne envie d'acheter le produit? ». L'analyse statistique a montré que les critères qui expliquaient l'attirance (j'aime bien) n'étaient pas identiques aux critères expliquant le pouvoir incitatif (ça donne envie). Quels sont les facteurs qui contribuent au pouvoir incitatif? Nous distinguerons les cas des messages télévisés et des annonces en magazines.

Les interviews de praticiens et la recherche convergent sur une série d'éléments susceptibles de rendre un film incitatif. Parmi ceux-ci citons :

a) L'attrait de la nouveauté. Les enfants sont en permanente découverte : ils sont intensément intéressés par tout ce qui est nouveau. Mais dire « nouveau » ne saurait suffire. Quand le produit est nouveau, l'enfant a très envie de savoir ce qu'il est, ce qu'il fait, comment ça se passe : il est très demandeur d'informations et en général à ses dires [170] n'en reçoit pas assez.

b) La promesse de « pouvoirs magiques ». Par exemple certains produits alimentaires laissent supposer qu'ils donnent des muscles, qu'ils rendent très fort. Au niveau rationnel les enfants savent bien que cela n'est pas vrai (cf. chapitre 6), que la barre de chocolat Lion ne les rendra pas forts comme un lion, ou que « C'est pas le savon Zest qui fait faire un saut comme cela ». Il n'empêche que même reconnue littéralement fausse, la communication semble aux yeux d'une partie des enfants entourer la marque d'une aura particulière. Certains films pour le biscuit Pepito en font presque une potion magique [69].

c) Démontrer voire concasser le produit. Comme exemples de scènes jugées motivantes les enfants citent le fait de voir, en gros plan, une boisson versée dans des verres avec du givre, découper des gateaux, étaler de la confiture sur une tartine croustillante, ouvrir le papier entourant une barre chocolatée et pénétrer dans le produit. On retrouve là une des manifestations de la phase des opérations concrètes de Piaget. L'enfant est essentiellement perméable au concret : vers 10-11 ans seulement, les concepts, les abstractions lui deviennent accessibles. Mû par la curiosité, il aime démonter (parfois casser) pour voir comment c'est fait, pour palper et ressentir concrètement. Il est sensible au fait de voir le produit en gros plans (après tout l'écran n'est qu'un *petit* écran) en train de *faire* quelque chose qu'il aime.

d) La mise en scène du désir. Cet élément fait écho aux travaux de l'anthropologue René Girard sur la dynamique du désir [68]. Pour Girard le désir humain a des composantes individuelles et des composantes collectives. Les premières répondent à notre besoin d'être différent des autres. C'est cette composante qui nous fait rejeter l'idée de vêtements uniformes, de produits identiques pour tous. Le désir humain s'appuie aussi sur une composante collective qui agit en sens inverse : nous imitons le désir de l'autre. Par exemple quel parent n'a vécu la scène suivante : un enfant se désintéresse de son jouet. Il suffit qu'il voie un autre enfant s'en servir et avoir l'air d'y trouver du plaisir pour que son désir renaisse. Il y a donc contagion du désir. En fait pour R. Girard la contemplation du désir et de la jouissance des autres est un plus fort moteur du désir que l'objet lui-même.

Manifestement il y a un paradoxe du désir car le besoin d'être différent et le mimétisme du désir s'opposent. Mais chez l'enfant ce paradoxe n'existe pas : la composante collective domine. L'enfant n'aime pas être différent, il veut au contraire le plus possible se fondre dans les autres.

Ainsi pour Girard le désir est la chose au monde la plus imitée. Au niveau des adultes, la publicité en tire déjà les leçons [161]. Quant à la publicité destinée aux enfants elle doit, pour nourrir le désir de l'enfant spectateur, exprimer au maximum le désir de l'objet par l'enfant acteur et le plaisir qu'il tire de cet objet.

Très peu de travaux ont porté sur la publicité dans la presse pour enfants. Néanmoins les publicitaires semblent obéir à certaines règles de création. Celles-ci reposent sur leur perception des rôles respectifs de la télévision et de la presse dans le processus de décision de l'enfant. La télévision est le moteur de la passion : la publicité annonce l'existence du produit et le met en valeur de façon spectaculaire. Mais par son format et les conditions fugaces de sa réception elle est peu informative. La presse bénéficie de meilleures conditions de réception pour livrer une plus ample information sur le produit : ce n'est plus « j'existe » mais « je sais faire ceci ou cela, voici mes caractéristiques ».

En effet, en prenant son temps l'enfant a toute latitude pour disséquer la page publicitaire : il se convainc lui-même. Aussi donnera-t-on le plus de détails possibles, sans tomber dans la fiche signalétique, purement descriptive. On ne saurait donc se passer d'une image forte, très contrastée, colorée et occupant la majeure partie de l'espace. Cette image doit selon les publicitaires faire figurer le produit très en avant, en situation. Enfin, et cela ne concerne pas que la presse, un des mécanismes les plus incitatifs auprès des enfants est la promesse d'une récompense externe, liée à l'acte d'achat. Ce principe élémentaire de la psychologie de l'apprentissage est illustré par les primes, concours, cadeaux, collections, très présents dans la production publicitaire. Analysons cette variable en détail.

L'efficacité des cadeaux, primes et concours

Les enfants sont sensibles à cette manne de cadeaux et primes liés soit automatiquement à l'achat soit de façon conditionnelle lorsqu'il s'agit d'un concours. Plusieurs observations françaises en témoignent. On a demandé à 200 mères d'indiquer, pour 24 catégories de produit, et pour chacun de leurs enfants, s'il émettait une prescription, un avis ou un désir. Puis on leur demanda si cette prescription d'achat était explicitement motivée par la possibilité d'obtenir une prime-cadeau. Il ressort que la moitié des enfants de l'échantillon réclament un ou plusieurs articles car il est doté d'une prime-cadeau [43]. Ce type de demande se manifeste essentiellement dans quatre catégories de produit : yoghourts et desserts, fromages en portions, bonbons et chocolats, goûters et biscuits (tableau 2). Il est vrai que dans ces quatre secteurs les produits sont identiques d'une marque à l'autre. Pour se différencier malgré tout, les annonceurs tentent d'une part de doter leur marque d'une image spécifique, d'un point de différence émotionnel (chapitre 4) et d'autre part d'agir immédiatement au niveau du comportement par la mise en avant d'un « sucre », récompensant ce comportement. Si l'on examine sur les demandes exprimées quel pourcentage est dû à l'existence d'une prime ou cadeau, on voit qu'il est de 41 % pour les yoghourts-desserts (26/63) et de 50 % pour les fromages en portions (Vache qui Rit, Kiri, Samos, etc.). On notera dans les résultats que 5 % seulement des enfants réclament un produit d'entretien à cause de la prime. Cela paraît peu : c'est en fait beaucoup car en tout seuls 9 % des enfants émettent un avis ou un désir dans cette catégorie de produit qui ne les concerne pas : la prime est ici la raison essentielle faisant sortir l'enfant de sa réserve (le cadeau Bonux ?). Aujourd'hui abandonnées, les collections furent fort utilisées par les compagnies pétrolières pour peser via l'enfant sur les choix de station-service des parents.

TABLEAU 2. L'INFLUENCE DES PRIMES ET CADEAUX DANS LES DEMANDES DE L'ENFANT

Type de produit	% d'enfants exprimant une demande pour ce type de produit	% d'enfants demandant parce qu'il y a une prime liée au produit
Yoghourts/Desserts	63	26
Fromage en portions	36	18
Bonbons/Chocolats	74	16
Goûters/Biscuits	61	16
Feutres/Stylos	71	5
Produits d'entretien	9	5
...	...	...
Tous produits (24)	100	100

La demande de primes-cadeaux décroît avec l'âge : 64 % des enfants de 8-10 ans demandent certains articles pour le cadeau qui l'accompagne contre 42 % des 11-12 ans et 30 % des 13-14 ans. Cette décroissance est imputable en partie au type de cadeau proposé (petit jouet, image à découper) et au fait qu'avec l'âge l'enfant accompagne moins sa mère lors des achats quotidiens. Enfin, les filles semblent légèrement plus sensibles aux primes et cadeaux (57 %) que les garçons (47 %).

D'une façon générale quels sont les types de promotions préférés des enfants ? Ceux-ci mettent en tête le petit cadeau dans le paquet, devançant nettement le concours, la réduction sur le prix du produit ou la collection de points [80]. Il se dessine aussi des différences de préférence par classe d'âge et par sexe : par exemple le petit cadeau dans le paquet plait deux fois plus à 8-9 ans qu'à 13-14 ans, l'inverse est vrai pour la réduction sur le prix du produit. Les garçons préfèrent deux fois plus que les filles les concours, et un peu moins que celles-ci les petits cadeaux dans le paquet. En général les enfants préfèrent la certitude du petit lot à l'incertitude du gros lot.

L'efficacité des primes et cadeaux suppose une attitude favorable des parents. En fait les mères manifestent plutôt une attitude de non rejet vis-à-vis des primes et cadeaux (« Si ça peut lui faire plaisir »), fondée en partie sur la reconnaissance qu'ils orientent le choix le plus souvent dans des catégories de produit où les marques sont objectivement identiques (yaourts, desserts frais).

L'usage et les attitudes les plus favorables aux primes et cadeaux se trouvent chez les mères de milieu social modeste. Cette attitude encourage l'enfant à demander les primes. Ainsi Atkin fit observer le comportement d'achat de 516 familles, au rayon corn-flakes d'un supermarché. Les observateurs étaient habillés comme des responsables de rayon, pour ne pas induire un biais dans le comportement des familles [13]. Les enfants de familles ouvrières mentionnèrent explicitement la prime pour justifier une demande dans 11 % des cas; les enfants des classes moyennes ne mentionnèrent la prime que dans 6 % de leurs demandes.

Nous venons d'étudier les attitudes des enfants puis des mères face aux primes et cadeaux. En dehors de la découverte de ceux-ci au magasin même, comment l'enfant apprend-il en général leur existence? Quelles sont les pratiques des annonceurs? En France, au niveau des annonceurs, c'est à la presse qu'est assignée la tâche de communiquer l'existence d'une promotion, de cadeaux dans les paquets, et d'impliquer l'enfant grâce à un concours. En effet si le thème du concours intéresse l'enfant, cela introduit un pont affectif entre la marque et l'enfant, et devient donc l'occasion de créer ou d'entretenir une relation privilégiée avec la marque. En persuasion, les expériences le démontrent, les approches actives engendrent des changements plus durables que les approches passives [84] : la meilleure persuasion est l'autopersuasion. L'enfant est passif devant la publicité télévisée; dans un concours de marque, il est actif.

Comment s'explique l'intérêt porté aux promotions par les enfants? En premier lieu la perspective de recevoir un cadeau gratuitement est un stimulus universel. Pour l'enfant, ça le sera encore plus si ce cadeau est une surprise (comme dans les œufs en chocolat Kinder), ou mieux si c'est la figurine d'un héros vu à la télévision. Rappelons que pour l'enfant la télévision est d'abord un média familial : il y a appropriation collective [42]. De plus ce média le met en posture passive : il ne peut en contrôler les programmes. Le gadget ou la figurine lui permettent de revoir ses héros favoris : il y a appropriation individuelle. En possédant ces personnages, il redevient actif par rapport à eux.

Les collections tirent leur attrait de l'évolution de la pensée chez l'enfant entre neuf et dix ans. A partir de « l'âge de raison », l'enfant manifeste une immense soif de connaître, une très grande curiosité vis-à-vis de tout. Il est sensible aux promotions qui lui permettent de découvrir par exemple les animaux du monde, les étoiles et les planètes. Vers neuf ans apparaît chez l'enfant une tendance à mettre de l'ordre dans le fouillis accumulé. C'est l'âge des groupements, des intégrations dans des ensembles. C'est donc l'âge des collections et des classements d'objets concrets. Plus tard, quand sa pensée pourra se libérer du concret, ce sera l'âge des grands idéaux, d'où une certaine sensibilité aux thèmes promotionnels tels que la lutte contre la faim dans le monde.

Les primes et cadeaux font l'objet de fortes critiques de la part des groupes consuméristes. Le mouvement a été particulièrement critique aux États-Unis : en effet, pendant les émissions spécialement destinées aux enfants, 10 % des spots télévisés mettent en avant l'existence d'une prime ou d'un cadeau. En ce qui concerne les corn-flakes, base du petit déjeuner des enfants américains, 34 % des spots publicitaires mettent l'accent sur la prime ou le cadeau attachés au produit [11]. En 1974, la Federal Trade Commission proposa même d'interdire la mise en avant des primes et cadeaux dans les publicités télévisées destinées aux enfants de moins de 12 ans. La F.T.C. retira par la suite cette proposition. En France, la réglementation limite la valeur des primes et cadeaux gratuits à moins de 5 % du prix du produit et, en tout cas, à moins de 10 francs. Hormis cela, les réglementations du Bureau de Vérification de la Publicité sont muettes en ce qui concerne la mise en avant des primes et cadeaux dans la publicité.

Dans les attendus justifiant la demande d'interdiction de ce type de publicité émise par la F.T.C., on peut distinguer deux types de justifications : un jugement sur les moyens et un jugement sur les effets. Les membres de la Federal Trade Commission considérèrent que la mise en avant des primes dans un média aussi puissant que la télévision était une technique injuste en elle-même (unfair per se). Bien que ce ne soit pas précisé, on peut penser que la commission manifestait là sa désapprobation personnelle de voir le commerce tirer parti des prédispositions psychologiques que nous avons présentées ci-dessus. Outre ce jugement de valeur sur le caractère déloyal de la promotion télévisée des primes et cadeaux, la F.T.C. avança que celle-ci pouvait avoir trois effets néfastes pour l'enfant :

— Un effet de distraction : la présence de la prime perturberait la bonne réception du message publicitaire, l'enfant portant son attention sur la prime et non sur les mérites du produit.

— Un effet sur les procédures de choix : la mise en avant de cadeaux conduirait l'enfant à choisir sur la base d'un critère n'ayant aucune pertinence et intrinsèquement extérieur au produit.

— Un effet sur le choix. Celui-ci découle du précédent : en choisissant sur la base de primes, l'enfant peut à son insu acheter des produits de qualité inférieure.

Du point de vue de la rationalité du choix, ce dernier pourrait être insatisfaisant. De plus la présence de cadeaux et primes serait de nature à rendre la tâche de choisir plus difficile pour l'enfant. Parmi l'ensemble de ces justifications, la critique des promotions comme intrinsèquement déloyales est un jugement de valeur, et celui-ci ne peut être soumis à un test. Quelques études ont porté sur l'effet de distraction : leurs résultats sont non-intuitifs. Par exemple, Shimp et ses collègues [153] testèrent quatre versions d'une même publicité de 30 secondes : l'une ne présente que les mérites du nouveau produit (des corn-flakes), la seconde consacre 20 secondes au produit et 10 secondes à une prime-cadeau, la troisième 15 secondes à chacun et la quatrième ne consacre que 10 secondes au produit et 20 secondes à la prime. 150 enfants entre 6 et 11 ans virent l'un des quatre spots dans le cadre d'une émission pour enfants. Pour tester l'effet de distraction, les auteurs mesurèrent le souvenir que les enfants avaient des mérites du produit présenté dans la publicité. Comparées au film sans prime-cadeau, les versions 15/15 et 10/20 laissèrent bien un souvenir moins précis des avantages du produit. En revanche la seconde version (20 secondes pour le produit et 10 secondes pour la prime) engendra un aussi bon souvenir des mérites du produit que la version sans prime, voire même un souvenir légèrement meilleur ! Ce résultat était vrai aussi bien pour les plus jeunes (6-8 ans) que les plus âgés (9-11 ans). Si donc il y a effet de distraction, celui-ci dépend du format précis du message. L'analyse des données montra que l'attrait de la prime ne conduisait pas l'enfant à aimer cette marque de corn-flakes, mais influençait son choix. Ayant à choisir entre cette nouvelle marque (avec son cadeau) et deux autres marques de corn-flakes connues, seuls 10 % des enfants prirent la nouvelle marque. Ils ne pensaient pas qu'elle était meilleure que les deux autres, mais ils désiraient la prime.

Dans une réplique de cette expérience [78], la procédure expérimentale fut légèrement modifiée : après avoir vu l'émission de télévision (et la publicité qu'elle contenait) l'enfant retrouvait sa mère dans une salle où figuraient de nombreuses marques de corn-flakes, dont la nouvelle marque test (avec la prime). Tous deux étaient laissés seuls pour choisir un paquet comme remerciement de leur participation : les enfants de 7-8 ans prirent plus souvent le nouveau produit que les enfants de 4-6 ans, mais globalement peu d'enfants le prirent.

Faute d'autres études significatives publiées sur ce sujet, quelles remarques peut-on faire ? L'évidence empirique montre que l'effet de distraction dépend du format du message : on ne saurait porter de généralisation. De plus, dans les deux expériences, ayant à choisir entre plusieurs marques de corn-flakes, la très grande majorité des enfants préféra les marques connues à la marque nouvelle munie pourtant de sa prime. Ceci ne prouve pas que les primes n'ont pas d'effet incitatif mais suggère les conditions où elles ont le plus d'effet.

Il semble que la prime opère lorsque l'enfant perçoit les produits en présence comme relativement similaires. Ainsi face à une nouvelle marque de corn-flakes, dont il ne sait pas si elle lui plaira gustativement autant que les autres, l'existence d'une prime n'a pas suffi pour bousculer l'ordre des préférences de l'enfant.

Comme le montrait le tableau 2, la demande de primes est forte dans les secteurs qui en font usage parce que les produits sont similaires : il y a peu de différences objectives entre les yoghourts Danone, Yoplait ou Mamie Nova. Ainsi il est reproché au marketing de mettre en avant un critère de choix n'ayant aucune pertinence : les enfants considèreraient le critère « Y a-t-il un cadeau ? » comme plus important que le critère nutrition ou goût. A ce stade, il est crucial de faire une distinction entre un critère important et un critère déterminant. La nutrition ou le goût peuvent être considérés par l'enfant comme des critères importants. Néanmoins, si les produits sont perçus comme identiques sur ces deux critères, ils ne serviront pas à départager les marques entre elles lors du choix : d'autres critères, moins importants, seront alors déterminants. Les futures études sur l'influence des promotions sur les choix de l'enfant devraient vérifier ces hypothèses.

Il n'en demeure pas moins vrai que des enfants demandent des produits pour lesquels ils n'ont pas de compétence, à cause de la prime. Les études (tableau 2) montrent que ce n'est pas un cas très fréquent. De plus, les demandes de l'enfant peuvent être plus ou moins encouragées par la mère : si pour elle Bonux est aussi bon que Omo ou Persil, elle peut prendre Bonux de temps en temps pour le cadeau qu'il fait à l'enfant. Par cet acte, elle encourage la prescription de l'enfant dans cette catégorie de produit.

Enfin, au cours d'études qualitatives, certaines mères déplorent les promotions conduisant à acheter plusieurs fois le produit. D'autres se plaignent que l'enfant réclame un produit pour sa prime et le délaisse après. Quelle est la fréquence de ce comportement ? Est-ce que la disparition de celui-ci appelle une réglementation des primes ou tout simplement une action des parents ? Comme on le voit, on manque d'études fiables sur l'importance du « caractère nuisible » pour l'enfant des publicités mettant en avant primes et cadeaux, et plus généralement des techniques promotionnelles. D'autre part, certaines opinions resteront hors de la recherche, on y adhère ou non en fonction de son propre système de valeurs.

Quels sont les enfants les plus influençables ?

Jusqu'à présent, nous avons analysé par quels processus la publicité attirait les enfants, les charmait ou les rebutait, les convaincait ou les laissait dubitatifs. Dans chaque chapitre nous avons examiné comment les caractéristiques de l'enfant pouvaient modifier le processus d'influence. Par exemple nous avons examiné l'incidence de l'âge sur la perception du but persuasif de toute publicité, sur la compréhension, sur la séduction, sur la crédulité et sur la publiphobie. Nous avons donc analysé chaque étape du processus psychologique de la persuasion. Prenant maintenant une vue d'ensemble, y a-t-il des caractéristiques de l'enfant qui le rendent plus influençable ?

Une telle question suppose que soit défini un critère valide de l'influençabilité. Compte tenu des nombreuses variables autres que la publicité pesant sur la fréquence des requêtes de l'enfant, il est fondamental de différencier l'intention et le comportement effectif. Nous examinerons donc d'abord les mesures d'intention, de désir et, uniquement si nous pouvons isoler les variables autres que la publicité, nous utiliserons la fréquence des requêtes faites par l'enfant.

Robertson et Rossiter [140] demandèrent à 275 enfants entre 6 et 10 ans si chaque fois qu'ils voyaient un jeu ou un jouet à la publicité télévisée, ça leur en donnait l'envie. 53 % des enfants de 6 ans dirent oui ; ils ne sont plus que 27 % à 8 ans et 6 % à 10 ans. Ce sont là des déclarations verbales : avec l'âge les enfants veulent apparaître raisonnables face à un intervieweur, aussi faut-il plus s'attacher à la tendance qu'à la valeur absolue des chiffres. Manifestement en grandissant l'enfant acquiert des préférences : il sait ce qu'il aime et ce qu'il n'aime pas. Il ne saurait être tenté par tous les jouets qu'il voit. De plus il intègre le principe de réalité : on ne peut pas tout avoir.

Ward et ses collègues [166] examinèrent le degré d'influence de 13 variables sur le nombre des demandes faites par l'enfant à l'égard de produitss le concernant. Grâce à la méthode statistique de la régression multiple, il est possible de séparer l'influence de chacune de ces 13 variables.

Les résultats montrent qu'à 5 ans, plus l'enfant regarde la télévision plus il émet de demandes. A 8 ans la relation est toujours positive, mais trois fois moins forte. Enfin à 11 ans, le nombre des demandes n'est pas influencé par le taux de fréquentation de la publicité (toutes choses étant égales par ailleurs). Au contraire même, à cet âge, plus l'enfant regarde la télévision moins il émet de demandes de produits. Ainsi, dans l'échantillon de 5 à 11 ans étudié, plus l'enfant est jeune plus il est influençable par la publicité télévisée.

Qu'en est-il des enfants de moins de 5 ans ? A cet âge les procédures d'interview deviennent impossibles à utiliser. Notre réponse sera donc spéculative. Si l'on veut résumer le processus de l'influence, celui-ci se compose de deux grands types de processus. Le premier concerne la *réception* du message : il englobe l'exposition au média, l'allocation d'attention au message, les décodages de ce message et la compréhension qui en résulte. Nous appellerons ce processus (R). Le second processus concerne *l'adhésion* (A) : il recouvre les mécanismes d'adhésion affective au message et ceux de la croyance. L'influence est le produit de ces deux grands processus. Certaines publicités ne sont pas vues, ou pas comprises : elles échouent au niveau de la réception (R). D'autres ne sont pas crues ou n'entraînent aucune adhésion affective : elles échouent au niveau de l'adhésion (A).

Du point de vue de la question qui nous concerne ici, les enfants de moins de 5 ans ont de tels handicaps au niveau du traitement de l'information télévisée (R) qu'ils n'en tirent guère plus que des images fugitives et des « packages de mots » mis en musique (les jingles publicitaires). Les enfants les plus âgés ont de fortes défenses cognitives, ils sont résistants à la persuasion (au niveau A). Les enfants de 5 à 8 ans améliorent considérablement leurs capacités de traitement de l'information : ils ont de moins en moins de difficultés au niveau de la réception des messages. En revanche leurs défenses cognitives (A) sont en train de se former. Aussi ils constituent la classe d'âge la plus susceptible d'influence publicitaire. Le graphe ci-dessous résume notre position :

FIGURE 1. ÉVOLUTION DE L'INFLUENÇABILITÉ SUIVANT L'ÂGE DE L'ENFANT

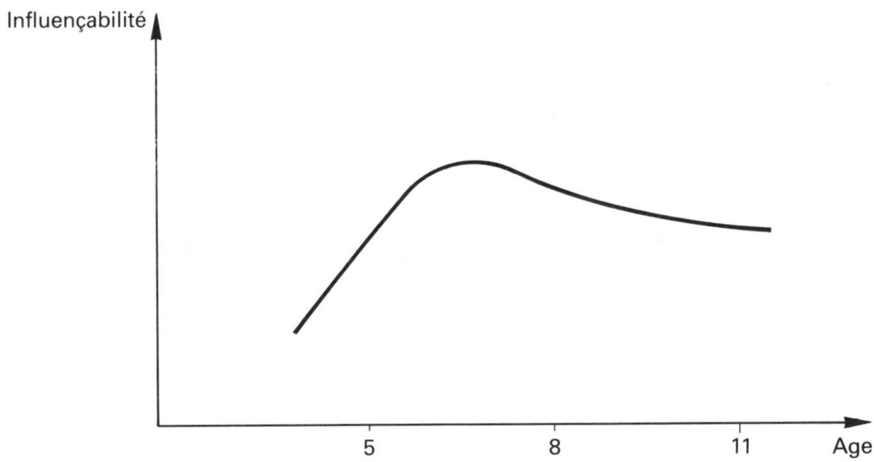

Examinons une seconde caractéristique de l'enfant : sa classe sociale. Les enfants des classes modestes sont-ils plus influençables par la publicité que ceux des autres classes sociales ? Peu d'études se sont

penchées sur cette question : d'une façon générale les recherches empiriques américaines et européennes ne s'inscrivent pas dans une problématique de classe sociale. Une indication indirecte nous est fournie par les études portant sur les enfants des ghettos noirs : ceux-ci prennent le contenu des publicités assez souvent à la lettre [51] et comprennent moins bien le but de la publicité que des enfants blancs, de même âge et « même niveau » social (si l'on peut dire) [53].

En France, les données disponibles portent essentiellement sur l'appréciation des publicités, ce qui, nous l'avons vu ci-dessus, ne signifie pas automatiquement influence. Dans le cadre d'une enquête [113] sur 500 enfants de 6 à 12 ans, il ressort (tableau 3) que les enfants des classes modestes aiment plus la publicité que les enfants des classes moyennes et aisées, et lui attribuent plus de fonctions informatives.

TABLEAU 3. COMMENT LES OPINIONS DE L'ENFANT SUR LA PUBLICITÉ DES JEUX ET JOUETS VARIENT SUIVANT SA CLASSE SOCIALE

Classe sociale de l'enfant	La publicité permet de comparer les jeux/jouets entre eux	La publicité fait découvrir des nouveautés	La publicité est amusante	Ces publicités sont très bien faites
Aisée	51 % (a)	64 %	55 %	33 %
Moyenne	45 %	55 %	75 %	25 %
Modeste	56 %	78 %	81 %	40 %

(a) Lire : 51 % des enfants de classe aisée sont d'accord avec la phrase ci-dessus.

Hélas cette étude ne mesura pas la perception de la fonction persuasive. En ce qui concerne celle-ci, d'intéressantes indications nous sont fournies par une étude américaine [24].

Sept opinions relatives à la publicité étaient mesurées; nous les présentons par leur nom de code suivi par le libellé de la question correspondante :

- Vérité : les publicités télévisées disent la vérité.
- Ennui : la plupart des publicités télévisées ne sont pas bien et m'ennuient.
- Partial : les publicités télévisées ne parlent que du bon côté des produits.

- Aimer : j'aime la plupart des publicités télévisées.
- Pas besoin : les publicités télévisées essayent de faire acheter par les gens des choses dont ils n'ont pas besoin.
- Croire : en général on peut croire ce que les gens disent ou font dans les publicités.
- Meilleur : les produits que l'on voit beaucoup à la télévision sont en général les meilleurs.

Les auteurs administrèrent le questionnaire à 62 enfants de parents aux revenus modestes et 76 enfants de parents à revenus moyens ou aisés, tous de la même école, et ayant entre 9 et 11 ans. Les opinions des deux groupes d'enfants se révélèrent identiques sauf pour deux items : croire et aimer. Les enfants de familles à revenus modestes croyaient plus et aimaient plus les publicités que les enfants de familles à revenus moyens ou aisés. Il faut néanmoins se méfier de toute généralisation hâtive sur l'influençabilité des enfants des familles aux revenus modestes, faute d'étude empirique consacrée spécifiquement à cette question. Quelques arguments théoriques peuvent cependant éclairer la question.

Dans les études examinant la relation entre l'âge et la persuasion, l'âge n'est qu'un indicateur. En réalité, la variable intéressante est le stade de développement cognitif de l'enfant selon le schéma de Piaget. Comme il est plus facile de mesurer l'âge que le stade cognitif, cette première variable fleurit dans toutes les études. Mais la relation âge-développement cognitif n'est pas absolue. A 5-6 ans tous les enfants ne sont pas au même stade cognitif, il en va de même à 11-12 ans. Par la stimulation qu'il fournit (ou non) le milieu familial accélère ou freine le processus de maturation cognitif de l'enfant.

Les travaux fondamentaux [97] sur la classe sociale et l'intelligence montrent qu'en ce qui concerne la pensée abstraite, l'appartenance de l'enfant à un milieu où les parents ont un niveau d'instruction élevé favorise une maturité précoce. Ramené à notre problème, les enfants de ce milieu devraient accéder plus tôt aux concepts tels que l'intention persuasive, etc., ce qui, on l'a vu, rend moins influençable.

Mais, ne l'oublions pas, la maturation cognitive est aussi fonction de la quantité d'expériences faites par l'enfant. Or, nous le verrons ultérieurement, les enfants des milieux modestes reçoivent plus tôt une certaine autonomie financière et de consommation. Appartenant à des familles où les deux parents travaillent, ils sont confrontés plus tôt à des expériences personnelles en tant qu'acheteur autonome. Ceci devrait les rendre moins dupes de la publicité et plus à même de l'évaluer avec le réalisme nécessaire.

En conclusion, il est difficile de prédire a priori si les enfants de classe modeste sont plus ou moins influençables par la publicité. A ce jour, faute de recherches spécifiques, nous ne savons pas lequel des deux processus ci-dessus prédomine (l'effet d'instruction ou l'effet d'expérience). Manifestement, compte tenu de l'importance sociale et théorique de cette question, il n'est que temps d'engager un programme de recherches permettant d'y répondre.

8. Les demandes faites par l'enfant à ses parents

De toutes les manifestations de l'enfant consommateur, la demande de produit, formulation explicite d'un désir précis, est celle qui frappe le plus l'attention des parents. La consommation est en effet le premier territoire adulte où l'enfant se manifeste comme agent actif doté d'un désir autonome. Bien avant qu'il n'ait appris à lire et écrire, l'enfant exprime des préférences. Mais ces demandes témoignent aussi de l'influence du marketing, tant paraît grande la correspondance entre la publicité que l'enfant regarde et le désir qu'il explicite. La demande de produit est donc devenue le symbole de la perméabilité de l'enfant à la persuasion commerciale, et à ce titre a attiré l'attention des parents, des éducateurs et des groupes consuméristes.

Jugées importantes, les demandes des enfants ont fait l'objet de nombreuses études. De plus grâce à leur caractère aisément repérable par un observateur extérieur, il est possible ici d'éviter les biais des questions où l'interviewé se décrit, et de laisser les faits parler. Aussi ferons-nous appel si possible aux études fondées sur l'observation.

Ce chapitre est consacré aux demandes d'achat faites par l'enfant, à leur intensité et à leur forme. Nous identifierons les facteurs qui les intensifient ou les atténuent. Nous examinerons l'accueil qu'elles reçoivent, les réactions créées par un éventuel refus, et les conflits pouvant en résulter entre l'enfant et ses parents.

Avant d'aller plus avant, il convient néanmoins de rappeler que la requête n'est *qu'une* des manifestations du pouvoir prescripteur de l'enfant. D'une part l'enfant émet des avis sur un grand nombre de choix effectués par les parents : ces avis ne sont pas des demandes à proprement parler, mais installent lentement l'enfant dans un statut d'interlocuteur valable lors des choix. A partir de 7 ans, l'âge de raison, l'enfant quitte le seul champ des produits enfantins et manifeste un avis sur les produits familiaux de consommation courante. Vers 9 ans le champ d'intérêt explose : l'enfant met son « grain de sel » dans les délibérations familiales concernant la télévision, la chaîne hi-fi, l'automobile, le choix de la résidence, etc. [138].

D'autre part, la demande n'est *qu'une* des façons utilisées par l'enfant pour obtenir le produit qu'il désire. L'enfant a quelque argent discrétionnaire : très tôt il achète de façon autonome ses bonbons, chewing-gums et petits objets. En France, dès 5 ans, 15 % des enfants reçoivent un peu d'argent de poche [55]. De plus comme l'a bien montré J. Y. Le Bigot [98], l'argent de poche n'est qu'une partie de l'argent dont dispose l'enfant de façon autonome : on ne saurait oublier les petits cadeaux des tantes et oncles, les récompenses ponctuelles, et la petite pièce qui reste en revenant de chez l'épicier*. L'enfant parvient aussi à ses fins de façon non verbale : en consommant certains produits avec entrain ou avec peu d'empressement, il communique ses préférences à sa mère. Il peut enfin témoigner de son appétence pour un produit, un jouet par exemple, par quelques signes de curiosité appuyée, face à la devanture d'un magasin, ou en feuilletant un catalogue. La plupart des parents enregistrent ces messages non verbaux.

Pour organiser l'ensemble des facteurs et observations relatifs aux demandes de l'enfant, nous utiliserons le modèle ci-joint [82] (figure 1). L'enfant tire son désir de produits de multiples sources (la télévision, son magazine, ses copains, les magasins, des catalogues, etc.). Si son désir est transformé en demande effective, celle-ci peut prendre plusieurs formes (demander simplement, argumenter, négocier, exiger). Face à cette demande, le parent concerné (la mère en général) peut soit accepter soit refuser. De plus dans l'un et l'autre cas, elle peut varier les formes (ne pas commenter, expliquer sa décision, reporter la décision, suggérer une substitution). Cette décision entraîne une réaction chez l'enfant (satisfaction, insatisfaction, colère, frustration), dont la mère peut ou non tenir compte. Dans le modèle, les flèches verticales symbolisent l'action modératrice de nombreux facteurs. Par exemple, tous les désirs ne se transforment pas en demande explicite : cela dépend du produit, de l'âge de l'enfant, du lieu, de la réaction probable des parents (elle-même liée à leur niveau de revenu, à leur

* Le prix de certaines confiseries est établi en fonction du seuil où la mère soit ne remarque pas qu'une pièce a disparu au retour des courses, soit ne s'en formalise pas.

FIGURE 1. MODÈLE DES DEMANDES DE L'ENFANT ET DES RÉACTIONS DES PARENTS

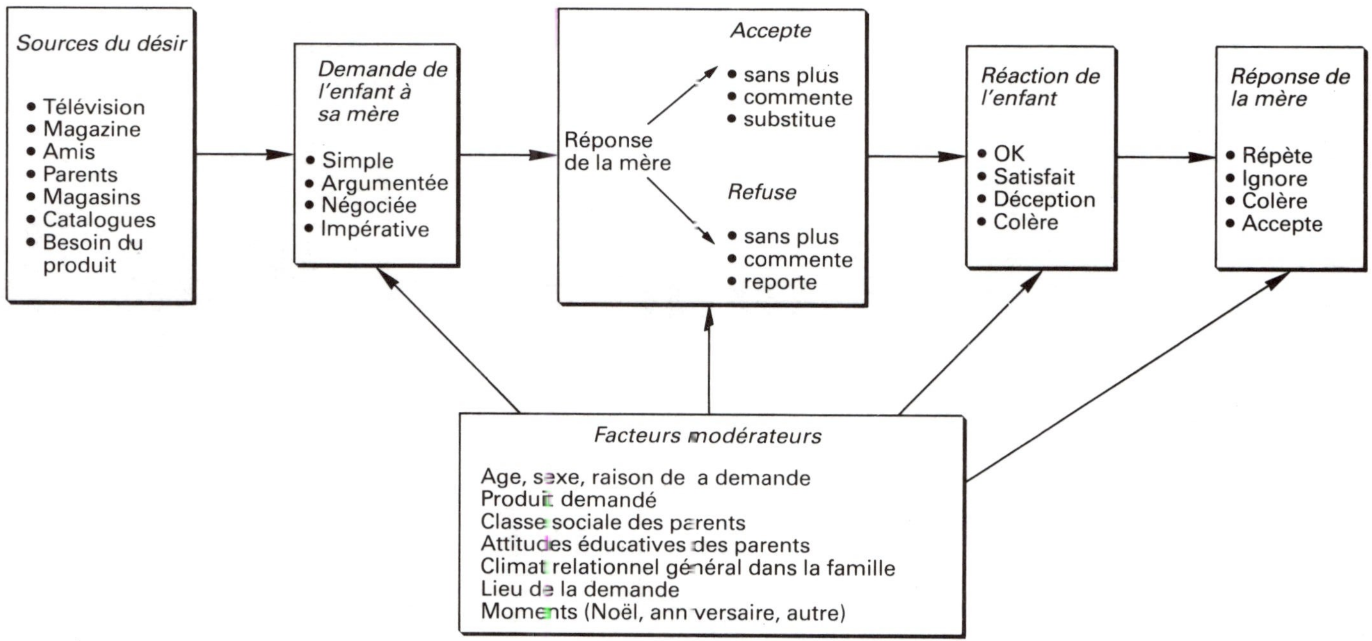

style éducatif, au produit, à l'âge de l'enfant, au lieu de la demande, etc.). Comme on le verra ci-après, la réalité du comportement de l'enfant et de son impact sur les relations avec les parents ne correspond pas à un schéma mécaniste de type stimulus-réponse où la télévision serait le seul stimulus et les frustrations l'unique réponse.

De quoi dépend la fréquence des demandes ?

La demande aux parents est le canal naturel de l'expression du désir : financièrement dépendant et soumis au droit de regard des parents sur ce qu'il consomme, ceux-ci sont un passage obligé pour obtenir ce qu'il souhaite, dès lors que cela ne ressort pas de son territoire réservé, bien à lui : son argent en poche. Plusieurs occasions l'y invitent : les occasions institutionnelles telles que Noël ou l'anniversaire où l'on attend de lui qu'il exprime son souhait (par exemple en écrivant au Père Noël). Quelqu'en soit le motif, le fait d'amener l'enfant avec soi lors des courses alimentaires quotidiennes l'invite aussi à s'exprimer : pourquoi assisterait-il coi aux processus de décision de sa mère pour maints produits qui le concernent directement ? De fait, dans une enquête de la revue « Que choisir ? », 67 % des parents déclarent que leur enfant émet des demandes quand il les accompagne pour faire les courses [55]. L'observation de 250 enfants entre 3 et 11 ans, pendant quatre semaines [82], montre que les demandes des enfants prennent essentiellement deux formes : une demande simple sans insistance (76 % des cas) ou l'insistance répétée et accrocheuse (12 % des cas).

Les chiffres globaux du nombre de demandes ont peu de sens et se prêtent mal à l'interprétation. En revanche, l'étude des facteurs qui accroissent ou diminuent le nombre des demandes se révèle très intéressante. Nous allons maintenant examiner les principaux facteurs conduisant l'enfant à plus ou moins demander.

— Les demandes décroissent avec l'âge. Ainsi lorsqu'on leur demande si leur enfant émet un vœu ou un avis pendant les courses, les parents lecteurs de « Que choisir ? » répondent oui à 79 % lorsque l'enfant a de 3 à 6 ans, 75 % s'il a 7-8 ans, 68 % s'il a 9-10 ans et 50 % s'il a 11-13 ans. Atkin [13] fit observer de façon discrète le comportement de 516 familles dans le rayon « petit déjeuner » de plusieurs supermarchés : 75 % des enfants de 3 à 5 ans prennent l'initiative en annonçant de suite ce qu'ils veulent, ils sont 65 % à le faire entre 6 et 8 ans et 56 % de 9 à 12 ans. Ces deux études concernent les demandes faites au magasin même. Qu'en est-il pour toutes les demandes, qu'elles soient émises à la maison, en voiture, en allant au magasin ou dans le magasin? Isler et ses collègues [82] firent noter le nombre de toutes les demandes : sur une durée de 4 semaines, les enfants de 3-4 ans émirent 25 demandes (soit 1 par jour environ), ceux de 5-7 ans 13 demandes et ceux de 9-11 ans 10 demandes sur la période considérée (soit 1 tous les trois jours environ).

Comment expliquer cette baisse? Plusieurs raisons y concourent. Tout d'abord plus l'enfant est petit moins il a de continence verbale : il extériorise toutes ses pensées. De plus, le petit enfant passe plus de temps avec sa mère que l'enfant plus âgé : la probabilité de recevoir une demande est donc accrue. Avec l'âge, les préférences se stabilisent : les parents connaissent les goûts de leurs enfants et sélectionnent leurs produits préférés sans que l'enfant ait à intervenir. Quand il grandit, l'enfant élargit sa palette de moyens pour obtenir ce qu'il veut : la demande expresse n'est plus qu'une tactique parmi d'autres. Avec l'âge aussi l'enfant intériorise et applique plus la règle suivant laquelle « on ne peut pas avoir toutes les choses que l'on désire » [91]. Il se soumet moins au seul principe de plaisir. Enfin, nous l'avons vu, la persuasibilité décroît à partir de 7/8 ans (p. 111).

— Les demandes varient suivant les produits. Par exemple les enfants n'hésitent pas à demander lorsqu'il s'agit d'un produit typiquement pour eux et bon marché (desserts fins, laitages, confiseries, « truc pour l'école »). En revanche ils savent vite que l'expression ouverte de demandes pour des objets importants n'est tolérée qu'à certaines époques (Noël, anniversaire, si l'enfant a très bien réussi à l'école...). En ce dernier cas ils se taisent mais n'en pensent pas moins, et le communiquent en faisant montre d'une curiosité appuyée à l'égard du produit.

Dans le paragraphe ci-dessus, consacré aux effets de l'âge, la décroissance des demandes en magasin pendant les courses quotidiennes ne saurait être séparée du produit sur lequel elles portent (l'alimentation). De fait les demandes (quel qu'en soit le lieu) décroissent avec l'âge en ce qui concerne l'alimentaire, les confiseries, les jouets. En revanche, elles croissent en ce qui concerne les vêtements, les sous-vêtements et chaussures, les livres, le mini-équipement (radio, électrophone, minicassette) et le mobilier de la chambre. Les demandes de fruits croissent aussi avec l'âge mais ne représentent jamais que 3 % du total des demandes de l'enfant de 9-11 ans. Le dentifrice quant à lui ne représente qu'1 % des demandes à cet âge : il est vrai que les mères repèrent vite que leur enfant n'accepte de se brosser les dents qu'avec certains goûts de dentifrice et non d'autres. De plus le dentifrice, comme les fruits, appartient au monde des produits normatifs, régis par l'adulte.

Avant de conclure, une étude mentionne, hélas sans donner plus de détails, que la position d'aîné ou de cadet dans la famille différencie nettement l'expression des désirs vis-à-vis de certains produits [43]. Il faut probablement y voir la manifestation d'attitudes parentales différentes vis-à-vis de l'aîné, sur lequel on expérimente ses compétences éducatives, et vis-à-vis du « petit dernier ».

Enfin la forme de la requête varie suivant les produits. Dans de nombreux cas, l'enfant stipule avec précision le produit désiré : il ne se contente pas de dire « Un pantalon », mais « Un blue jean, avec des poches ici et ici, avec une fermeture comme ça et puis... ». Les produits où ses demandes sont les plus précisées sont dans l'ordre décroissant [43] : les disques, les livres, les jeux et jouets, les illustrés, les feutres-stylos et trousses, les bonbons et chocolats, les yoghourts et desserts, et enfin les vêtements pour lui-même. Une partie de l'insistance à avoir ceci et pas cela tient au rôle grandissant de la conformité au groupe et de l'imitation des amis. Dans les « bandes » d'enfants il existe des phénomènes de mode s'emparant de tel ou tel objet. Ne pas avoir l'objet en question est insupportable. Souvent les parents n'ont pas conscience de ces modes.

— Les demandes varient aussi suivant le sexe de l'enfant. Par exemple les filles s'expriment plus pour les livres, disques, vêtements, chaussures courantes, sous-vêtements, le mobilier pour la chambre, les papiers peints et les produits d'entretien [43]. Les garçons émettent plus de désirs en ce qui concerne les jeux et jouets de plus de 10 F (en 1977), les chaussures de sport et la voiture familiale. Ces différences manifestent la persistance d'un conditionnement traditionnel dans l'éducation des enfants.

Dans l'ensemble les filles semblent exprimer plus de demandes que les garçons. il est vrai qu'elles passent plus de temps avec les mères : elles sont plus souvent emmenées faire les courses par exemple. D'autre part, l'enquête auprès des parents lecteurs de la revue « Que choisir ? » montre que les garçons reçoivent plus d'argent de poche : ils peuvent être plus autonomes pour leurs achats.

Enfin l'observation quotidienne montre que les enfants dirigent leur demande soit vers la mère, soit vers le père, soit vers les deux, ce dernier cas étant lui-même divisé en deux tactiques : l'approche simultanée ou l'approche successive (père puis mère ou mère puis père). Ces tactiques dépendent probablement du sexe du demandeur, de son âge et du prix du produit demandé. Hélas nous ne disposons d'aucune étude fiable, française ou étrangère, sur cette question. En France, une étude qualitative, sur un petit échantillon de familles permet de dégager quelques tendances [132]. A la mère les enfants demandent « tout », et particulièrement l'alimentation et les vêtements. Au père, les enfants demandent surtout les jouets et jeux coûteux, les articles éducatifs (livres) et parfois les revues. Quand il s'agit d'objets chers et très désirés, pour lesquels l'enfant pense avoir une faible probabilité de succès (vélo, montre, etc.), il met le maximum de chances de son côté en sollicitant les deux parents. D'une façon générale les enfants de 9/11 ans se tournent plus volontiers vers le père que les plus jeunes. La sollicitation du père pour des cas précis témoigne que l'enfant perçoit son pouvoir économique. D'autre part le père a une image plus « coulante ou permissive ». Moins sollicité que la mère il peut être libéral.

— Les études portant sur l'influence de la classe sociale sont nettes. Ward et ses collègues [166] examinèrent l'influence résiduelle de la classe sociale sur les demandes de neuf produits pour enfant, une fois éliminées les autres causes d'influence. Quel que soit l'âge de l'enfant (5, 8 ou 11 ans), les demandes baissent en nombre quand le niveau social de la famille croît. Les enfants de familles modestes font plus de demandes que ceux des classes moyenne et aisée.

Comment expliquer cette tendance ? La première raison tiendrait au fait que les enfants aisés reçoivent plus d'objets ou de produits et ont donc moins besoin de demander. La deuxième raison tient aux normes édictées par les familles de statut élevé : « On ne demande pas ! ». Il y aurait donc une auto-censure de l'enfant, éventuellement rationalisée par des arguments du type « Je n'ai pas assez bien travaillé pour cela ; je ne le mérite pas ou j'en ai déjà ». La probabilité de succès joue-t-elle un rôle ? Nous verrons ultérieurement que les parents de milieu modeste sont ceux qui tiennent le moins compte des demandes de l'enfant en ce qui concerne par exemple les jouets de Noël. Peut-être compensent-ils cette restriction sur les produits importants, trop chers, par une permissivité sur les produits quotidiens, l'alimentation par exemple. Cette permissivité localisée expliquerait alors les demandes et l'autonomie de choix de l'enfant pour ces produits.

Pour conclure, le taux élevé des demandes des enfants de milieu modeste s'explique aussi peut-être par une influençabilité plus forte de ces enfants. Percevant moins l'intention persuasive de la publicité que d'autres enfants du même âge, ils y seraient plus sensibles (chapitre 7, p. 112).

— La fréquence des demandes est liée à la nature des relations entre la mère et l'enfant. Parce qu'elle est une manifestation de l'enfant vers la mère (ou le père), on ne saurait dissocier la demande d'un produit de l'ensemble des échanges et interactions régissant les rapports mère-enfant. En d'autres termes, certaines mères par leurs attitudes vis-à-vis de l'enfant vont susciter un tir nourri de demandes ; d'autres mères au contraire n'auront à faire face qu'à des demandes épisodiques.

Nous avons mesuré d'une part les conceptions pédagogiques de 360 mères [91], leurs attitudes par rapport à l'enfant, leur style d'interaction en général, d'autre part la fréquence des demandes de leur enfant ainsi que son acceptation des propres demandes de la mère (par exemple aller faire les courses, se laver les mains, boire du lait...). Les données révèlent l'existence de quatre types de mères et sept types d'enfants. Il est alors possible de répondre à la question : quel type de mère est associé à quel type d'enfant?

L'examen des correspondances mère-enfant montre bien que les mères « permissives » sont associées aux enfants « harceleurs ». En d'autres termes, quand la mère est très (trop?) tolérante, sans attitudes normatives ni punitives, elle doit en général faire face à un enfant manifestant énormément de demandes et n'ayant aucune attitude de réciprocité : il refuse le plus souvent quand sa mère lui demande quelque chose.

Quelles sont les sources des demandes?

Où le désir des enfants prend-il sa source? La télévision est-elle la source principale? Comment ces sources varient-elles suivant l'âge et le milieu social? Les questions sur l'origine des demandes ne manquent pas. Hélas la plupart des enquêtes extensives ayant porté sur celles-ci reposent sur les interviews des parents : elles mesurent donc la perception que les parents ont des raisons des demandes de leur enfant. Certes, cette perception reflète en partie la réalité : les parents ont pu apprendre de leur enfant pourquoi il désirait tel objet, où il en avait glané l'idée. Néanmoins toute perception est aussi une reconstruction : il se pourrait que les parents surestiment certaines sources au détriment d'autres.

TABLEAU 1. OÙ L'ENFANT TROUVE-T-IL L'IDÉE DES PRODUITS QU'IL DEMANDE?

Sources	Citées par l'enfant	Citées par les parents
Télévision	22%	33%
Presse pour enfant	—	9%
A la maison, famille	44%	25%
Camarades	22%	33%
Étalages, linéaires des magasins	12%	—
Total	100	100

De fait une étude française portant hélas sur un micro-échantillon (31 paires parent-enfant) suggère fortement que parents et enfants n'ont pas la même opinion [110]. Après qu'un enfant eût manifesté une envie de produit dans le supermarché, on lui demandait « Connaissais-tu l'existence de ce produit avant de venir ici ? (Si oui) Comment ? » On interrogeait séparément la mère en lui posant la même question sur les sources de la connaissance du produit par l'enfant. Il s'agissait donc essentiellement de produits alimentaires. Comme on le constate ci-dessus les réponses des enfants ne sont pas celles des parents (tableau 1).

Ainsi pour les enfants c'est d'abord à la maison qu'ils découvrent les produits pour la première fois (« Maman en a déjà fait, déjà acheté, etc. »). Puis à égalité ils citent la télévision et les camarades. Les parents attribuent le poids essentiel à la publicité (télévision et magazines pour enfant). Ils surévaluent aussi le poids des camarades et minimisent le rôle de la découverte à la maison.

L'étude ci-dessus portait sur les sources de la *connaissance*, là où l'enfant avait appris l'existence du produit. Mais connaître et avoir envie sont deux états psychologiques différents. Quelles sont les raisons invoquées par l'enfant pour justifier sa requête ? L'analyse de 3 374 demandes émises par des enfants de 3 à 11 ans révèle quatre raisons principales [82] : désir né de la vue dans un magasin (27 %), de la vue chez un ami (20 %), de la vue à la télévision (17 %) et un large groupe de raisons diverses (32 %) telles que le besoin de remplacement (pour un vêtement par exemple), une envie impulsive, etc. Compte tenu de la variété des produits inclus, ces chiffres globaux cachent le fait que certaines sources jouent dans la demande de certains produits et moins dans d'autres. Ainsi, selon les mères interviewées, les demandes de desserts frais sont suscitées par la publicité télévisée et l'attrait du produit dans les rayons. La demande de confiseries naît essentiellement de l'impulsion suscitée par la vue du produit en magasin. La télévision serait le moteur du désir des jouets. Enfin, les vêtements demandés sont surtout ceux que l'enfant a observés chez des camarades pris comme références et leaders d'opinion, et qu'il tient à imiter.

Toujours selon ces mères, la mise en valeur du produit en magasin joue essentiellement chez les plus jeunes : son influence décroît rapidement avec l'âge, comme d'ailleurs celle de la télévision. En revanche le poids des amis devient important à partir de sept ans. Ce rôle des amis dans le cheminement de la persuasion n'est pas sans rappeler la célèbre hypothèse de la diffusion des innovations en deux étapes émise par les sociologues Katz et Lazarsfeld [92]. Pour maints produits nouveaux, le rôle des médias ne serait que de les faire connaître. La décision de les acheter ou pas dépendrait de la décision de certaines personnes considérées comme leaders d'opinion par leurs pairs. Par exemple, même si plusieurs marques de blue jeans font de la publicité à la télévision, la décision d'acheter une certaine marque ne sera prise par l'enfant qu'après observation de ce que portent les copains de référence. L'action des médias n'est donc pas directe, mais serait relayée par le groupe, la bande agissant comme filtre.

TABLEAU 2. OÙ L'ENFANT TROUVE-T-IL L'IDÉE DU JOUET QU'IL DEMANDE A NOËL (*a*) ?
(selon l'âge de l'enfant et la profession des parents)

Sources \ Age de l'enfant	—2 ans %	2/4 %	5/7 %	7/9 %	10/11 ans %
Vu dans un catalogue	66 (b)	58	54	53	49
Vu à la télévision	37	35	47	41	40
Un copain a le même	35	42	35	36	45
Vu en magasin	23	25	25	24	19

Sources \ Profession des parents	Agri-culteur %	Petit Commerçant %	Cadre Supérieur %	Cadre Moyen/ Emp. %	Ouvrier %
Vu dans un catalogue	72	54	55	49	45
Vu à la télévision	55	34	40	40	42
Un copain a le même	39	47	53	45	30
Vu en magasin	19	22	36	21	27

(a) Réponses données par les parents.
(b) Lire : 66 % des jouets demandés par les enfants de moins de 2 ans résultent de la lecture d'un catalogue.

Il est difficile de porter des généralisations valables pour tous les produits. Dans une enquête française consacrée aux jouets on demanda à 816 parents quelles informations ils utilisaient pour choisir les jouets offerts lors des dernières fêtes de Noël [4]. Au cas où ils citaient la demande explicite de leurs enfants, on leur demandait alors les raisons pour lesquelles l'enfant avait demandé ce jouet. La raison citée en premier est « Il a vu le jouet dans un catalogue de jouets » (30 %), puis la télévision (25 %) à égalité avec « Un de ses copains avait le même » (24 %). Enfin la vue dans le magasin ne motiverait que 13 % des demandes. La télévision ne serait donc que la deuxième source déterminant la demande des enfants en matière de jouets. Notons que la presse n'est citée que par 1 % des parents.

Cette étude est surtout intéressante pour les enseignements qu'elle fournit concernant le poids des différentes sources (le catalogue, la télévision, les amis, le magasin) selon l'âge et la catégorie socio-professionnelle des parents (tableau 2). Le catalogue influence surtout les plus jeunes; la télévision est la plus incitatrice auprès des enfants de 5 à 7 ans. Quant au copain et d'une façon générale au rôle du groupe de référence, il ne devient vraiment important qu'à partir de 10-11 ans.

Du fait de l'isolement de l'habitat, les enfants des communes rurales se fondent essentiellement sur les catalogues (le magasin à domicile) et la télévision. Comme on le voit dans le tableau 2, c'est dans les foyers aisés (cadres supérieurs) que l'enfant fait le plus usage des visites de magasin et que l'influence des amis est la plus forte. Au contraire les enfants de familles ouvrières semblent les moins prompts à vouloir les mêmes jouets que leurs amis.

Ainsi les envies des enfants naissent de multiples sources : souvent de causes objectives (un besoin de remplacement) mais aussi de l'impulsion née de la vue du produit à portée de main dans le magasin, de la télévision, des catalogues, et enfin de sa possession par un ami. En général quel sort les parents font-ils à ces demandes? Quand acceptent-ils? Où refusent-ils? Comment se passe la transaction enfant-parent? Nous y répondons à présent.

Les réponses des parents

Donner un chiffre du taux d'acceptation par les parents n'aurait guère de sens tant celui-ci varie selon les produits, les circonstances, etc.

Ainsi l'enquête américaine [82] sur 3 374 demandes montre que les mères acceptent sans discuter dans 65 % des cas quand il s'agit de produits alimentaires, dans 55 % des cas pour les demandes de bonbons et confiseries, 45 % des cas en ce qui concerne les vêtements et dans 20 % des cas pour les demandes de jouets et d'articles de sport. Pour ces deux articles la réponse la plus fréquente (35 %) est « plus tard » ou « on verra », ce qui est soit une tactique de fuite soit effectivement l'enregistrement d'une information, utilisable lorsque les parents le jugeront opportun (anniversaire, Noël, récompense scolaire).

Les parents jouent donc d'autant plus le rôle de filtre que le produit est onéreux. Mais ils filtrent aussi les produits qui ne correspondent pas à leurs conceptions éducatives. Par exemple une étude des cadeaux offerts à Noël en réponse aux demandes des enfants [35] montre que les parents à haut niveau d'instruction suivent plus facilement le désir de l'enfant s'il s'agit de jouets éducatifs, de jeux de compétition, d'articles de sport et de livres.

Les réponses des parents varient aussi suivant le lieu. L'examen des réponses à 3 374 demandes montre que lorsque l'enfant exprime sa demande dans le magasin, il reçoit plus de réponses positives que lorsqu'il demande à la maison (69 % vs 61 %). Après tout, il y aurait une contradiction entre demander à l'enfant d'accompagner sa mère ou son père faire des courses et néanmoins refuser plus souvent d'accéder à ses souhaits exprimés au moment où les problèmes de choix se posent. Si les réponses négatives sont moins fréquentes sur le lieu d'achat, en revanche elles se radicalisent. A domicile, le refus sec ne constitue que 12 % des refus, au magasin il en représente 30 %. A domicile la principale tactique de refus est la fuite (« On verra, on en reparlera plus tard, etc. »). Elle représente 55 % des refus. Au magasin, sur le lieu même du comportement, au moment où la mère ou le père doivent faire un choix la tactique du report est moins aisée (15 % des refus).

Les réponses des parents varient aussi suivant le mode de présentation de la demande par l'enfant. Par exemple, le rappel des bonnes notes acquises à l'école légitime la demande. L'enfant apprend aussi à faire usage d'arguments « adultes » pour mieux plaider sa cause et maximiser ses chances de succès. Ainsi pour appuyer une demande de chocolat au lait (mue par la seule perspective du plaisir oral) l'enfant utilise parfois un argument rationnel auquel ses parents sont sensibles : par exemple la valeur nutritive du lait. Dans le cas d'un jouet, il mettra en avant l'aspect solide du jouet alors que cette caractéristique compte en réalité peu dans les choix des enfants. En présentant les demandes sous un angle rationnel, il transforme le vécu de la situation par les parents : ceux-ci ont moins l'impression d'avoir cédé, mais plutôt d'avoir satisfait une demande presque légitime.

D'une certaine façon la publicité destinée aux enfants poursuit la même tactique de légitimisation auprès des parents. Quand la lessive Bonux dit « La blancheur, c'est le premier cadeau Bonux », ou quand le chocolat aux surprises Kinder met en avant dans sa publicité un grand verre de lait, l'objectif est de déculpabiliser en partie l'acquiescement à la demande : en faisant plaisir à l'enfant on satisfait aussi une exigence rationnelle des parents (bien laver ou la croissance). La publicité fournit à l'enfant les moyens de dédouaner sa demande.

D'une façon générale plus l'enfant est âgé, plus sa demande a de chances d'être acceptée. Par exemple à Noël, les parents français ne suivent vraiment les demandes de leur enfant qu'à partir du moment où celui-ci dépasse les cinq ans [4]. Cet effet de l'âge est confirmé pour tous les produits. Chose intéressante, tout en acceptant plus souvent, les mères discutent aussi plus, avant d'accepter.

Le comportement des parents varie-t-il suivant le milieu social? Les études divergent à cet égard. Il semble que l'on ne puisse que tirer des conclusions par produit. Ainsi dans l'enquête française sur les cadeaux offerts à Noël, 47 % des parents de la catégorie cadre supérieur offrent ce que l'enfant a demandé. En revanche, seuls 34 % des parents ouvriers s'inspirent de ce que l'enfant a demandé.

Cette attitude est expliquée par une enquête sur les attitudes éducatives des mères françaises [43]. Les mères appartenant aux milieux modestes semblent, selon cette enquête, très méfiantes vis-à-vis des enfants. Selon elles, les enfants ne savent pas ce qui est bon pour eux, ils ne sont pas mieux renseignés que les adultes, dans aucun domaine : c'est la mère qui dispose du savoir et de l'autorité. Le type d'éducation qu'elles inculquent est classique : l'enfant doit se contenter de ce qu'on lui donne. Le but de l'éducation est d'apprendre la vie des adultes, qui doit être perçue comme étant dure.

Pourtant une enquête américaine [1] portant sur 9 catégories de produit et 610 parents indique que, en moyenne, il n'y a pas de différences significatives entre les taux d'acceptation des parents des différentes classes sociales. Est-ce à dire que, certaines demandes étant plus refusées (les jouets), d'autres seront plus acceptées (le petit alimentaire) ? Ou bien faut-il admettre que les comparaisons internationales concernant les classes sociales sont risquées : la mentalité ouvrière aux États-Unis en ce qui concerne l'enfant est peut-être résolument différente de celle de la France. Plutôt que de fouiller à nouveau les effets de l'âge, bien connus maintenant, il n'est que temps d'examiner le comportement du jeune consommateur et ses relations avec ses parents dans les différents milieux socio-professionnels.

En effet, une des critiques faites à la publicité concerne la pression qu'elle exerce sur des enfants appartenant à des familles dont le niveau de revenu est bas. Les parents de ces familles seraient pris entre deux feux : soit accéder aux désirs de l'enfant (ce qui pose des problèmes dans le cadre d'un budget étroit), soit refuser le plus souvent, ce qui frustrerait l'enfant et créerait des tensions intrafamiliales. La publicité destinée aux enfants ajouterait donc, d'une façon ou d'une autre, des difficultés à des familles qui en ont suffisamment par ailleurs. Nous venons de voir que, en ce qui concerne les jouets de Noël, les enfants d'ouvriers étaient ceux dont les demandes étaient les moins suivies par les parents. Ceci pose la question des frustrations et conflits induits par les refus parentaux. Quelle est leur importance ? Leur durée ? Comment varient-ils suivant les familles ?

Conflits et frustrations de l'enfant

Parmi les critiques faites au marketing et à ses manifestations (mise en valeur des produits en magasin, emballages attirants, primes et cadeaux, nouveaux produits séduisants et publicité) les frustrations de l'enfant figurent aux premiers rangs. Tenté par l'offre permanente, en s'adressant à ses parents, l'enfant court le risque de se heurter à des refus, générateurs de frustration, de déception et de ressentiment; l'interaction parent-enfant pouvant quant à elle se muer en conflits, engendrés par les demandes insistantes de l'enfant. Quels sont les faits?

L'observation de 3 374 demandes des enfants fournit des indications précieuses [82] : sur 1 094 refus engendrés, 1 % engendra la colère de l'enfant et 4 % l'amenèrent à vivement réitérer sa demande en insistant de façon pressante. Le refus des parents fut accepté par l'enfant apparemment sans aucun problème dans 52 % des cas; l'enfant eut l'air un peu déçu mais pensa très vite à autre chose dans 26 % des cas; enfin pour 17 % des refus observés, l'enfant discuta un peu, puis laissa tomber l'affaire. Le fait de discuter ou d'insister ne paraît pas être très efficace : quand l'enfant réagit ainsi, 81 % des mères se contentent de répéter leur décision, 13 % se mettent franchement en colère et 6 % seulement cèdent. En somme, sur l'ensemble des refus et des réactions engendrées au niveau de l'enfant, l'enfant réagit très négativement dans 5 % des cas, et les parents se mettent en colère dans 3 % des cas. Est-ce beaucoup? Est-ce peu?

Les réactions de l'enfant varient naturellement suivant son âge. A Noël, fête institutionnelle des enfants, plus de la moitié des demandes de jouets ne sont pas suivies d'effets. Malgré l'implication émotionnelle des enfants dans le rituel des demandes, un enfant sur trois seulement exprima encore une déception deux semaines après Noël [35]. Les enfants les plus déçus de ne pas avoir reçu les jouets demandés sont les plus jeunes, ou ceux qui regardent très souvent la télévision, ou ceux qui appartiennent à des familles où les enfants participent beaucoup aux discussions familiales. Dans ce dernier cas, l'enfant est très déçu car les fréquentes discussions avec les parents lui avaient insufflé la certitude d'obtenir ce qu'il souhaitait.

Une observation discrète de 516 actes d'achat, dans un supermarché, au rayon corn flakes, montra que les interactions mère-enfant débouchaient une fois sur quatre sur un conflit, et une fois sur six sur la frustration évidente de l'enfant. Néanmoins, l'observation révéla aussi que ces conflits et frustrations ne duraient guère longtemps [13]. Ces réactions négatives sont les plus fréquentes chez les enfants de 6 à 8 ans et dans les familles modestes. Pourtant dans cette étude, le nombre de désaccords entre le choix de l'enfant et celui du parent était le même chez les familles modestes et celles de revenus moyens. A égalité de désaccords, les conflits semblent donc plus fréquents dans les familles défavorisées.

L'explication tient pour partie au style des refus. La comparaison des formes prises par les refus, selon le milieu social des mères, montre que la fréquence des refus expliqués croît avec le niveau social. Ce sont les mères des catégories défavorisées qui discutent le moins avec l'enfant, négociant le moins avec lui et fournissent le moins d'explications sur les raisons de leur refus [166].

Ainsi un désaccord entre enfant et parent ne débouche pas en général, loin de là, sur des conflits et frustrations. Quels facteurs rendent cette éventualité plus probable ? Outre l'âge et la classe sociale, il semble que l'on ne puisse séparer les conflits liés à la consommation du niveau général de conflit entre les parents et l'enfant. En somme la consommation ne serait qu'une des surfaces projectives de la tension ambiante. Nos analyses [91] croisant le climat relationnel général de 360 paires enfant-mère et la fréquence des demandes renforcent cette hypothèse. Parce que la consommation est un des terrains où parents et enfants se rencontrent le plus souvent (à table, lors des courses, etc.), c'est un terrain propice à l'éclosion au grand jour des tensions latentes. Selon une étude qualitative, le plus haut niveau de tension latente se trouverait dans les familles parisiennes à revenus faibles, où la femme exerce une activité professionnelle, et n'a qu'un seul enfant, surtout s'il s'agit d'une fille [132].

D'une façon générale, les tensions intrafamiliales sont fréquentes dans les familles où les parents n'ont pas les mêmes attitudes pédagogiques, l'un étant très libéral et l'autre très sévère. L'enfant est prompt à déceler le maillon faible de la chaîne et, pour obtenir ce qu'il souhaite, cherche parfois à opposer les parents en amenant l'un à désavouer le refus de l'autre. L'absence de cohérence des modèles pédagogiques du père et de la mère est source de conflits.

L'exposition à la publicité accroît aussi la probabilité de frustration et de ressentiment en cas de refus parental. L'étude des séquelles engendrées à Noël par les jouets demandés et non obtenus montre que, chez les enfants de 6 ans, ceux qui regardent très souvent la télévision sont plus amers et déçus que ceux qui la regardent moins [139]. Dans une étude projective on raconta aux enfants l'histoire d'un petit enfant (du même âge et du même sexe qu'eux) rentrant à la maison pour regarder son émission favorite à la télévision et qui verrait une publicité pour un nouveau jouet qui lui plaisait beaucoup [152]. Les enfants devaient alors compléter l'histoire en disant ce que d'après eux le petit enfant fit : 90 % des enfants dirent qu'il aurait envie de le demander à ses parents, mais seuls 57 % pensèrent qu'il demanderait effectivement le jouet, avec deux chances sur trois de voir son souhait accepté. Puis on demanda aux enfants ce qui se passerait si les parents refusaient : 24 % des enfants imaginèrent que l'enfant s'en tiendrait là et irait jouer, 33 % dirent qu'il serait très triste, qu'il pleurerait, 22 % qu'il serait en colère et en voudrait à ses parents, 16 % qu'il persisterait dans sa demande.

Dans une intéressante étude canadienne [71], 170 enfants de 4 et 5 ans virent un programme de dessins animés avec ou sans un film publicitaire pour un nouveau jouet. Puis on présenta à tous les enfants ce jouet et une balle de tennis, en leur demandant lequel des deux ils préfèraient, sachant que « après en avoir parlé à leur mère, celle-ci aurait dit à l'expérimenteur qu'elle préférait la balle de tennis au nouveau jouet ». Dans le groupe témoin (sans publicité) 80 % des enfants suivirent le conseil maternel et prirent la balle. Seuls 50 % des enfants suivirent l'avis de leur mère dans le groupe exposé à la publicité pour le jouet.

On raconta alors à tous les enfants l'histoire (projective) d'un petit enfant qui voulait ce nouveau jouet, mais son papa refusa. Les enfants devaient dire si, d'après eux, « le petit enfant aurait encore envie de continuer à jouer avec son papa ? ». Dans le groupe témoin, 60 % des enfants dirent oui, dans le groupe ayant vu la publicité 60 % dirent non. Interrogés sur le degré de tristesse du petit enfant à qui l'on refusa le nouveau jouet, deux tiers des enfants du groupe sans publicité dirent qu'il restait gai et heureux, deux tiers des enfants du groupe avec publicité le décrirent très triste et accablé. En résumé, l'exposition à la publicité a accru la probabilité de voir l'enfant préférer un produit différent de celui préconisé par ses parents et a rendu plus pénible pour lui le cas où ce produit lui serait refusé.

La maîtrise du désir par l'enfant

Toutes les études portant sur les demandes de l'enfant et leurs conséquences ont insisté sur les retombées éventuellement négatives de celles-ci. Cela est normal : répondant à une demande sociale, les chercheurs voulaient examiner la validité factuelle des critiques portées à l'encontre du marketing et de sa stimulation du désir de l'enfant. L'image que nous avons des demandes risque donc d'être fortement teintée par un biais de la recherche : aucune étude n'a porté sur les retombées positives des échanges entre parents et enfants à l'occasion de leurs demandes. Pourtant c'est par ces expériences, fussent-elles parfois frustrantes, que l'enfant est socialisé, c'est-à-dire qu'il acquiert lentement des compétences et des pratiques liées à la consommation. Une vision exhaustive des rapports entre l'enfant et la publicité ne saurait oublier cette facette du phénomène.

En théorie, pour inculquer à l'enfant un « savoir acheter », les parents disposent de plusieurs moyens : l'interdiction de certains produits, la leçon ou l'exposé, la discussion autour d'un achat, demander à l'enfant de suivre leur exemple, et enfin laisser l'enfant faire ses propres expériences grâce à une petite allocation d'argent de poche. Ces moyens représentent différents niveaux de supervision de la part des parents. L'autonomie par exemple laisse l'enfant faire ses essais et erreurs : la supervision requise des parents est minime. Cette méthode développe certainement un savoir acheter chez l'enfant, mais pas forcément un savoir bien acheter. L'observation de l'exemple des parents suppose que l'enfant puisse déduire de celle-ci les règles et critères suivis par eux dans leur processus de décision : pour maints produits, l'achat est trop rapide pour communiquer à l'enfant un savoir réel sur le comment choisir. Quant à faire des exposés sur ce sujet, cela suppose que les parents se sentent très concernés par l'éducation de leur enfant consommateur.

Or si l'on se soucie de l'éducation scolaire, de l'éducation sexuelle, ou de l'éducation civique, il semble bien que l'éducation du consommateur en herbe ne soit pas la préoccupation des parents. Apprendre à l'enfant à multiplier les sources d'information autres que la publicité, à comparer les produits entre eux ne paraît pas être un objectif prioritaire des parents [87]. Aussi n'emploient-ils pas de méthodes formelles d'éducation du jeune consommateur.

Seule une minorité a en la matière une attitude volontariste [55]. Ces parents-ci expliquent à leurs enfants ce qu'est la publicité, donnent relativement tôt quelque argent de poche à l'enfant et passent souvent avec lui des contrats liés à la consommation. Par exemple il devra s'abstenir de leur demander certains produits, son argent de poche devant y subvenir. Pour d'autres produits, lorsque les parents ne sont pas sûrs du bien fondé de la demande, ils suggèrent à l'enfant d'en payer une partie sur son argent de poche. Ils confèrent aussi très tôt une expérience à l'enfant en le responsabilisant : celui-ci va faire seul les petits achats familiaux de produits alimentaires ou d'entretien. Enfin, face à une demande de l'enfant, ils évitent le plus possible de répondre par un non sec, sans explications.

Cette attitude éducative est encore minoritaire. Pour la plupart des parents, la consommation ne demande aucun apprentissage, pourquoi alors se donner la peine de l'expliquer à l'enfant. C'est donc en essayant d'interpréter les raisons et les circonstances des refus et des acceptations des parents que la plupart des enfants acquièrent lentement une compréhension du monde des produits. Encore faut-il que l'enfant ait la capacité de comprendre. La frustration souvent observée chez l'enfant face à un refus tient moins au refus qu'à l'absence d'explications. Or l'enfant accepte les restrictions si on lui explique, qu'il s'agisse de nocitivé du produit, de limitations du porte monnaie des parents ou toute autre raison. A cet égard, on ne peut que déplorer l'absence de prix dans les publicités. Ceci contribuerait à initier au plus tôt l'enfant à la valeur des objets, à ce qu'il est légitime de demander ou de ne pas demander. Cette indication renforcerait l'idée que le désir et son expression doivent tenir compte de la valeur de l'objet montré sur l'écran. En plus elle serait l'occasion pour les parents d'aborder la notion de valeur et de pouvoir d'achat. Faute de cette information, et des discussions qu'elle pourrait engendrer à l'initiative des enfants ou des parents, garçons et filles continueront à n'avoir aucune notion des prix à la portée de leurs parents, ni de la valeur de l'argent.

Ainsi c'est à travers ses demandes et le sort qu'elles reçoivent que l'enfant a théoriquement le plus de chances d'apprendre quand une envie est justifiée, quand elle ne l'est pas, pourquoi un produit ne doit pas être acheté alors que tel autre le peut. Les refus des parents sont l'occasion par laquelle il peut apprendre à distinguer le nécessaire et l'accessoire, à différer son désir et à tenir compte de celui des autres, c'est-à-dire à maîtriser son égocentrisme structurel. C'est par les acceptations et les refus qu'il incorpore lentement le principe de réalité selon lequel on ne peut pas tout avoir.

C'est aussi par ces mêmes réponses qu'il prend conscience de la réalité sociale dont il fait partie. Il apprend que certains produits sont hors de portée, et intériorise les limites du territoire de la consommation possible. Comme l'a montré P. Bourdieu, la socialisation consiste à transformer ce qui est normatif en descriptif [30]. Par exemple une phrase comme « Ce n'est pas pour nous » vécue d'abord comme un tabou, une limitation extérieure, comme un impératif, se mue lentement en description d'un état de la nature, une donnée.

Pour conclure, il ressort que le niveau des demandes de l'enfant dépend considérablement du système des normes familiales. Entre le désir suscité par le marketing et le passage à l'acte (la demande) interviennent les règles parentales qui régissent (ou laissent totalement libre) l'expression des désirs. Est-ce à dire que les parents ont virtuellement la possibilité de contrôler le niveau et le type des demandes de leurs enfants? Encore faut-il que l'enfant ait les moyens cognitifs de comprendre les règles et conditions définies par les parents : cela est peu probable chez les plus jeunes par exemple.

Les demandes vont donc nécessairement se muer dans un certain nombre de cas en frustrations, déceptions et parfois en conflits. Comme nous le verrons au chapitre 11, les implications à tirer de cet état de fait dépendent de la valeur positive ou négative que l'on attribue à ces frustrations, déceptions ou conflits.

9. Les effets à long terme de la publicité

Jusqu'à présent nous avons examiné les effets à court terme de la publicité : ils concernent les désirs, les préférences, les choix, les demandes faites par l'enfant. Mais le cumul de l'ensemble des publicités vues par l'enfant a d'autres effets : incidemment il véhicule un message sur les valeurs, les critères de choix, les buts à poursuivre, les rôles sociaux. Dans ce chapitre nous examinerons les études ayant porté sur ces sujets. Compte tenu du nombre des pouvoirs attribués à la publicité nous sommes contraints à une certaine sélection des thèmes. Celle-ci repose sur deux critères :

— Le thème doit pouvoir faire l'objet de recherches. Aussi nous n'examinerons pas les propositions telles que : la publicité crée de faux besoins chez l'enfant, la publicité aliène l'enfant. Le concept de « besoin » relève du jugement de valeur et de l'opinion qu'une société se fait, à un moment donné, de ce qui est un vrai ou un faux besoin. Comment le mesurer ? Où commence l'aliénation ?

— Le thème a fait l'objet d'études portant sur l'enfant lui-même. En effet, dans le domaine de la transmission des valeurs, il est courant de procéder à des analyses du contenu des messages émis et d'identifier les valeurs ou stéréotypes sous-jacents qui s'y manifestent. Mais il y a une différence entre émettre et recevoir : l'existence de certaines valeurs dans un message ne prouve pas que celles-ci vont être perçues et a fortiori apprises. Au chapitre 5, nous avons vu que des messages explicites et très simples pouvaient ne pas être compris par les enfants.

Cette hypothèse est encore plus forte pour les contenus implicites, devant être décodés par l'enfant de façon incidente, non-intentionnelle. Aussi nous ne présenterons que les thèmes où la réception par l'enfant a été effectivement étudiée.

Ces deux critères nous amènent à nous concentrer sur quatre thèmes majeurs : la nutrition, l'alcool, le matérialisme et les stéréotypes de rôles sociaux ou sexuels.

Les habitudes nutritionnelles de l'enfant

Aux États-Unis un enfant voit en moyenne 20 000 spots publicitaires par an dont la moitié concerne des produits alimentaires. Parmi ceux-là, les deux tiers proposent des confiseries, sucreries, produits ou boissons sucrées. En Europe, les chiffres absolus sont inférieurs, mais les analyses du contenu des spots vus par les enfants soulignent la forte proportion de publicités pour des produits à forte teneur en sucre et à faible valeur diététique et nutritionnelle. Aussi, ici comme outre-atlantique, des questions sont soulevées sur l'effet cumulatif de l'exposition répétée à tant de publicités sur des produits, confiseries, desserts, boissons sucrées. Au-delà du discours de chaque marque cherchant à élargir sa part de marché, toutes ces publicités prises dans leur ensemble ne risquent-elles pas de gêner l'acquisition par l'enfant d'idées saines quant à la nutrition. Par exemple, les enfants ne risquent-ils pas de croire à la longue que l'absorption répétée de confiseries, sucreries et boissons sucrées est tout à fait acceptable et ne pose aucun problème ? Ne vont-ils pas aussi lentement se détourner des produits plus sains mais ne faisant pas l'objet de publicité, préférant systématiquement en cas de soif un « soft drink » à un verre d'eau, et en cas de petite faim une barre chocolatée à un fruit ? Derrière ces questions se profile une interrogation sur le pouvoir relatif de forces socialisatrices dont les messages s'opposent : l'école et la famille d'une part, la publicité de l'autre.

Sur ces questions comme sur toutes celles relatives à la publicité et l'enfant il faut se garder de tirer des conclusions hâtives, fondées plus sur une conviction subjective que sur des faits prouvés. Heureusement plusieurs études récentes permettent d'apporter des réponses précises.

La publicité développe-t-elle chez l'enfant des perceptions incorrectes sur la valeur nutritionnelle et diététique des produits ? Pour répondre à cette première question, une méthode de recherche consiste à comparer des enfants de caractéristiques identiques sauf une : l'exposition à la publicité. On constitue alors des groupes différant sur cette dimension (un groupe regardant peu et un groupe regardant beaucoup la télévision) afin de comparer leurs opinions relatives à la valeur nutritionnelle des produits. Aux États-Unis, pays où le problème des produits sucrés est aigu (le junk food), on interrogea 708 enfants en bas âge (5 à 8 ans), provenant de familles à revenus faibles ou moyens [58]. Chaque enfant devait indiquer les avantages ou risques liés à la consommation de cinq produits : les fruits, les confiseries, le lait, les boissons gazeuses sucrées et les légumes. Pour permettre à l'enfant de transmettre ce qu'il savait, sans être handicapé par la difficulté de trouver les mots, on lui présenta sept dessins figurant les 7 réponses possibles (cela fait grandir, grossir, cela rend fort, donne mal au ventre, de l'énergie, des caries, cela maintient en pleine santé et évite ainsi les maladies).

Les résultats montrent que la très grande majorité des enfants a une vision exacte des avantages et inconvénients de chaque produit. Ainsi 95 % des enfants dirent que les confiseries donnent des caries, 72 % que trop en prendre rend malade, 53 % qu'elles rendent gros. Au contraire 5 % seulement des enfants croient qu'elles apportent de l'énergie ou qu'elles rendent fort, 3 % croient qu'elles font grandir. En ce qui concerne le lait, 76 % des enfants pensent qu'il rend fort, 68 % qu'il donne une bonne santé, 67 % qu'il fait grandir.

Comme cela est le cas pour tout sujet, les enfants de 7/8 ans ont une meilleure connaissance que ceux de 5/6 ans. A cinq ans, 89 % d'entre eux savent que les confiseries donnent des caries, à 8 ans ils sont 97 %. De même 10 % des petits de 5 ans déclarent que les confiseries donnent de l'énergie ou rendent fort; à 7 ans ils sont 2 %. En revanche, lorsque l'on compare les réponses des enfants regardant peu la publicité avec celles des enfants la regardant beaucoup, on ne trouve aucune différence. Quel que soit le volume des publicités reçues les enfants font preuve d'une excellente connaissance de la valeur nutritionnelle et diététique des produits.

En Belgique [46], après avoir vu zéro fois, une fois ou deux fois des publicités pour des chips et pour Pepsi-Cola, on demanda à 522 enfants de 7 à 9 ans : « Que dois-tu manger pour devenir fort : du pain, des fruits ou des chips ? » et « Qu'est-ce qu'il est sain de boire : du Pepsi-Cola, du lait chocolaté ou de l'eau ? ». Les chips reçurent 5 % des suffrages et le Pepsi-Cola 3 %. Il n'y avait aucune différence entre les réponses des enfants ayant vu ou non les publicités pour ces deux produits.

Ainsi, les deux études ci-dessus montrent que les enfants connaissent bien la valeur fonctionnelle des produits. Cette opinion n'est ni changée ni influencée par l'exposition répétée aux messages publicitaires. Le message de l'école et de la famille laisse une trace durable chez l'enfant.

Dans la première étude, 88 % des enfants de 5 à 8 ans déclaraient qu'il fallait boire du lait tous les jours et 73 % qu'une confiserie par semaine suffisait. Néanmoins 50 % des enfants interviewés admettaient en manger plusieurs fois par semaine, les deux tiers d'entre eux reconnaissant qu'ils devraient en manger moins. Ces chiffres suggèrent que, si elle n'a pas de conséquences négatives sur les conceptions et les croyances des enfants, l'exposition répétée aux publicités pour confiseries et produits sucrés pourrait influer sur le comportement de l'enfant, par exemple en développant l'auto-indulgence ou en rendant difficile le respect par l'enfant d'une certaine discipline personnelle. Ainsi la publicité n'agirait pas tant sur les attitudes nutritionnelles de l'enfant que sur la mise en pratique de celles-ci.

En persuasion, un nombre considérable d'études montre que les attitudes ne se traduisent pas automatiquement, loin de là, en actes [84]. Au contraire, la question n'est plus aujourd'hui de savoir *si* les attitudes prédisent le comportement du consommateur mais *quand* [131]. Par rapport au problème qui nous concerne ici, cela revient à nous interroger sur les facteurs facilitant la mise en pratique par l'enfant de ce qu'il sait, et sur ceux qui nuisent à celle-ci.

Un facteur facilitant la transformation en actes est la présence d'un parent lors des choix. Pour le très jeune enfant, les restrictions relatives aux sucreries et aux sodas tiennent un peu du tabou. Trop en manger est défendu, la preuve en est que les parents le répriment on ne sait pourquoi, car l'enfant qui n'a pas de caries, ne se sent pas gros ni malade ne peut intérioriser son savoir. Certes il a bien appris que manger trop de confiseries n'est pas bon mais, faute de capacités cognitives d'abstraction, l'enfant de 5 à 8 ans ne peut intégrer les fondements de cette règle [126]. Aussi elle prend l'allure d'une norme imposée de l'extérieur, par les adultes, une sorte de tabou. Son respect dépend essentiellement de la présence des agents stipulant la règle, comme c'est le cas dans tout processus d'obéissance [94]. Avec l'âge et le passage de la phase Piagetienne des opérations concrètes à la phase conceptuelle où la pensée accède à l'abstraction, les raisons des attitudes parentales vis-à-vis des sucreries peuvent être comprises et mentalement intériorisées (on les fait devenir siennes).

Une intéressante étude américaine illustre indirectement ce rôle de la présence des parents [57]. On présenta à 200 enfants entre 5 et 8 ans une émission télévisée pour enfants, commençant et finissant par un même spot d'une marque de chewing-gum. La moitié de l'échantillon appartenait à des familles où l'on interdit de mâcher des chewing-gums normaux (sucrés), mais où les chewing-gums sans sucre sont autorisés. L'autre moitié était laissée libre de consommer des chewing-gums sucrés. Après avoir vu l'émission, chaque anfant était conduit devant un présentoir de chewing-gums, avec 2 marques connues de chewing-gums sans sucre et 2 marques connues avec sucre. On lui demanda, pour le remercier de sa participation, quelle marque il souhaitait emporter avec lui quand sa mère viendrait le chercher. On lui demanda aussi ce qu'il pensait de la marque vue dans la publicité, et s'il avait aimé cette publicité.

Les enfants dont les parents restreignent la consommation de produits sucrés choisirent les marques non sucrées; les autres enfants choisirent les marques sucrées. La première raison invoquée par les premiers pour justifier leur choix fut : « Maman permet ceux-là ». Les seconds quant à eux invoquèrent d'abord le goût du chewing-gum choisi et son caractère plaisant. Enfin les premiers évaluèrent moins favorablement la publicité et la marque présentée que les seconds. L'auteur interpréta ces résultats en termes de dissonance cognitive. Cette théorie célèbre stipule que lorsque deux pensées opposées coexistent en nous, cette situation pénible nous conduit à en modifier une pour supprimer cette dissonance [64]. Dans le cas présent les enfants sachant que le chewing-gum sucré leur est interdit évitent la tension psychologique en dévaluant le caractère attractif de la publicité et de son produit. Ainsi, pour l'auteur de l'étude, il est faux de croire que les enfants absorbent passivement les messages publicitaires sans les remettre en cause. Au contraire cette étude montrerait que, si nécessaire, l'enfant peut mettre en œuvre des mécanismes de défense comme par exemple celui de la dissonance cognitive permettant de diminuer l'attrait perçu d'un produit.

Sans nier qu'un processus de cet ordre puisse expliquer l'évaluation moins favorable de la publicité et du chewing-gum sucré par des enfants à qui on interdit précisément ce type de produit, il nous faut encore expliquer pourquoi ces enfants choisirent, tous, les chewing-gums non sucrés. En effet l'attitude de ce groupe vis-à-vis du chewing-gum sucré était certes inférieure dans l'ensemble, mais pas pour tous les enfants du groupe « non autorisé ». Interrogés sur les raisons de leur choix, ils invoquèrent en premier « Maman le permet » alors que les enfants « libres » utilisent un critère interne : le plaisir. Or dans cette expérience il est significatif que la mère devait venir chercher l'enfant : ce dernier ne pouvait raisonnablement quitter le lieu de l'expérience avec un produit « interdit » dans sa poche. La dissonance cognitive a probablement atténué l'impact incitatif de la publicité, mais l'absence de choix de chewing-gums « interdits » résulte plutôt de la présence attendue de la mère.

Quand celle-ci est absente, la publicité peut conduire l'enfant à moins tenir compte de l'interdit, tout en connaissant parfaitement son existence. Une expérience canadienne menée dans le contexte des jouets l'illustre nettement [71].

Des enfants de 4 et 5 ans virent une série de dessins animés à la télévision, avec ou sans publicité pour un jouet. On leur demanda alors d'indiquer leur préférence entre ce jouet et une balle de tennis, en ajoutant que leur mère venait d'indiquer à l'intervieweur par téléphone qu'elle préférait la balle de tennis. 80 % des enfants n'ayant pas vu le spot publicitaire (mais ayant le jouet sous les yeux) préférèrent suivre l'avis de leur mère : ils choisirent la balle de tennis. Dans le groupe ayant vu la publicité, 50 % des enfants seulement suivirent l'avis de leur mère.

Dans les exemples ci-dessus, le respect par l'enfant de la règle parentale dépend de leur présence lors du choix et de la non-exposition à une publicité. Mais ceci ne représente qu'un certain type de situation : tous les enfants ne vivent pas les règles de nutrition comme des tabous auxquels ils n'adhèrent pas et qu'ils sont bien obligés peu ou prou de respecter. Examinons le cas général des enfants non soumis à un interdit, et connaissant les inconvénients des produits alimentaires à forte teneur en sucre, des confiseries et des soft-drinks. Une intéressante expérience montre que l'exposition à la publicité amène l'enfant à moins tenir compte de ce qu'il sait en matière diététique et nutritive, s'il doit effectuer un choix entre plusieurs produits.

On présenta à des enfants de 6 ans une émission de télévision soit seule, soit avec des publicités pour des confiseries, soit avec des publicités « sociales » (vantant les mérites des fruits, des légumes, du lait et des œufs) [72]. Après l'exposition à l'émission, on demanda à l'enfant d'imaginer que « papa et maman sont partis en vacances. Je suis le baby-sitter qui va s'occuper de toi pendant 6 jours. J'ai besoin que tu me dises parmi les produits que je vais te montrer lesquels tu souhaites ». L'intervieweur présenta alors 6 produits possibles pour le premier jour. Trois d'entre eux étaient des produits peu nutritifs, sucrés, les trois autres des produits sains. L'enfant devait choisir trois produits. Puis on lui présenta six autres produits pour le second jour et ainsi de suite jusqu'au sixième jour. Au total donc les enfants pouvaient choisir un maximum de 18 confiseries à forte teneur en sucre. Les enfants du groupe témoin (sans publicité) choisirent 10 confiseries, ceux qui avaient vu la publicité 12,5 confiseries en moyenne, ceux qui avaient vu les publicités « sociales » ne prirent que 8,7 confiseries. Ainsi les choix de produits dépendaient du message vu. Il est important de noter que les trois groupes ne différaient pas dans leur connaissance des avantages et inconvénients nutritifs des produits proposés. Il semble donc que la communication joue sur les choix en rendant plus ou moins saillant un certain critère. La publicité commerciale rendit *saillant* le critère « plaisir » : au moment des choix, étant plus présent à l'esprit il a déterminé ceux-ci. La publicité sociale rendit plus saillant le critère « nutrition » : celui-ci masqua donc les notions de plaisir lors du choix par les enfants.

Pourquoi parler de critère plus ou moins présent à l'esprit et non pas tout simplement de produits rendus plus ou moins intéressants par leurs publicités ? Dans l'expérience ci-dessus, parmi les produits présentés au choix des enfants, la moitié ne figuraient pas dans les publicités vues (commerciales ou sociales). Or l'effet de la communication publicitaire s'étendit aussi à ces produits. Il semble donc que les publicités aient conduit les enfants à privilégier tel ou tel critère de choix (le plaisir ou la nutrition), rendu plus présent à l'esprit par celles-ci.

Dans une extension de cette recherche on présenta aux enfants un film de 24 minutes, ne promouvant aucun produit particulier, mais montrant les dangers de la consommation de trop de produits sucrés et de « junk food ». Alors que dans le groupe sans communication, les enfants avaient pris 10 produits très sucrés sur les 18 proposés, les enfants ayant assisté au film préventif ne choisirent que 3 produits sucrés. Ce film avait rendu encore plus saillant le critère santé.

Ainsi, le fait que les enfants transforment ou non leurs connaissances des inconvénients de certains produits en acte dépend de la présence à l'esprit de ce critère lors du choix. Si ce choix fait suite à des publicités commerciales le critère saillant sera plutôt le goût, le plaisir ou la prime. Ceci rappelle qu'il faut distinguer un critère important et un critère saillant. Personne ne nie l'importance de la santé, mais au moment du choix le critère peut être légèrement en retrait par rapport à un autre critère rendu saillant par la communication précédant le moment du choix.

Cet effet de la publicité est d'autant plus accentué que l'enfant est jeune. Tout d'abord parce que le critère santé est intrinsèquement moins important que le critère goût ou la présence d'une prime, chez l'enfant de 5 ans. A titre d'exemple on demanda à plus de 650 enfants entre 6 et 12 ans s'ils préféraient un produit nutritif ou un produit avec une prime ou un cadeau, un produit nutritif ou un produit au goût sucré [134]. Comme le montre le tableau 1, à 6/7 ans la nutrition n'est pas la préoccupation des enfants. Il fallut bien 24 minutes d'images faisant appel à la peur des caries et du dentiste pour rendre ce critère saillant.

TABLEAU 1. LES CRITÈRES DE CHOIX DES ENFANTS POUR LES PRODUITS ALIMENTAIRES

	6/7 ans %	8/10 ans %	11/12 ans %
Préfères-tu un produit...			
s'il a un goût sucré	51	50	51
s'il est nutritif	43	45	41
égalité	6	5	8
s'il y a un cadeau	57	51	38
s'il est nutritif	35	42	51
égalité	8	7	11

Mais il existe une autre raison pour laquelle les enfants sont sensibles à la dernière communication : les études portant sur la façon dont les enfants font des choix montrent que le jeune enfant ne parvient pas à utiliser plusieurs critères à la fois.

Le cadre conceptuel de ces recherches est celui de l'acheteur rationnel. Idéalement celui-ci est supposé, pour chaque catégorie de produit, avoir plusieurs critères de choix. Face à plusieurs produits, il procéderait à la notation mentale de chacun sur tous ces critères, à l'instar des notes que l'on donne aux élèves dans les différentes disciplines, avant d'établir un classement général en tenant compte du poids de chaque discipline (par exemple la note de mathématiques compte double). Ce processus peut donc être représenté par un tableau à double entrée : produits/critères. Un consommateur rationnel devrait chercher à remplir ce tableau comparatif (comme le font pour eux les tests comparatifs des revues de consommateurs) : chaque produit envisagé reçoit une note sur chacun des critères de choix, chaque critère ayant lui-même une note d'importance subjective pour ce consommateur.

Comment font les enfants pour choisir ? Deux chercheurs présentèrent à des enfants de 5, 9 et 13 ans 16 petits carnets variant selon 4 critères : la couleur (rouge ou verte), la surface (mate ou brillante), la forme (deux formes) et le mode de fermeture (dessus ou sur le côté). Ils leur demandèrent de dire combien ils aimaient chacun des 16 petits carnets. Cette demande fut réitérée pour examiner à partir de quand l'enfant stabilise ses évaluations [34]. L'analyse montra que, d'une interview à l'autre, les enfants de 5 ans changeaient complètement leurs évaluations des carnets. Deux explications étaient possibles : (i) l'enfant n'a pas de préférences stables en ce qui concerne les quatre critères (parfois il préfère le vert et parfois le rouge), (ii) l'enfant a des préférences stables sur chaque critère, mais n'utilise jamais le même critère lorsqu'il passe d'un carnet à l'autre. L'examen révéla que cette seconde explication était la bonne. L'enfant de 5 ans utilise tantôt un critère tantôt un autre, quand on lui demande une tâche aussi lourde que celle de juger 16 produits différents. Cette tâche excède sa capacité cognitive.

Face à des situations de choix plus simples, il ressort que l'enfant de 5 ans n'utilise qu'un seul critère. Par exemple on présenta à des enfants de 5 et 8 ans plusieurs paires de paquets de bonbons [167]. Ces paquets différaient en nombre et en type de bonbons (chocolat, caramel, raisins, cacahuètes, réglisse). Les enfants indiquèrent d'abord leurs préférences entre ces 5 types de bonbons. Puis, pour chaque paire de paquets, on demanda à l'enfant celui qu'il préférait avoir, ainsi que les raisons de ce choix. Les enfants de cinq ans utilisèrent une seule méthode de choix : prendre le paquet où il y a le plus de bonbons, quels qu'ils soient. Dans leur démarche mentale ils n'intégraient pas le fait qu'ils préféraient par exemple le chocolat et aimaient moins le réglisse. Les enfants de huit ans utilisèrent des méthodes différentes, mais toutes caractérisées par le fait qu'elles ne comportaient qu'un seul critère : une minorité d'enfants (10 %) continuait à utiliser la règle du nombre de bonbons par paquet, 36 % des enfants regardaient combien chaque paquet comportait de bonbons du type préféré, 28 % choisissaient le paquet où il y avait la plus grande variété. Seuls 26 % des enfants de huit ans utilisaient plusieurs critères : ils comparaient sur un critère et en cas d'égalité ils essayaient de départager les ex aequo sur un second critère.

Ainsi même à huit ans, on ne saurait sous estimer la difficulté que l'enfant éprouve à choisir entre plusieurs produits. Même si mentalement il a la capacité de dire qu'un produit a tel avantage par exemple sur le critère goût et tel inconvénient sur le critère nutrition (la preuve en est qu'il répond aux questionnaires relatifs à sa perception de produits tels que bonbons, lait, soda, fruits et légumes), devant un linéaire face à 5 ou 6 produits il ne va pas procéder ainsi et pondérer les avantages et inconvénients de chacun. Cette tâche est trop lourde : les expériences faites montrent qu'il s'en sort soit en utilisant un seul critère (saillant au moment du choix) soit en utilisant sa *dernière* impression si celle-ci est bonne. Un exemple illustre cette seconde façon de choisir.

Des enfants de 9 et 13 ans virent un film publicitaire pour Choco Nuts, une nouvelle confiserie [142]. Après l'exposition à la publicité on leur demanda leur opinion vis-à-vis de Choco-Nuts (de « très mauvais » à « très bon »). Puis on les conduisit face à un présentoir de confiseries avec quatre produits : Choco-Nuts et trois autres confiseries, dont les deux leaders du marché, les préférés de tous les enfants. Les enfants de 9 et 13 ans exprimèrent la même opinion très favorable vis-à-vis de Choco-Nuts. En revanche leurs choix furent très différents : à 13 ans, ils restèrent fidèles à leurs confiseries préférées (les 2 leaders du marché). Seuls 25 % d'entre eux choisirent Choco-Nuts. En revanche 65 % des enfants de 8 ans choisirent Choco-Nuts.

Après avoir éliminé les autres explications possibles du phénomène, les auteurs conclurent ainsi : à 13 ans, bien qu'ils aient vu de la publicité pour Choco-Nuts et que le produit leur ait plu, ils choisirent la confiserie dont ils avaient la meilleure opinion (un des deux produits leaders). Les enfants de 8 ans avaient eux aussi une meilleure opinion des deux produits leaders : mais ils n'ont pas pris la peine de comparer les quatre produits entre eux. Ils ont décidé sur la base de la dernière impression et celle-ci étant bonne ils ont pris Choco-Nuts. En somme pour éviter de comparer, ils se sont décidés sur le niveau de l'impression laissée par la dernière publicité et non par la valeur relative de Choco-Nuts par rapport aux autres produits. A 8 ans, le choix des enfants n'était donc pas en accord avec leurs opinions, car celles-ci étaient plus favorables aux produits non choisis. A 13 ans l'enfant parvint à agir en cohérence avec ses opinions.

Cette dernière expérience montre bien que, du fait des limitations cognitives liées à l'âge, à 8 ans l'enfant ne peut pas toujours agir en cohérence avec ses attitudes et opinions lorsqu'il est placé devant un choix large requérant de comparer entre elles de multiples alternatives.

Pour résumer l'ensemble des études revues ci-dessus, il ressort que les enfants acquièrent très tôt les connaissances relatives aux inconvénients nutritifs de certains produits et les normes relatives à leur consommation. Ces normes et les prohibitions relatives aux sucreries ne peuvent être comprises par l'enfant en bas âge qui les vit donc comme un interdit venu des adultes. Avec l'âge il les intériorise lentement, mais le critère nutrition n'est pas le plus important à ses yeux. En consommant des confiseries, il a néanmoins conscience qu'il devrait en consommer moins. La difficulté que tout consommateur éprouve à suivre les règles qu'il se donne est encore plus forte chez l'enfant. Les expériences scientifiques menées montrent que l'exposition à la publicité peut conduire l'enfant :

— A moins suivre l'avis de sa mère, même si on le lui rappelle au moment du choix.

— A accentuer l'importance du critère « plaisir » au moment du choix, c'est-à-dire à oublier un peu les règles et normes nutritionnelles dont il a cependant conscience.

— A choisir le produit qu'elle présente, souvent parce que son mode de pensée privilégie la dernière impression créée, et non parce qu'il l'estime supérieur aux autres produits.

Quelles implications tirer de ces faits ? On ne saurait imputer à la publicité l'attirance des enfants pour les confiseries : de nombreuses études ont montré que le sucre est déjà intrinsèquement source de plaisir pour les nouveaux nés. Ces faits remettent aussi en cause l'argument souvent invoqué par les publicitaires : la publicité ne ferait que modifier les parts de marché des marques. Nous venons de le voir, l'enfant peut moins suivre les règles de nutrition qu'il connaît lorsqu'il est exposé à la publicité. Cela tient en partie au fait que ses modes de pensée sont imparfaits et encore en cours de formation.

Conscients de cette situation plusieurs pays ont opté pour des mesures restrictives. Au Québec toute publicité télévisée supposée s'adresser aux enfants de moins de 13 ans est interdite. Aux Pays-Bas, aucune publicité pour confiseries ou produits sucrés destinée aux enfants de moins de 12 ans n'est autorisée avant 19 h 55 à la télévision. La publicité de ce type ne peut présenter des enfants. De plus, les annonceurs ont obligation de faire figurer une brosse à dent stylisée soit pendant toute la durée du film sur 1/10ᵉ de la hauteur, soit lors des 3 dernières secondes sur un 1/8ᵉ de la hauteur soit sur toute l'image à la fin du spot pendant une seconde et demie. En Finlande aucun enfant ne peut apparaître dans la publicité télévisée pour confiseries.

En France aucun texte spécifique ne concerne les publicités pour confiseries. Rappelons que dans la publicité pour enfants (dont les produits sucrés représentent l'essentiel), la présence d'enfants acteurs est possible s'ils ne recommandent pas oralement le produit, mais ils peuvent chanter en chœur l'éloge commercial de ce produit. Compte tenu de la prédominance de l'image dans les impressions de l'enfant et de la meilleure mémorisation à long terme conférée par la musique ou les chansons, le fondement psychologique de la restriction à l'encontre du texte non chanté seulement est bien ténu.

De deux choses l'une : soit on estime que la santé dentaire des enfants est du seul ressort de l'éducation des parents auquel cas, comme aux États-Unis, on laisse les publicitaires libres de leurs créations ; soit on estime que la santé de l'enfant est aussi importante que les cirrhoses du foie et les cancers du poumon, auquel cas il faut faire pour l'un ce que l'on fait (?) pour les autres.

Pour lutter contre l'alcoolisme ou le tabac, il n'a pas suffi de jouer sur des nuances entre bons et mauvais vins, entre bonnes et mauvaises cigarettes. Il a fallu décroître fortement le volume global de messages encourageant à fumer ou à boire de l'alcool. Il a fallu aussi diminuer les incitations non publicitaires (distributeurs automatiques de cigarettes, nombre de compartiments où l'on est autorisé à fumer dans les trains, etc.) : ne l'oublions pas, les demandes de confiseries proviennent autant de la publicité que de la vue des présentoirs en magasin par exemple près des caisses de sortie. Si donc l'on estime parallèles les cas de la prévention de la cirrhose et du cancer et le maintien de la santé des enfants, les implications en termes de persuasion sont similaires. Les chercheurs de l'Institut National de l'Audiovisuel estiment ainsi que « les publicités pour les sucreries, on ne voit pas pourquoi elles seraient plus admises que celles pour le tabac ou l'alcool » [39]. Les associations de consommateurs ont demandé une limitation quantitative de ces publicités, au moins le mercredi, en cohérence avec la politique sanitaire française qui n'est pas d'interdire mais d'équilibrer. La Commission Scrivener proposa quant à elle le principe d'une mise en garde des enfants (à l'instar de la brosse à dents aux Pays-Bas, ou de la mise en garde dans les publicités de cigarettes). Aucune de ces dernières propositions, pourtant modestes, n'a été finalement retenue. En ne tenant pas compte des préoccupations des parents, la profession n'a-t-elle pas sacrifié son intérêt à long terme à une tranquillité à court terme ?

L'attrait de l'alcool

La question des confiseries, soft-drinks, etc. concernait essentiellement les enfants en bas âge. Bien qu'en dehors du cadre de cet ouvrage consacré aux enfants de moins de 13 ans, il nous paraît intéressant d'examiner si la publicité ne joue pas un rôle dans l'acquisition de l'habitude de boire de l'alcool chez l'adolescent. Le problème est ici encore de savoir si la publicité ne fait que modifier les préférences entre marques ou si, en tant qu'agent de socialisation aux pratiques adultes, par son volume elle favorise aussi la naissance d'une demande générique pour les alcools.

Une approche scientifique du problème ne saurait considérer comme preuve le simple comptage des messages publicitaires émis par la profession ou l'analyse du contenu séduisant de ceux-ci. L'acquisition et le développement d'une habitude est un phénomène psychologique : il implique l'étude de la réception des messages publicitaires.

Compte tenu du très grand nombre de facteurs favorisant l'acquisition de cette habitude, l'incidence spécifique de la publicité ne peut être cernée que si on élimine d'abord l'influence de ceux-ci. C'est précisément ce que firent Atkin et ses collègues dans une intéressante étude [15]. Ces auteurs demandèrent à 665 adolescents de 13 à 17 ans, sous le sceau de l'anonymat et du secret total, d'indiquer leurs fréquence et volume de consommation, ainsi que les marques, en ce qui concerne la bière, le vin et les spiritueux (gin, rhum, whisky, vodka, etc.). Aux États-Unis, seule la publicité de spiritueux est interdite à la télévision : elle se cantonne donc essentiellement dans les magazines. Puis ces adolescents répondirent à une série de questions mesurant leur taux d'exposition à la publicité dans ces catégories de produits : par exemple le nombre et la fréquence de lecture des magazines (que l'on pondéra par le volume de publicités pour alcools contenu habituellement dans chacun d'eux), ou encore leur souvenir spontané d'avoir vu certaines publicités ou enfin leur reconnaissance de photographies tirées de publicités d'alcools. Tous ces indicateurs furent agrégés pour constituer un indicateur global de l'exposition aux publicités, en magazine comme en télévision.

Parmi les autres variables pouvant influencer le comportement des adolescents, ils mesurèrent :

— L'influence des pairs. On sait en effet que les amis constituent un important encouragement social à la consommation d'alcool.

— L'influence des parents. Ceux-ci boivent-ils ? Ceux-ci encouragent-ils leurs enfants à boire ?

— La fréquentation régulière de l'église, celle-ci devant a priori conduire à une forte auto-discipline.

— Le sexe, l'alcool étant associé au fait de devenir un homme.

— Et plusieurs autres variables telles que l'âge, la classe sociale, la taille de l'agglomération (depuis le petit village jusqu'à la grande agglomération), etc.

Les résultats des trois régressions de la consommation d'alcool (bière, vin et spiritueux) sur l'ensemble des facteurs ci-dessus montrent que seuls six facteurs ont un lien significatif avec la consommation d'alcool, lien variable d'ailleurs selon le type d'alcool. La consommation de chaque alcool a ses propres déterminants.

En ce qui concerne la bière, le meilleur prédicteur de la consommation globale des adolescents est le degré de pression exercée par leurs amis (« Ils m'encouragent à boire »), puis l'exposition aux publicités. Les filles boivent moins que les garçons, et les jeunes adolescents moins que leurs aînés. La consommation globale de vin n'est reliée qu'à l'influence des amis et à celle des parents, pas au nombre des publicités vues. En revanche la consommation globale de spiritueux est très liée à l'exposition publicitaire, puis à l'influence des amis, à l'âge et à la pratique religieuse (celle-ci joue contre ce type de consommation).

L'affaire est-elle entendue ? La publicité contribue-t-elle à créer et entretenir la demande d'alcool chez les jeunes en ce qui concerne bières et spiritueux ? Beaucoup en concluеraient ainsi derechef. Ce serait oublier que les résultats ci-dessus peuvent être expliqués de plusieurs façons.

Premièrement, il est possible qu'un facteur non mesuré entraîne à la fois une forte consommation d'alcool et une forte consommation de média. En ce cas la relation observée ci-dessus entre consommation et publicité pourrait être imputée à une cause commune, un troisième larron omis dans le questionnaire. Par exemple, certains individus sont plus déçus par la vie que d'autres, ou ont plus de mal à vivre leur vie sociale. Ceci les conduit à fuir en regardant beaucoup la télévision (où passent les publicités de bière) ou à lire souvent des revues érotiques (Play-boy, etc.) où l'on trouve beaucoup des publicités de spiritueux et ils fuient aussi en s'adonnant à l'alcool.

Il existe une seconde raison recommandant de ne pas sauter dans des conclusions hâtives : la direction de la causalité. Dans une méthodologie à base d'enquête, on mesure toutes les variables en même temps. On ne saurait donc être sûr de la direction de la causalité : est-ce que le volume de publicités vues cause le volume de consommation d'alcool ou n'est-ce pas plutôt l'inverse ? En effet, on ne saurait oublier que l'attention et la perception des messages sont des processus sélectifs. Nous ne portons pas attention ni ne décodons tous les messages qui nous parviennent. Les études d'impact publicitaire montrent que les individus repèrent plus vite et portent plus attention aux messages portant sur leurs centres d'intérêt. Les gros buveurs d'alcool s'intéressent à l'alcool, aux marques et sont donc prédisposés à plus s'exposer aux messages publicitaires concernant une de leurs consommations favorites. Cette causalité inverse peut expliquer une partie de la corrélation observée entre le nombre de publicités vues et la consommation d'alcool. La mesure du taux d'exposition à la publicité retenue par les auteurs est particulièrement sujette à ce type de risque. En effet outre la fréquentation globale des médias, on mesurait aussi le taux de souvenir publicitaire des adolescents. Or qui dit souvenir dit donc attention sélective portée au message.

En réponse à l'hypothèse d'une causalité inverse expliquant les résultats, Atkin avance que, dans le cycle de vie des adolescents, ceux-ci voient des publicités bien avant de faire leurs premières expériences en matière d'alcool et a fortiori de devenir des consommateurs réguliers. Cet argument logique nous conduit à une troisième erreur classique faite lorsque l'on examine les chiffres sur la relation entre la fréquentation de la publicité et la consommation d'alcool. Comme cette erreur concerne aussi les sections suivantes, relatives au développement de valeurs matérialistes chez l'enfant ou de stéréotypes sexuels, sociaux et raciaux, nous lui consacrerons un certain développement. Cette erreur consiste à prendre l'ombre pour la proie.

Rares sont les enfants qui, à la télévision, ne regardent que la publicité. En réalité on voit d'autant plus de publicités que l'on regarde beaucoup la télévision ou que l'on lit fréquemment les magazines. De fait, la plupart des nombreuses études examinant le lien entre une variable (par exemple ici la consommation d'alcool) et le volume des publicités auquel un individu (adulte ou enfant) a été exposé mesurent ce dernier tout simplement par le taux de fréquentation des médias en général. Supposant que la publicité représente le dixième au maximum du temps passé à regarder la télévision, il paraît pour le moins étonnant d'imputer certains effets à ce seul dixième là et non aussi aux neuf dixièmes qui l'entourent.

A ceux qui répondraient que seul ce dixième-là a un objectif persuasif, il faut rappeler le tumulte créé par la publicité dite clandestine, c'est-à-dire la simple présence de produits hors des écrans prévus pour. La persuasion la plus efficace est celle qui ne s'affiche pas comme telle [84]. Aujourd'hui, nous l'avons montré au chapitre 2, les enfants regardent les émissions pour adultes, les feuilletons pour adultes, les films pour adultes. Or ceux-ci proposent des modèles d'imitation en matière de consommation d'alcool et de tabac, bien plus puissants que les acteurs inconnus de la publicité. Dans une série comme Dallas ou Dynastie ou dans n'importe quel film policier ou d'action, les acteurs principaux sacrifient à tous les rituels liés à l'alcool et au tabac.

Les annonceurs sont persuadés de l'efficacité des secondes des écrans publicitaires, au point de payer jusqu'à 240 000 francs pour trente secondes. Il serait particulièrement naïf de croire que tout ce qui est entre ces écrans (les feuilletons, les films, les téléfilms, etc.) n'est pas efficace. C'est précisément parce que cet espace entre publicités n'a pas d'intention persuasive qu'il laisse des traces durables au niveau des comportements par lesquels l'adolescent (comme l'adulte) essaye d'affirmer son identité, sa personnalité, son statut social.

Fumer, boire, s'habiller, le type de voiture sont considérés comme des actes « reflets » : ils communiquent aux autres qui on est, quelle est notre singularité. Au sortir de l'enfance, l'adolescent veut montrer qu'il n'en fait plus partie [56]. Il construit son identité en s'identifiant à des modèles adultes, et faute d'en accaparer l'être, il ne prélève que leur paraître : leurs comportements (gestes, marques ou produits possédés, vêtements...). La publicité n'est pas le lieu où l'adolescent puise ses modèles adultes : les héros sont ailleurs, avant ou après l'écran publicitaire.

D'une certaine façon donc, le dixième que constitue la publicité a besoin des neuf autres dixièmes pour être efficace en ce qui concerne l'alcool ou la violence [175]. Il fournit les réponses concrètes au besoin créé par les pairs ou parents et par l'essentiel des films, séries ou feuilletons absorbés dès son plus jeune âge par l'enfant. Ces réponses sont les marques et l'identité symbolique que chacune propose à l'acheteur.

La publicité rend-elle matérialiste ?

Structurellement toute publicité est un conte en deux parties : avant et après. Avant, il y avait un problème et le consommateur était malheureux ; après, grâce à la possession de l'objet le problème disparut et le consommateur retrouva le bonheur. Par son côté cumulatif, la répétition de ce leit-motiv ne risque-t-elle pas de développer chez l'enfant des valeurs matérialistes, faisant dépendre le bonheur de la possession des objets ? C'est en tout cas ce que pensent 47 % des femmes en France en 1985 [87].

Cette question n'est pas purement éthique ou philosophique mais a aussi un fondement social. Comme l'indiquait récemment l'ombudsman norvégien chargé de l'enfant-consommateur, les pays européens, au nombre croissant de personnes âgées, vont faire peser un lourd poids sur les épaules des adultes de demain, enfants actuellement [67]. Tous les efforts doivent être entrepris pour que nos sociétés développent en eux des valeurs d'entr'aide et de coopération sociale.

Pour examiner l'effet cumulatif de l'exposition aux médias et en particulier à la télévision, le média principal de l'enfance, la première démarche consiste à déceler si effet il y a. Il existe deux façons habituelles d'identifier si l'exposition cumulative engendre dans le temps des valeurs matérialistes : (a) examiner comment au fil de l'âge les opinions matérialistes de l'enfant évoluent. Cette approche est insuffisante car l'âge est non seulement un substitut pour le volume cumulé des publicités rencontrées, mais aussi un indicateur de l'évolution psycho-affective de l'enfant. Il convient donc d'utiliser aussi une seconde méthodologie : (b) examiner si, toutes choses étant égales par ailleurs, les enfants peu exposés aux médias ont des valeurs moins matérialistes que les enfants très exposés.

Nos analyses sur 360 enfants français entre 8 et 14 ans ont montré qu'avec l'âge les enfants adhéraient moins à l'opinion suivante : « Les gens sont beaucoup plus heureux quand ils peuvent s'acheter beaucoup de choses » [91]. Remarquons cependant que s'ils y adhèrent moins que leurs cadets, les aînés ne rejettent pas pour autant cette opinion :

ils sont ambivalents à son égard, à mi-chemin entre l'accord et le désaccord. En revanche, les analyses comparant l'opinion des enfants regardant peu, moyennement ou beaucoup la télévision révèlent une tendance significative. Plus ils regardent la télévision, plus ils déclarent que l'achat fait le bonheur. Ce résultat fut obtenu après élimination de l'effet d'autres variables telles l'âge et la propre opinion de la mère sur ce sujet.

Nous devons ici encore prendre les mêmes précautions que lors des analyses relatives à l'alcool. La relation positive entre matérialisme et exposition aux médias laisse indéterminé le sens de la causalité. L'exposition rend-elle matérialiste, ou le matérialisme ne conduit-il pas à regarder la télévision? Cette causalité inverse ne serait pas étonnante : l'enfant peu intéressé par les objets mais plutôt par les abstractions, les idées trouvera un meilleur support à son imaginaire dans la lecture. Il est probable cependant que les deux causalités co-existent.

Enfin, on ne saurait imputer cet « effet » à la seule publicité. La plupart des programmes de télévision véhiculent, eux aussi de façon répétitive, l'idée que la possession des objets rend heureux. Par exemple les jeux télévisés sont fondés sur l'appât du gain, des cadeaux et des primes; les séries telles Dallas ou Dynastie mettent en avant les avantages quotidiens conférés par la richesse et la possession des objets; le journal télévisé nous rappelle en permanence quelle est l'évolution du pouvoir d'achat. La société dans son ensemble semble en quête permanente d'un plus haut niveau de vie et cela se reflète dans les médias, dans la publicité comme dans les programmes.

Images de la famille et de la société

Parmi les reproches portés à l'encontre de la publicité on ne saurait oublier celui d'entretenir les clichés et stéréotypes. Au moment où une partie des familles françaises rééquilibre la distribution des rôles entre le père et la mère et éduque garçons et filles de la même façon, on ne peut que noter le décalage publicitaire. Dans la publicité, rares sont les pères qui font la vaisselle ou passent l'aspirateur, rares aussi les mères qui sortent de la cuisine ou du ménage. Quant aux enfants, le garçon continue à être turbulent et actif, et la fille plutôt sage et obéissante. De plus, le portrait de la famille y est toujours idyllique : la gentille maman, jeune et jolie, le gentil papa et leurs enfants, sans oublier le chien.

Notre propos ne sera pas ici de critiquer ou d'approuver. En tant qu'institution publique la publicité doit justifier en permanence sa légitimité. Elle n'a rien à gagner à prêter le flanc aux critiques* en présentant des modèles de comportement dont la France cherche à s'éloigner, comme en témoignent par exemple la constitution d'un Secrétariat d'État à la Condition Féminine et les campagnes pour l'égalité des droits.

Dans cette section nous essaierons de contribuer à la compréhension du problème en montrant pourquoi la publicité télévisée est nécessairement en retard par rapport à l'évolution d'une partie du public. Cela tient essentiellement à la spécificité du média télévision qui impose une certaine forme de retard.

Même quand elle est en couleur la télévision présente les choses en noir et blanc, c'est une nécessité. Média de l'image, du mouvement, elle préfère les situations contrastées, les émotions qui s'expriment par des actes lisibles, les personnages expressifs, voire caricaturaux qui, même s'ils ne disent rien, communiquent immédiatement aux téléspectateurs qui ils sont, ce qu'ils pensent et ce qu'ils vont probablement faire. Les chiffres d'audience en témoignent. Rien n'est plus contraire au média télévision que les silences, les plans statiques, les douceurs, les hésitations, les nuances subtiles, les personnages en demi-teintes, les intimités du moi. Il faut que d'emblée sur le petit écran (il en va autrement sur le grand écran) le public puisse se repérer : les personnages sont donc sur-signifiés, au sens où on les affuble d'une multiplicité de signes pour qu'ils soient bien reconnus. Pour pouvoir être reconnus par le plus grand nombre, ils arborent tous les codes connus du public : ils se présentent sous forme de stéréotypes.

Ce mécanisme est accentué dans la production de séries télévisées en vue d'une diffusion internationale. Pour qu'un feuilleton plaise en Grande-Bretagne comme en France ou en Allemagne, il faut déjà que les publics voient de suite qui est qui. Les personnages sont donc présentés de façon à être immédiatement situés par le public : ce sont encore plus des stéréotypes. En somme la recherche de l'audience la plus large conduit à l'utilisation de codes sommaires, sans nuances, mais aisément compris par tous, par delà les frontières.

Une question se pose alors : l'enfant croit-il à ces modèles? Prend-il pour vraie, voire pour une norme, la réalité sociale que la télévision en général et la publicité en particulier lui proposent? La réponse dépend du nombre d'ouvertures de l'enfant sur cette réalité. Par exemple, on a étudié l'image que les enfants anglais se faisaient des différentes nationalités. N'ayant des Russes aucune autre information

* En France, en 1985, 36 % des femmes trouvent que la publicité montre à l'enfant une image traditionnelle et stéréotypée de la femme (40 % ne se prononcent pas) [87].

que celle véhiculée par les médias, ils restituaient une image identique à celle que présente la télévision : un être frustre, dur, belliqueux et agressif. L'image de l'Allemand variait suivant la classe sociale de l'enfant interrogé : l'enfant de milieu social modeste avait une image de l'Allemand conforme à celle que véhiculent les bandes dessinées et les films de guerre vus à la télévision. Les enfants des familles bourgeoises ne restituaient pas du tout l'image transmise par les médias : leur image de l'Allemand était essentiellement forgée par leurs pères à partir des voyages d'affaires faits en Allemagne.

Ainsi lorsque, pour sa connaissance, l'enfant n'a qu'une seule source d'information, il va naturellement croire celle-ci. La multiplicité des sources permet de les relativiser. De plus l'enfant n'est pas dupe : il privilégie l'expérience réelle par rapport à la vision qu'en donne la télévision. Par exemple, Cullingford [47] demanda à un échantillon d'enfants entre 9 et 11 ans s'ils voulaient être policiers. Ces enfants étaient friands des séries policières américaines et plusieurs de leurs acteurs favoris jouaient des rôles de policier. Leurs réponses montrèrent qu'ils faisaient bien la différence entre la représentation télévisée des stars et héros et la réalité de la vie de policier, entre les mises en scène sur l'écran et les vrais dangers encourus. Ils n'étaient pas dupes : la réalité journalière des policiers leur était trop connue. En matière de stéréotype et de modèles familiaux aussi, le risque d'influence est d'autant plus faible que l'enfant vit journellement chez lui une réalité différente.

Dans les familles où les mères se voient consignées dans le rôle traditionnel de la mère de famille, l'enfant vivra les stéréotypes de certains spots publicitaires comme le simple reflet de sa réalité, comme un miroir de la vie telle qu'elle est. C'est en cela que la publicité comme d'ailleurs la plupart des téléfilms et séries télévisées perpétuent le statu quo.

Par nécessité la publicité cherche à plaire ou en tout cas à ne pas heurter les personnes qu'elle vise. La publicité télévisée vise en général tout le public, c'est-à-dire statistiquement plus de personnes modestes que de personnes aisées. Or, lorsqu'on présente à celles-là différents projets de film, les scènes s'écartant des modèles traditionnels sont moyennement accueillies. De même tous les enfants préfèrent les publicités où la mère est jeune et jolie même si cela est irréel. Mue par une finalité commerciale la publicité colle donc aux souhaits des personnes à qui elle s'adresse, même si ceux-ci sont critiqués par ceux à qui elle ne s'adresse pas. Comme on le voit sa marge de manœuvre est étroite. On ne saurait attendre d'une institution, dont un des moyens essentiels est de plaire aux personnes à qui elle s'adresse, d'endosser un objectif pédagogique qui aboutira à l'inverse. Certainement elle peut proposer des modèles en évolution, mais jamais au-delà de ce que le public-cible considère comme acceptable. C'est pour cela aussi que la publicité télévisée est nécessairement en retard par rapport aux attentes des parents ayant déjà entamé le changement.

Au terme de ce chapitre, que conclure ? Sur le plan scientifique, le mode d'influence de la publicité sur les enfants est désormais assez bien connu, comme le sont aussi ses effets à court terme. En revanche nous sommes encore ignorants des effets à long terme de l'exposition répétée à la publicité. Par exemple quelles seront les habitudes diététiques des futurs adultes exposés dès leur plus jeune âge aux publicités incitant à consommer des produits sucrés ? Quelle sera l'influence du cumul des messages sur les valeurs de cet adulte ? Les théories existantes autorisent aussi bien des prévisions optimistes que pessimistes. Mais la recherche sera délicate tant il est parfois difficile de séparer les causes potentielles. L'exemple suivant illustre la tâche formidable voire impossible qui attend les chercheurs.

La publicité cause-t-elle la violence ? C'est en tout cas une hypothèse fréquente : « Que reste-t-il de cette immense mise en scène publicitaire ? Une immense convoitise, les jeunes veulent consommer, surconsommer. Et comme ils ne le peuvent pas, ils volent... ils chapardent quand ils ne se livrent pas à la violence » [29]. Cette attribution d'un effet (la violence) à une cause (la publicité) ne sera pas évidente à vérifier : la violence naît aussi de la crise économique, du chômage, de la baisse de l'autorité paternelle dans certaines familles, de l'urbanisme, de l'absence d'aires de jeu rejettant les adolescents dans la rue. Les modèles de violence se trouvent-ils dans la publicité ou dans les séries, les films et feuilletons qui composent les programmes ? 70 % de la publicité est consacrée aux produits alimentaires, aux produits d'entretien et aux produits d'hygiène et cosmétique. La « convoitise » spécifique ainsi créée est-elle vraiment susceptible de déboucher sur les vols de Porsche, de BMW ou de Mercedes (les voitures les plus volées en France) ? Il sera bien difficile d'apprécier la contribution de la publicité à la violence.

10. Psychologie des parents

En définitive, face à ce que l'on sait désormais de l'influence publicitaire, toute décision prise en matière de réglementation, d'éducation ou de libéralisation dépendra de ce que la société juge souhaitable, tolérable ou inacceptable. Or il n'y a pas de consensus, loin de là, sur les jugements portés. Par exemple, pour certains il est intolérable d'être « harcelé » par les demandes des enfants, pour d'autres sans être souhaitable cela est considéré comme normal. Certains parents sont très inquiets de voir leurs enfants à ce point absorbés par la publicité, d'autres n'y voient rien à redire, au contraire : pour eux, la vision d'images idylliques a la vertu de faire contrepartie aux horreurs montrées dans le programmes ou au journal télévisé.

Manifestement les jugements portés sur ce qui est acceptable et ce qui ne l'est pas varient fort suivant les parents. En France, en 1985, 17 % des femmes considèrent le fait que l'enfant regarde la publicité plutôt comme une mauvaise chose, 25 % plutôt comme une bonne chose et 58 % ne se prononcent pas [87]. Il y a dix ans [28], les chiffres étaient respectivement de 30 %, 26 % et 45 % : le clan des partisans est resté stable, les opposants sont devenus plus nuancés.

Quelles sont les bases de ces attitudes positives et négatives? Pourquoi face aux mêmes faits, aux mêmes données objectives de l'influence publicitaire certains parents porteront un jugement positif et d'autres négatif?

Ce chapitre explorera les motivations qui sous-tendent ces jugements. Qu'y a-t-il derrière le fait qu'une partie des parents ait une attitude favorable vis-à-vis de l'influence de la publicité sur l'enfant? De même quelles valeurs fondamentales sont heurtées chez les parents hostiles à cette influence? Car n'en doutons pas les jugements portés par les uns et les autres découlent de leurs valeurs fondamentales. Le meilleur témoin en est la violence du langage souvent utilisé pour qualifier l'influence publicitaire : « Résister au matraquage, enfant traqué, hypnotisé, agressé, captif, otage, rapt de l'enfant, viol de l'enfant... ». On ne peut qu'être frappé par l'usage du vocabulaire de kidnapping ou même d'abus sexuel. L'influence publicitaire est assimilée ici aux inconnus qui offrent des bonbons aux enfants innocents à la sortie de l'école, des inconnus qui désormais pénètrent dans la maison par le canal des ondes.

Quelles sont ces valeurs heurtées de plein fouet ou au contraire satisfaites? Il ressort de nos travaux que les jugements portés par les parents sont liés à leurs représentations de l'enfant, à leurs attitudes éducatives, à leurs représentations de la télévision, et à leurs attitudes politiques. La relation enfant-publicité se trouve en fait au confluent de trois attitudes de base : vis-à-vis de l'enfant, vis-à-vis des médias et de la télévision en particulier et vis-à-vis de la société.

Les images de l'enfant chez les parents

L'enfant n'est pas une donnée objective. Face à un être à ce point différent d'eux, les adultes adaptent leur comportement en fonction de la représentation mentale qu'ils se font de cet être. Historiquement plusieurs représentations ou « images » de l'enfant ont prévalu en France et marqué les pratiques éducatives : ces représentations coexistent dans la société actuelle.

Au cours de l'histoire, la manière de percevoir et de penser l'enfant a évolué, expliquant les mutations de ses conditions de vie, de son statut et du comportement des adultes à son égard. Comme l'a montré P. Ariès, au Moyen Age et longtemps après encore dans les classes populaires, les enfants étaient confondus avec les adultes, dès qu'on les estimait capables de se passer des mères et nourrices, vers sept ans environ [10].

Dès ce moment ils pénétraient dans la communauté des adultes et participaient à la vie de ceux-ci : compagnons naturels de l'adulte, ils s'initiaient très tôt à la vie, par l'apprentissage professionnel, par l'immixtion totale dans la cité. Dans la vie quotidienne, on n'avait pas idée de cette ségrégation des enfants à laquelle nous sommes aujourd'hui si habitués. A cette époque donc, l'enfant n'a pas de statut propre.

Selon Ariès, à partir du XVe siècle, sous l'influence des moralistes, on admet désormais que l'enfant n'est pas mûr pour la vie, qu'il faut le soumettre à un régime spécial, à une quarantaine, avant de le laisser rejoindre les adultes : aussi retire-t-on les enfants de la vie commune, de la participation journalière au monde adulte. Le développement des écoles vise à isoler l'enfant du monde souillé des adultes, dans le but de maintenir l'innocence primitive et de le dresser pour mieux résister aux tentations des adultes. Cette mutation marqua la victoire des moralisateurs sur les humanistes, peu soucieux d'une formation spécifique pour l'enfant, mais concevant l'éducation comme un apprentissage permanent étalé sur toute la vie, au contact de la vie. L'enfant est ainsi devenu une catégorie singulière : né innocent et pur il faut le protéger des adultes et de la société.

L'analyse de la façon dont la littérature du XIXe siècle a représenté l'enfant [41] révèle l'apparition d'un enfant plus autonome, soit contestataire (Gavroche), soit simplement explorateur, aventurier et solitaire. Après la deuxième guerre mondiale, on a assisté à un développement spectaculaire de ce dernier modèle : l'enfant est vécu comme un être assez autonome et complet. Sur le plan pédagogique, Spock, Illitch ou Neill insistent sur la nécessité de préserver une liberté totale pour l'enfant, de ne plus le réprimer, le forcer, le contraindre. Les héros à la mode (Tintin) représentent cet enfant autonome et témoignent de la prise d'indépendance précoce de la jeune génération [42]. De plus, ce héros reporter-détective inverse la relation traditionnelle entre l'adulte et l'enfant : loin d'être inférieur à celui-là, il est au moins son égal.

Les représentations de l'enfant ne disparaissent pas au profit des suivantes. En réalité, en France, en 1985, elles coexistent dans la société : une partie importante des adultes souscrit au modèle de l'enfant pur à protéger, une autre croit à l'enfant libre et autonome. Ces représentations sont mêmes présentes ensemble chez certains parents, créant un désarroi éducatif, et par suite une ambivalence par rapport au phénomène publicitaire. Ces trois situations sont présentées ci-dessous.

1. Pour les parents du premier type, l'enfant est fragile : il faut donc le protéger en organisant autour de lui un cocon. La cité moderne est caractérisée par la coexistence d'un grand nombre de valeurs antagonistes. Ils pensent que l'enfant « fragile » ne pourra reconnaître le bon grain de l'ivraie, ne saura qui croire et qui suivre. Désireux d'inculquer leurs propres valeurs à l'enfant, face à la menace créée par les messages des autres institutions de socialisation, la stratégie éducative logique de ces parents est d'aseptiser l'environnement de l'enfant, afin de le purger des contre-messages.

La télévision va à l'encontre de cet objectif : ouverte spontanément par l'enfant de trois ans, elle marque la fin du monopole éducatif.

Ces parents souhaitent différer le plus tard l'intégration de l'enfant dans la société, afin qu'il puisse résister aux sirènes des contre-valeurs. La télévision marque la fin de l'intégration différée. Fenêtre principale de l'enfant sur le monde, elle lui présente en vrac le monde tel qu'il est : guerres, paix, crises, violence, matérialismes, sexualité. De plus, au niveau publicitaire elle contredit la volonté de maints parents d'insuffler aux enfants des valeurs d'être plus que d'avoir, et sur un plan très concret elle diffuse un message contraire aux valeurs nutritionnelles qu'ils défendent. Tel est le vécu des parents de ce premier type.

Or la télévision échappe à leur contrôle. tant qu'il s'agit de l'instruction de leurs enfants, les parents peuvent choisir l'environnement aseptisé correspondant à leurs valeurs : école laïque ou école catholique. Ce n'est pas possible pour la télévision : les parents ne sont pas là pour surveiller ce que l'enfant regarde en leur absence. Le « contrôle du cerveau » de l'enfant leur échappe, ce qui engendre la colère. Loin donc de pouvoir élever l'enfant en environnement contrôlé, la télévision amène dans la maison même les modèles et valeurs contestées, dont on veut préserver l'enfant. D'où le cri unanime des parents du premier type : qu'on leur « fiche la paix » ! Lors d'un débat sur la publicité et l'enfant*, l'Administrateur de l'Union Nationale des Associations Familiales témoigne bien de cette exacerbation : « Pour nous les mass médias introduisent dans la vie de la famille un certain nombre d'idées, d'impressions et de slogans..., qui interfèrent avec les valeurs et les notions que les parents proposent... Je sais que beaucoup contestent cette vulnérabilité de l'enfant mais pour nous elle existe... (il s'agit) pour les parents d'exercer leurs libertés éducatives dans les meilleures conditions. »

Sur le plan psychologique, il n'est pas certain que, pour éviter qu'un adolescent ne succombe aux « contre-valeurs », la meilleure stratégie préventive soit de le laisser pendant son enfance dans un environnement aseptisé. De nombreuses recherches ont montré qu'il existait un parallèle entre la persuasion et les épidémies. Pour résister à un virus, la meilleure prévention consiste à injecter une partie du virus : c'est ce que l'on appelle, en médecine comme en persuasion, l'inoculation [84]. Aussi on peut se demander si le vœu des parents du premier type ne traduit pas autant leur souci de protéger l'enfant que leur souci de ne pas être eux-mêmes dérangés.

* I.R.E.P., *L'Enfant et la Publicité*, Séminaire de l'Institut de Recherches et d'Études Publicitaires, Avril 1979, p. 127-128.

2. Les parents du deuxième type souscrivent au modèle de l'enfant autonome, individu à part entière dans la famille, ayant le droit à l'expression. Non seulement ils reconnaissent ce droit, mais ils l'encouragent : or le domaine des décisions économiques est un de ceux où il est facile d'engager la discussion avec l'enfant. Leur stratégie éducative ne consiste ni à tout réglementer, ni à tout autoriser, mais à suivre un modèle d'éducation souple [97]. Ils mettent à profit l'autonomie de l'enfant pour le former à sa future vie d'adulte. Ils lui confient tôt quelque argent de poche pour le responsabiliser dans ses choix, ils négocient avec lui ce qu'il peut ou ne peut pas obtenir, ce qu'il doit acheter sur son argent de poche et ce qu'il peut demander, ils lui expliquent les raisons des refus. Ils le font même participer aux prises de décisions d'achat importantes [98]. Chez ces nouveaux parents, les notions d'ordre et d'autorité patriarcale monolithique ont perdu leur sens.

Ne cherchant pas à mettre l'enfant en « quarantaine », mais au contraire à le frotter à la vie en lui offrant des occasions de faire ses propres expériences, ils ne sont pas dérangés par les messages à la télévision. Mais pour inoculer l'enfant, ils engagent souvent la discussion sur ce qu'elle présente. Ils participent activement au décodage de la télévision par l'enfant : or les expériences montrent bien que la présence d'un parent influence considérablement ce que l'enfant retire d'un message [45]. Les nouveaux parents acceptent un certain débat avec l'enfant.

3. Les parents du troisième type sont pris entre les deux modèles contradictoires précédents. Ils doivent faire face à la montée de l'autonomie de leurs enfants, mais hésitent quant au modèle éducatif à suivre. Depuis Spock la contrainte est hors la loi, les concepts d'ordre et d'autorité sont passés de mode [117]. Pourtant ces parents ressentent une tentation autoritariste pour reprendre le contrôle de l'enfant, et exercer leur pouvoir tutélaire comme ils le souhaitent. Sensibilisés par les multiples théories pédagogiques à la mode, ils ont peur de commettre des erreurs, peur accentuée par le fait qu'ils cherchent à construire un enfant idéal. Cet objectif mythique débouche nécessairement sur une forte frustration [155].

Ils se sentent un peu dépassés par la montée de l'enfant autonome. Avant, les enfants n'avaient pas droit à la parole, ils ne la prenaient que si on la leur accordait. Aujourd'hui, ils émettent spontanément des avis même sans y être invités, ils expriment des désirs et réclament des produits. Le bon enfant n'est plus l'enfant sage d'autrefois, mais l'enfant spontané. N'osant réagir par la répression, l'enfant roi devient pour eux l'enfant poids. La télévision et en particulier la publicité se voient en général accusées de ce changement social et des difficultés qu'il engendre dans les rapports parents-enfants. A la limite ils projettent sur la télévision leur culpabilité de trop « céder » à l'enfant. Sentant échapper l'éducation de leurs enfants, ils en attribuent la cause au trop grand pouvoir d'influence des médias et de la publicité. Comme l'écrit Fischler [66], d'une certaine façon le mythe de l'efficacité publicitaire absolue et l'angoisse qu'il suscite chez certains parents constituent un révélateur de la crise profonde qui secoue les relations familiales et l'autorité parentale.

Il est vrai que maints parents sont désabusés par leur impuissance. L'autorité paternelle reposait jadis sur trois piliers : l'amour, le savoir et l'argent. Désormais les enfants dépassent leurs parents dans la maîtrise de l'informatique et dans les nouveaux médias. La publicité elle-même leur donne l'impression d'en savoir plus qu'eux sur les produits (« On peut leur donner des tuyaux ! »). Si dans la famille les réactions affectives sont tendues, il ne reste plus que le lien économique, le rapport de dépendance financière. Chaque demande de produit prend une coloration d'autant plus amère, signe de l'échec pédagogique et affectif. La publicité est englobée dans le ressentiment qu'il suscite.

Quel poids sociologique chacun de ces trois types représente-t-il ? Faute de sondage national ayant porté spécifiquement sur le sujet, nous ne pouvons que répondre de façon indirecte. En octobre 1979, la Commission des Communautés Européennes fit procéder à un sondage dans les neuf pays de la Communauté sur les attitudes des parents à l'égard de l'enfant et de son éducation. Il est significatif que la France est, de loin, le pays d'Europe où l'on déclare le plus (33 %) que les parents ont tendance à trop tenir compte de l'avis des enfants (tableau 1).

TABLEAU 1. LES ATTITUDES ÉDUCATIVES DES PARENTS

Actuellement les parents ont tendance à trop tenir compte des avis des enfants :

Pays	% des parents adhérant à cette opinion
France	**33 %**
Italie	29 %
Belgique	25 %
Luxembourg	23 %
Pays-Bas	22 %
Royaume-Uni	16 %
Irlande	15 %
Danemark	11 %
Allemagne	11 %

Avec l'Italie, la France est aussi le pays où l'on considère le plus que les parents gâtent trop leurs enfants (67 % de oui) et ne font pas assez preuve d'autorité (63 %). Un tiers des parents trouve donc que l'on va trop loin dans l'abandon de pouvoir à l'enfant; deux tiers estiment que l'éducation est trop permissive.

C'est la coexistence des trois attitudes par rapport à l'enfant dans nos sociétés modernes qui explique le caractère ambigu des réglementations concernant la programmation télévisée et en particulier la publicité. Les interdictions de certaines techniques de persuasion s'inscrivent, on l'a vu, dans une conception d'enfant à protéger. Mais le fait qu'à de rares exceptions près, la plupart des pays autorisent la publicité destinée aux enfants aux heures où ceux-ci regardent le plus, témoigne d'une volonté d'encourager les expériences précoces de l'enfant, donc son autonomie. Enfin certains articles de la réglementation semblent obéir plus au souci de protéger les parents que de protéger l'enfant.

Le malaise face à la télévision

S'étant développée en même temps que les récentes transformations sociales et familiales, certaines souhaitées d'autres mal vécues, la télévision est devenue le bouc émissaire commode de ces dernières. Pourquoi la télévision inquiète-t-elle tant certains parents? Parce que, pour ces derniers, la nature même de cette communication audiovisuelle électronique conduit à la perte de l'esprit critique et du raisonnement. Cette crainte déjà ressentie pour des adultes [85] est portée à son paroxysme dès que l'on parle des enfants.

La plupart des parents actuels appartiennent à la galaxie de Gutenberg : le média de leur enfance était l'écrit. Or la relation du lecteur à l'écrit est une relation de distanciation. Souvent physiquement *au-dessus* de ce qu'il lit, le lecteur peut décortiquer le verbe, éplucher les mots, analyser le sens. Il s'agit avant tout d'un décodage séquentiel, analytique, linéaire : le lecteur contrôle et maîtrise le stimulus. Cette communication interpelle essentiellement l'hémisphère cérébral gauche, celui de la logique et de la critique [171].

Dans la lecture d'un roman, le lecteur comprend d'abord puis ressent éventuellement une émotion. L'audiovisuel se ressent *avant* qu'il ne se comprenne. A la différence du lecteur au-dessus de son texte, le spectateur est *dans* le message par le son qui l'entoure de ses vibrations. L'image et le son sollicitent donc les sens avant de faire appel à l'intelligence [16]. L'émotion et l'affectivité sont stimulées avant la compréhension et la critique.

Or dans un monde qui survalorise le rationnel, on s'est longtemps méfié de l'imaginaire, de l'irrationnel et des émotions. L'univers audiovisuel les réintègre avec force et réactive la crainte devant l'affectivité, c'est-à-dire la perte du contrôle de soi. La communication télévisuelle supprime la sécurité psychologique de maints adultes. Se sentant eux-mêmes menacés de manipulation malgré leurs considérables défenses cognitives, ils sont a fortiori persuadés que l'enfant sera le jouet de la communication télévisée, et surtout de celle qu'il consomme avec plaisir : la publicité. Après tout, les enfants sont plus sensibles à la partie non verbale d'une communication qu'aux phrases dont ils ne perçoivent pas tout le sens. Ils tirent leurs impressions des gestes, postures, expressions du visage, tons de voix, mélodies musicales. Quand leurs capacités verbales se développent, ils ne perdent pas leur réceptivité à la communication non-verbale. Ce qui interpelle tant d'adultes c'est précisément que les nouveaux médias ont été de suite adoptés par les enfants.

Nul doute que l'engouement des enfants pour l'électronique et l'informatique ne soit aussi considéré par certains parents comme particulièrement dangereux. Il est vrai que désormais dépassés par le savoir de leurs enfants, leur dénigrement des technologies modernes permet de compenser l'empiètement sur une des trois bases séculaires de l'autorité paternelle : le savoir.

La consommation culpabilisante

Les jugements concernant l'influence publicitaire sur l'enfant ne peuvent être dissociés des attitudes générales vis-à-vis de la consommation. Certains parents l'assument complètement. D'autres préfèrent des valeurs d'être aux valeurs d'avoir. D'autres enfin vivent la consommation de façon coupable. Ils cèdent à leurs propres désirs et en retirent une forte culpabilité. Pour compenser ce sentiment, excuser leur faiblesse et se déculpabiliser, ils surestiment le pouvoir de la publicité à leur égard. Le vocabulaire employé pour décrire l'influence publicitaire est révélateur : on parlera de « séduction maléfique », « d'images ensorceleuses auxquelles rien ne résiste ». L'assimilation de la publicité au malin, à Satan, situe le problème dans le domaine du bien et du mal et de la lutte contre le péché. Acte inconscient ou volontaire, la pomme annonçant le début et la fin des publicités sur Antenne 2 ressemble au symbole du péché originel.

Pris entre leur désir et le désir de réprimer ce désir, ils dégagent une partie de leur responsabilité en entretenant le mythe de la manipulation publicitaire. Ce délire d'influence de la publicité sur eux-mêmes, adultes responsables, les conduit nécessairement à exacerber cette surestimation quand il s'agit du symbole même de la fragilité, de l'innocence et de la pureté : l'enfant. Cédant aux demandes de l'enfant qu'ils devraient théoriquement préserver, leur culpabilité n'est que plus forte.

Style d'enfant ou style de société ?

Les jugements portés sur l'enfant et la publicité ont aussi un soubassement politique. La publicité est un des moteurs de la société de consommation, elle en est aussi le miroir. Une partie de l'opinion rejette les valeurs et les fonctionnements de cette société ; d'autres s'en satisfont ou s'y trouvent complètement bien. N'ayant pas de contrôle sur les médias et encore moins sur la publicité, les premiers ressentent comme une agression les modèles culturels véhiculés par la publicité. Ils craignent qu'un conditionnement précoce de leurs enfants n'empêche la société d'évoluer.

C'est pourquoi le discours des adultes sur l'enfant est aussi un discours à partir de l'enfant. En portant un jugement de valeur sur ce qu'il advient à l'enfant, on exprime aussi ses propres souhaits vis-à-vis du futur de notre société. L'enfant est un symbole d'avenir, le discours sur l'enfant est un discours sur le présent et l'avenir de la cité.

Porteur des attentes de changement social d'une partie de l'opinion, il semble que l'enfant n'ait pas répondu comme elle l'attendait. La précocité de l'enfant consommateur, émerveillement des uns, est source d'inquiétude pour les autres car elle témoigne à leurs yeux de la puissance des conditionnements sociaux.

11. Libérer ou réglementer la publicité ?

Quelles sont les implications de cet ensemble de connaissances sur la réglementation ou au contraire la libéralisation de la publicité destinée aux enfants ? Dans ce chapitre nous examinerons la plupart des prises de positions relatives à la publicité et l'enfant, à la lumière de ce que nous avons appris. Notre objectif n'est pas de proposer des codes, des réglementations, des libéralisations et des programmes d'instruction, mais de clarifier les problèmes. Les données scientifiques sont une aide à la décision mais, à elles seules, ne peuvent dicter les décisions à prendre. Celles-ci dépendent des valeurs et des objectifs poursuivis.

Deux exemples illustrent la difficulté de passer du fait observé à un ensemble de décisions relatives à ce fait. Les publicités pour produits d'entretien présentent dans 90 % des cas une femme en train de nettoyer, récurer ou laver, etc. Rares sont les cas où l'on voit des hommes ne fut-ce que participer à la tâche. Supposons que l'on doive fixer un pourcentage minimal de publicités présentant les rôles masculins et féminins de façon moins stéréotypée. Ce chiffre dépendra de l'objectif assigné par la société aux médias et en particulier à la publicité :

— Si l'on estime que les médias doivent contribuer activement au changement social, on exigera que 50 % des publicités pour produits d'entretien présentent des hommes participant activement aux tâches ménagères.

— Si l'on estime que le rôle des médias est de donner une vision exacte de la réalité sociale et de ne pas amener l'enfant à se faire une fausse représentation de cette réalité, on exigera que le nombre de spots représentant le stéréotype de la mère-ménagère ne soit pas inférieur à 80 % de l'ensemble.

— Si l'on estime que le rôle de la publicité est de vendre et de créer à cette fin des situations où l'enfant et l'adulte peuvent se projeter, on ne fixera aucun chiffre. Dans le processus de création des campagnes publicitaires à la télévision, on interroge systématiquement les consommateurs du groupe visé pour avoir leur avis sur les détails du film, les situations et les personnages. Ce processus garantit l'adhésion des consommateurs du groupe visé aux situations présentées. Si l'on estime que la publicité ne doit obéir qu'à ce seul troisième objectif, elle doit présenter des scènes susceptibles de plaire au public visé, même si elles déplaisent au public non visé par la campagne.

Ainsi un même constat (la publicité présente des stéréotypes) peut justifier trois politiques très différentes : tout dépend des buts assignés aux politiques mises en œuvre. Dans les démocraties, une des difficultés de l'élaboration de directives concernant les médias et la publicité tient à l'existence de divergences quant aux buts à assigner. Par exemple, c'est un fait que la majorité des publicités présente une famille idyllique, où la jeune et jolie maman est tout sourire, ainsi que le gentil mari et les gentils enfants. Cette situation de fait doit certainement changer si l'on estime que les médias ne doivent pas présenter une vision déréalisante du monde. Cependant, interrogé sur cette question, le Professeur Gratiot-Alphandery* estime qu'il ne faut surtout rien changer. En faisant une grande place à l'imagerie du bonheur, la publicité offre un répit à l'angoisse profonde créée chez les enfants par les programmes de télévision : violence sans moralité, monde menaçant générateur d'anxiété et de peurs. Ce professeur conclut ainsi : « Vos histoires de publicité c'est de la foutaise. Je comprends une de mes amies qui me dit « La publicité c'est la seule chose que je laisse regarder à mes enfants » ». Lequel des deux points de vue est dans le vrai ?

Aucun. Il s'agit de deux objectifs, de deux systèmes de valeurs différents. La science s'arrête-t-elle alors au niveau du constat, en laissant les valeurs dominantes l'emporter sur les valeurs dominées? Non. Elle peut contribuer à faire avancer le débat en essayant de mesurer, à court et moyen terme, les conséquences sur la vision du monde par l'enfant d'une exposition répétée à des messages idylliques; elle les comparera avec les conséquences de la vision répétée de messages de guerre, de crises, de menaces, lorsque cette vision n'est pas

* Professeur Gratiot-Alphandery, Auditions de la Commission Scrivener, Paris, 1979.

contrebalancée par celle idyllique des familles publicitaires. Mais à un moment ou à un autre, il faudra bien déterminer quelles conséquences on préfère.

Les principales questions relatives à l'enfant et la publicité sont examinées successivement ci-dessous. Nous indiquons le point de vue de la recherche chaque fois que le problème n'est pas purement un conflit de valeurs. La publicité étant interpellée à la fois au niveau des moyens qu'elle met en œuvre et au niveau de ses effets à court et long terme nous aborderons séparément ces deux volets.

Quelles techniques posent problème ?

L'Article 15 du règlement de la Régie Française de Publicité stipule « qu'aucune méthode de publicité radiophonique ou télévisuelle ne doit profiter de l'impressionnabilité et de la faculté de croire propres aux enfants ». De même l'Article 13 du Code de la Chambre de Commerce Internationale précise que « la publicité ne doit pas exploiter la crédulité naturelle des enfants »...

S'ils devaient être respectés à la lettre, ces deux textes impliquent la cessation immédiate de toute publicité destinée aux enfants. Comme nous l'avons montré aux chapitres 3, 4 et 6, les études scientifiques convergent dans leurs conclusions : en-dessous de 7/8 ans l'enfant n'a pas conscience de l'intention persuasive des messages publicitaires. Il n'a pas les défenses cognitives lui permettant de prendre le recul nécessaire face à ces messages.

En 1979 le groupe de travail réuni à l'instigation du Secrétaire d'État à la Consommation concluait : « Toutes les études disponibles à ce sujet montrent au contraire une extraordinaire capacité critique des enfants à l'égard de la publicité ». On ne peut qu'être surpris par les mots « Toutes les études ». En réalité la plupart des études scientifiques, réalisées en France comme aux États-Unis, au Canada ou dans les autres pays européens, aboutissent à la conclusion inverse. Sans reprendre les faits développés aux chapitres 4 et 6, certes les enfants critiquent les films, mais c'est surtout le cas dans les situations d'interview où ils sentent qu'on attend d'eux d'agir en adultes. D'autre part ces critiques sont faites un peu « au hasard » : l'enfant les fait porter sur des points qui n'ont pas de pertinence par rapport au fond du message. A contrario cela indique qu'il acceptera des messages sur la base de détails aléatoires.

Pour preuve de la « totale lucidité de l'enfant face à la démarche publi-promotionnelle » et de sa capacité à être un consommateur avisé et logique, on prend souvent l'exemple du processus de décision d'achat de jouet : loin de se jeter sur le jouet vu dans la publicité, il va le regarder en magasin, bien vérifier ses caractéristiques et même éventuellement rechercher l'assentiment du groupe des copains. Cet exemple renvoie à une réalité, mais définit aussi les limites des conclusions qu'il autorise. L'influence publicitaire varie suivant deux dimensions : une dimension d'implication (importance) et une dimension pensée-sentiment. Le jouet est typiquement un objet jugé important et mettant en œuvre un processus de décision plutôt fondé sur la pensée (le jouet a-t-il bien toutes les caractéristiques désirées ?). En ce cas, le processus d'achat ci-dessus est probable. Mais il ne l'est pas pour l'achat de produits soit de faible implication soit à dominante « sentiment » (alimentation, boissons, confiseries, petits gadgets).

Enfin, parler « d'enfant » c'est masquer la réalité : on doit distinguer l'enfant de moins de 7/8 ans qui n'a pas encore intégré le concept d'intention persuasive et son aîné. Notons que le premier a aussi plus tendance à choisir par des modes de décision de type « sentiment », rendant l'application de la lucidité et de l'objectivité plus délicate.

Face à la réalité psychologique de l'influençabilité des enfants, les mesures prises varient d'un pays à l'autre :

— Le Québec interdit toute publicité télévisée destinée aux enfants de moins de 13 ans. Il en va de même de l'Autriche.

— Les Pays-Bas ont interdit toute publicité télévisée avant 19 h 55, jusqu'à une date récente.

— La plupart des pays occidentaux ont mis en œuvre des réglementations sur certaines techniques publicitaires précises (témoignages d'enfants, témoignages d'adultes, usage de héros, modes de présentation visuelle et sonore, etc.).

Selon nous, le problème moral se résoud à une alternative : estime-t-on oui ou non qu'il est *répréhensible en soi* de faire usage de moyens (la publicité) tirant une partie de leur efficacité de la faiblesse du développement cognitif des personnes visées (les enfants et surtout ceux de moins de 7/8 ans) ? En d'autres termes doit-on juger la publicité sur les moyens mis en œuvre ou sur les effets ?

— Si l'on estime qu'il est *en soi immoral* de tirer parti de l'absence de défenses cognitives chez l'enfant, l'interdiction est une décision logique.

— Si l'on estime que la preuve d'effets nuisibles pour l'enfant doit d'abord être apportée, l'interdiction de la publicité destinée à l'enfant ne découle pas ipso facto. Elle dépend des jugements qui seront portés sur ces effets.

La réglementation en vigueur en France et dans la plupart des pays occidentaux traduit une certaine ambiguïté et hésitation quant à l'éthique à suivre.

(i) La publicité visant l'enfant est autorisée : cela indique que les pouvoirs publics n'ont pas fondé leur décision sur le principe du caractère peu moral de toute tentative de persuasion visant l'enfant, mais ont tenu compte de l'absence de conséquences graves (à leurs yeux) de la publicité sur l'enfant.

(ii) Certaines techniques publicitaires sont interdites, alors qu'il n'est pas prouvé non plus qu'elles aient la moindre conséquence grave pour l'enfant. Par exemple en France l'enfant ne peut dire « Achetez X c'est bon ». Il s'agit donc bien d'un jugement sur le *principe* de la méthode et non sur ses effets. L'hésitation entre le jugement de principe et la prise en compte des conséquences avant de juger est manifeste dans un autre article de la Régie Française de Publicité : l'enfant n'a pas le droit d'être prescripteur d'un produit ou d'un service (Art. 15). Cette interdiction repose sur le caractère intrinsèquement immoral de l'usage d'enfants pour influencer d'autres enfants et même les adultes. Il s'agit donc d'un jugement sur le principe de la méthode, jugée en soi non conforme à l'éthique. Mais, curieusement, cette interdiction peut être levée s'il s'agit de produits « incontestés » (par exemple : le dentifrice, les pansements adhésifs) : en d'autres termes, la technique en soi scandaleuse ne l'est plus si elle est au service d'une « bonne » cause.

La non interdiction de la publicité visant l'enfant traduit donc un mode de décision fondé sur l'examen des effets plus que sur celui des moyens mis en œuvre. Elle témoigne aussi de la difficulté à traduire en décisions les résultats démontrant la maturité publicitaire croissante des enfants avec l'âge. Idéalement on souhaiterait pouvoir limiter les décisions aux plus jeunes. Mais comment isoler ceux-ci de leurs aînés ? Une tactique consisterait à limiter le volume publicitaire (ou à le supprimer) aux heures réputées pour enfants en bas âge. Mais aujourd'hui les enfants regardent un peu à toutes les heures. Les Pays-Bas ont fixé la barre à 19 h 55 : après cette heure les parents sont en général rentrés au domicile. Ils sont libres de laisser leurs enfants regarder ou non alors les publicités pour enfants, programmées après 19 h 55.

La majorité des pays occidentaux, dont la France, a suivi une autre philosophie : aider le plus possible l'enfant. Par exemple, le principe d'une nette césure indiquant : « Voici de la publicité » a été retenu par la R.F.P. Aux États-Unis pendant longtemps, tout était fait au contraire pour gommer le plus possible toute césure entre les programmes et la publicité, rendant possible une certaine confusion des genres chez l'enfant. En France, pour éviter que l'enfant ne patisse trop de son manque de défenses cognitives, on a interdit certaines techniques :

— Les personnages de fiction classiques ou célèbres ou à la mode, jouissant d'une grande notoriété, ne peuvent être utilisés dans la publicité destinée aux enfants.

— Les enfants ne peuvent être prescripteurs. Ils ne doivent pas prononcer le nom du produit, porter un logo, une marque ou une inscription commerciale sur leurs habits (sauf exceptions pour les produits « incontestés »).

— La description écrite, sonore ou visuelle des jouets ne doit pas être susceptible d'induire en erreur quant aux caractéristiques des jouets (par exemple : performance, vitesse, durabilité, solidité, dimensions). La R.F.P. veille en particulier à ce que l'usage de ralentis ou d'accélérés ou de bruits et atmosphères réalistes ne soit pas trompeur, ou en tout cas susceptible d'être pris à la lettre par l'enfant non habitué à décoder les promesses publicitaires.

Ces limitations sont effectivement de nature à rééquilibrer un peu la relation annonceur-enfant. Mais ne nous méprenons pas, la publicité ne se réduit pas à deux ou trois techniques : elle est faite pour influencer et y parvient même dans le cadre des limitations définies par le B.V.P. et la R.F.P. Son efficacité demeure donc, et les enfants en bas âge continuent à y être plus sensibles que leurs aînés. La stratégie du patchwork consistant à interdire quelques techniques n'est pas un exemple de rationalité. Si l'on estime que la publicité n'a pas d'effets négatifs, alors interdire aux enfants de prononcer le nom du produit ou de dire qu'il est bon n'a pas de justification : il faut tout libéraliser (sauf la publicité objectivement mensongère). Si on limite certaines techniques, on voit mal pourquoi s'arrêter à celles-ci : la publicité reste persuasive et sa force continue à dériver en partie de la nature des jeunes interlocuteurs.

Ces hésitations et ambiguïtés des réglementations sont normales. Elles manifestent l'influence simultanée des deux modèles d'enfant présentés au chapitre précédent : l'enfant fragile et l'enfant autonome, l'enfant à protéger et l'enfant à former par l'expérience. Elles traduisent aussi l'absence de certitudes de leurs auteurs : peut-on rester libéral uniquement à partir d'un constat d'absence de conséquences très négatives pour l'enfant, ou n'y a-t-il pas des méthodes de persuasion en soi répréhensibles ? D'autre part, est-on si sûr des jugements et appréciations portés sur lesdites conséquences ? Précisément nous abordons à présent ce dernier point.

Quels effets posent problème ?

Lorsque l'on se tourne vers les effets prouvés ou hypothétiques de la publicité, en général les évaluations portées ne permettent pas d'aboutir à un consensus.

Ainsi il est vrai que la publicité peut dans un certain nombre de cas induire des conflits dans la relation parents-enfant, surtout à l'occasion de demandes refusées. Une intéressante étude américaine avait identifié des conflits créant une forte frustration chez l'enfant dans 5 % des cas de refus (cf. chapitre 8). 5 % est-ce beaucoup ? Est-ce peu ? Le jugement dépend de la façon dont on perçoit les frustrations et conflits.

Pour certains, la vie offre suffisamment d'occasions de conflits et de frustrations : les familles n'ont pas besoin de ce supplément de frustrations induit par des demandes d'enfants, suscitées elles-mêmes souvent par la publicité. Cependant, l'analyse des conflits révèle qu'ils ne sont pas répartis uniformément suivant les familles. En fait le conflit lié à une demande s'inscrit souvent dans un tissu de relations déjà conflictuelles entre les parents et l'enfant : la demande et les étincelles qui s'ensuivent en sont le révélateur. D'autre part, les conflits et frustrations sont surtout fréquents dans les cas de refus non expliqués. La relation à l'enfant, sèche ou pédagogique, détermine grandement la fréquence des frustrations et conflits. Enfin les demandes d'enfants ne sont pas uniquement déterminées par la publicité. On se rappelle que, dans l'enquête AJM (page 127), 43 % des parents français seulement suivaient la demande de leurs enfants en ce qui concerne les jouets de Noël. Sur ces 43 % de demandes d'enfants, 25 % émanaient de la publicité, soit 10 % de l'ensemble des jouets offerts. Les amis jouent un grand rôle dans la génèse des demandes. De fait la frustration est surtout forte lorsque l'enfant n'a pas le même produit ou vêtement que ses copains. Or on peut difficilement imputer à la publicité la tendance à la conformité régnant dans les groupes d'enfants. Sur le plan factuel, l'attribution à la seule publicité de la majeure partie des frustrations et conflits nés des demandes refusées ne traduit pas la réalité observée.

L'enfant émet des demandes car c'est la principale façon pour lui d'obtenir ce qu'il désire : la plupart des parents ne se sentent pas obligés de céder. Au contraire pour eux le refus est une technique pédagogique, il évite de tomber dans le cycle infernal : aussitôt demandé — aussitôt obtenu. Ils apprennent à l'enfant à convoiter l'objet, à en peser la valeur, afin de mieux l'apprécier lorsqu'il est enfin obtenu. La frustration fait partie de l'apprentissage et du processus de contrôle de ses désirs. Interrogée sur ce thème* Françoise Dolto conclut ainsi : « Ça frustre, et après ? D'abord ce n'est pas sur l'indispensable, ensuite c'est un problème qui concerne les parents. La frustration vient du caractère des parents. »

Le problème de la frustration de l'enfant est posé de façon aiguë dans les milieux défavorisés. Les enfants y regardent plus la télévision : les demandes qui s'ensuivent sont souvent refusées, surtout en ce qui concerne les produits onéreux. Les mères des milieux modestes ayant tendance à moins expliquer leurs refus à l'enfant que les mères des autres catégories sociales (cf. p. 129), la frustration de l'enfant de milieu défavorisé n'en serait que plus forte. Faute d'études scientifiques portant sur cette question rien ne permet à ce jour de dire si cette hypothèse est vérifiée. En revanche, plusieurs psychologues de l'enfance interrogés sur cette hypothèse considèrent que si frustration il y a, elle n'est pas imputable à la publicité. Pour le Professeur Debray-Ritzen** : « La frustration existe mais elle est plutôt moindre chez l'enfant que chez les parents. En effet la conclusion de mes travaux est que les enfants acceptent très vite la « hiérarchie ». L'enfant accepte d'être et de rester à sa place, d'être dominé, d'être plus pauvre, etc. C'est plus tard que les individus se rebellent. La publicité sur les enfants est chargée des problèmes des parents et notamment de leurs frustrations, des démissions des parents sur l'éducation des enfants. » Pour Françoise Dolto : « Les différences perçues par l'enfant, le sentiment de manque qu'il peut éprouver créent un dynamisme. En outre, cela amène l'enfant à parler du budget de la famille. Cela ne peut devenir un traumatisme que si les parents eux-mêmes sont traumatisés ». Selon ces spécialistes de l'éducation de l'enfant, une partie des critiques faites à la publicité vise moins à protéger l'enfant qu'à protéger les parents ne voulant pas être dérangés.

Notre objectif n'est pas de trancher entre ces divers points de vue sur la fonction positive et négative des frustrations, mais de définir les principaux courants de pensée et de clarifier leurs divergences. Il nous semble cependant difficile d'évacuer la responsabilité publicitaire en se déchargeant sur les mauvaises pratiques pédagogiques et les frustrations des parents. La publicité ne doit pas rendre leur tâche impossible. A cet égard le volume des publicités pour produits et boissons sucrées constitue un véritable message anti-éducatif dont nous avons examiné les conséquences au chapitre 9. D'autre part, pour aider les familles à justifier leur refus et à véhiculer les notions de valeur, de budget, et d'argent, il serait souhaitable que les prix soient

* F. Dolto, Auditions de la Commission Scrivener, Paris, 1979.
** Prof. Debray-Ritzen, Auditions de la Commission Scrivener, Paris, 1979.

indiqués dans les publicités de jouets par exemple. Hélas, en France, cela est contraire à la législation sur les prix conseillés.

L'examen d'autres « effets » de la publicité ne révèle pas plus de consensus. Les guillemets signifient qu'à ce jour la filiation causale entre la publicité et les comportements décriés n'est pas démontrée par les études. Par exemple la publicité est accusée de véhiculer des images vulgaires, des slogans grossiers ou bêtifiants. En cela elle contribuerait à l'appauvrissement culturel de l'enfant. Or selon le professeur Debray-Ritzen la richesse du langage de l'enfant dépend avant tout de l'ambiance (famille, entourage, etc.) : « L'enfant avale tout, c'est vrai, mais la censure des parents est facile. La menace culturelle est tout à fait générale, depuis le dessin animé, la bande dessinée, jusqu'aux meubles pour enfants en passant par les jouets... on charge la publicité des problèmes de société, des changements culturels. »

Des zones de consensus existent cependant : ils concernent les stéréotypes et la nutrition des enfants. Certes pas tous les stéréotypes : ainsi de nombreux parents s'inquiètent du discrédit porté aux adultes dans certaines publicités (professeurs ridiculisés, parents dépassés par leurs enfants, etc.). Paradoxalement, Françoise Dolto estime que l'objectif de l'éducation est d'aider l'enfant à se détacher des types idéalisants, donc « plus la publicité ridiculise les parents, plus ils s'en dégagent vite ». il n'est pas dans notre objectif d'infirmer ou de confirmer cette position extrémiste. Elle illustre le fait que les divergences d'opinion renvoient à un désaccord fondamental sur les objectifs de l'éducation des enfants.

Le fait que la publicité doive éviter le plus possible de présenter des discriminations entre garçons et filles est admis par tous. Il fait d'ailleurs partie des recommandations du Bureau de Vérification de la Publicité, en ce qui concerne les jouets. Si possible, les jouets doivent être présentés comme convenant aux deux sexes. On ne verra plus de publicités où le garçon dirait « Ne monte pas dessus, ce n'est pas pour les filles ! ».

La seconde zone cruciale de consensus sur l'évaluation des effets de la publicité pour enfants est celle de la nutrition. On ne trouve pas d'interlocuteurs indifférents aux effets du marketing des produits et boissons sucrées (70 % des spots télévisés pour enfants, omniprésence à portée de main dans les magasins). Les effets anti-éducatifs et contraires à la santé de l'enfant de telles publicités ont pesé lourd dans la décision du Québec d'interdire toute publicité télévisée visant les enfants de moins de 13 ans. Cette démarche est restée à ce jour isolée. La plupart des pays ont choisi la stratégie du rééquilibrage : la publicité est libre, le contre-message étant confié à l'école, à la famille, à quelques émissions télévisées éducatives. Cette stratégie d'équilibre ou de gestion des contre-messages trouvait son parallèle au niveau des adultes dans la coexistence des publicités pour le tabac et des campagnes anti-tabac, ou dans celle des alcools et des croisades anti-alcooliques. Cette stratégie a été abandonnée en ce qui concerne ces deux produits : le coût social de l'alcoolisme et du cancer rendaient irrationnelle et surtout peu efficace la situation de coexistence. En matière de tabac et d'alcool, le remède n'est pas de jouer sur la forme de la publicité, mais sur sa quantité : on a donc supprimé toute publicité télévisée pour ces deux produits et introduit de fortes limitations dans les autres médias.

La poursuite d'une attitude libérale à l'égard du marketing vers l'enfant de produits et boissons sucrées signifie de facto que les conséquences pour la santé de l'enfant sont jugées peu graves, ou en tout cas insuffisantes pour justifier une limitation identique du volume de ces publicités.

L'ambiguïté du laisser-faire

Face à l'inquiétude de maints parents, et aux faits qui la suscitent, les pouvoirs publics ont pendant longtemps fait la sourde oreille et maintenu le statu-quo si ce n'est un certain laisser-faire. La justification avancée était triple. La première reconnaît que les plus jeunes enfants, les plus friands de publicité n'ont pas conscience de son objectif persuasif et sont plus vulnérables (chapitre 3). Mais cet état décroît fortement à partir de 9 ou 10 ans, et les enfants ne semblent pas porter les traces de leur vulnérabilité précédente : au contraire ils deviennent lentement publiphobes. De plus, si un jeune enfant est très déçu par un jouet parce qu'il l'imaginait dix fois plus beau pendant l'exposition à la publicité, cet événement est source d'apprentissage : l'enfant apprend à partir de sa propre expérience à prendre ses distances avec les messages publicitaires. Ce second argument est celui du « four brûlant ». Tant qu'un enfant n'a pas, malgré les mises en garde de ses parents, approché sa main du four, il sera tenté par ce four : seule l'expérience directe fait fonction d'apprentissage. La troisième justification consiste à rétablir l'ordre des priorités. L'essentiel des effets culturels imputés à la publicité semble plutôt causé par les 98 % de télévision non publicitaire (films, dessins animés, feuilletons internationaux, journal télévisé, jeux télévisés fondés sur le gain d'argent, etc.). Il ne faudrait donc pas se tromper de cause en prenant l'ombre pour la proie. De fait, nous l'avons montré au chapitre précédent, la critique anti-publicitaire est en partie une cristallisation devant l'impuissance des parents à déterminer le contenu des programmes du média principal des enfants, la télévision.

Les arguments ci-dessus appellent certains commentaires :

— Pour tirer les leçons d'un achat décevant, il faut être mentalement capable d'interpréter correctement cette expérience. Or compte tenu du degré de développement cognitif du jeune enfant, il n'est pas sûr du tout que l'enfant va attribuer sa déception à la publicité et au fait qu'il l'a lue au premier degré. De plus les petits enfants ont la mémoire courte : tous les parents ont pu vérifier par exemple que leurs jeunes enfants redemandent des fromages qu'ils ont pourtant déjà goûtés quelques mois auparavant et qu'ils n'avaient pas aimés.

— L'enfant comme l'adulte doit être respecté. Il semble que le fait de s'adresser à une personne insuffisamment formée à l'échange persuasif soit *par principe* réprouvé par la société, quelles que soient les conséquences de cet échange (graves ou non).

— Les enfants de 9/10 ans effectivement semblent ne pas porter les traces de leur crédulité antérieure. Ils deviennent plus résistants à la persuasion. Cependant, compte tenu des difficultés de la recherche scientifique, on ne sait pas grand chose des éventuels effets en profondeur : modelage précoce de stéréotypes, d'attitudes matérialistes, de modes non rationnels de choix de produits, de survalorisation des produits. L'incertitude sur ces effets ne signifie pas que le dossier est clos.

— L'argument de l'erreur d'attribution causale signifie certes qu'il faut d'abord se préoccuper du contenu des médias pour enfants. Les efforts doivent porter sur la poutre plus que sur le brin de paille. Il serait en effet dramatique de s'estimer satisfait par la seule action sur la publicité. Celle-ci a l'avantage de pouvoir être plus facilement « contrôlée » que les programmes eux-mêmes, car le monde publicitaire, très soucieux de sa légitimité sociale, tiendra compte derechef des directives d'auto-discipline ou des règlements annoncés. En ce qui concerne la violence, les stéréotypes, la culture, les causes déterminantes semblent ailleurs, en dehors même de la télévision. En revanche, l'argument « c'est pas moi, c'est l'autre » ne peut être invoqué en ce qui concerne l'alimentation de l'enfant et l'incitation précoce à l'auto-indulgence répétée par la seule publicité, en opposition aux normes de nutrition et de diététique que l'enfant apprend de ses parents et de l'école (chapitre 9).

Cet ensemble de commentaires rend intenable la position du laisser-faire total. Quelles mesures prendre alors ?

Rappelons pour cela la leçon principale des études sur l'influence publicitaire : la publicité, faite pour persuader, parvient à cet objectif. Elle suscite le désir chez l'enfant mais :

— Elle n'est pas la seule source du désir.

— Son effet varie considérablement suivant les conditions sociales et psychologiques de la réception du message (développement cognitif, climat familial publiphile ou publiphobe, niveau d'instruction des parents, degré d'attention des parents à l'éducation de l'enfant-consommateur, classe sociale, etc.).

— Ces mêmes variables influencent fortement le passage à l'acte par l'enfant, c'est-à-dire le passage du désir ressenti pour le produit à la demande expresse formulée aux parents, ou à l'achat autonome, ou encore à la recherche d'informations supplémentaires.

Par conséquent l'action des pouvoirs publics se situe nécessairement dans le cadre de l'alternative suivante : agir sur les stimuli du marketing (publicité, merchandising) ou agir sur les variables qui modifient considérablement les effets de ces stimuli. La première stratégie est celle du contrôle, la seconde celle de l'éducation. Nous les abordons tour à tour.

Les types de contrôle possibles

Le premier réflexe face à un phénomène est d'en contrôler les sources. La publicité est une de celles-ci. Aussi, nombreuses ont été les suggestions à son égard, allant du laisser-aller à l'interdiction de toute publicité dirigée vers l'enfant. Les mesures proposées et parfois adoptées peuvent être différenciées selon deux dimensions :

— Certaines mesures sont thématiques : elles concernent toute publicité promouvant un certain type de produit, pistolets et fusils pour enfants par exemple; d'autres sont techniques (quel que soit le produit), on limite l'usage de certaines techniques publicitaires.

— Certaines mesures sont de nature quantitative : elles limitent le volume de la publicité, ou de certaines formes de publicité. D'autres mesures ne portent pas sur le volume mais sur la forme des publicités : elles sont de nature qualitative.

Le croisement de ces deux dimensions définit les quatre quadrants de l'action sur la publicité elle-même, représentés par le tableau de la page suivante.

TABLEAU 1. LES QUATRE TYPES DE CONTRÔLE DE LA PUBLICITÉ DESTINÉE A L'ENFANT

	Limitations quantitatives (volume)	Limitations qualitatives (forme)
Accent sur certaines techniques publicitaires	Quadrant 1	Quadrant 2
Accent sur certains produits	Quadrant 3	Quadrant 4

Le *quadrant* 1 consiste à limiter l'usage de certaines techniques publicitaires. A un extrême se trouve l'interdiction totale de *toute* technique publicitaire destinée à l'enfant. Cette approche est celle du Québec ; des pays nordiques quant à eux ont interdit toute publicité télévisée mais aussi bien pour les adultes que pour les enfants. Parmi les raisons justifiant cette décision, il y a la reconnaissance du caractère un peu naïf de la démarche consistant à ne limiter que certaines techniques particulières. Quelle que soit la technique, la légitimité commerciale de la publicité est de persuader l'enfant. Conçue pour cela, elle y parvient, et en partie du fait du faible degré de maturation cognitive de l'enfant.

Les Pays-Bas ont préféré interdire toute publicité avant 19 h 55, c'est-à-dire aux heures de forte écoute enfantine. Cette décision a été critiquée : on a douté de la logique consistant à interdire aux enfants certaines publicités tout en les maintenant. La démarche hollandaise répond à une autre logique : après 20 h la plupart des parents, de retour au foyer, peuvent exercer leurs responsabilités pédagogiques et participer avec l'enfant à l'écoute de la télévision.

La France est de facto dans un régime de limitation quantitative. Le montant total des recettes publicitaires doit correspondre à un certain pourcentage des recettes des chaînes de télévision. Il s'agit cependant d'une limitation apparente. En réalité, les coûts de fonctionnement des chaînes de télévision croissant chaque année, chacune augmente le nombre des écrans publicitaires disponibles, d'année en année. Ainsi pour la seule TF1, il y eut 1 902 écrans en 1975, 2 855 en 1979 et 3 403 en 1983. De plus les possibilités d'extension des écrans sont surtout fortes pendant la journée et aussi le matin, c'est-à-dire à des moments propices à l'audience enfantine. Enfin, la multiplication des chaînes et le passage de l'une à l'autre augmente la probabilité d'exposition aux publicités pour enfants.

Pourquoi certains pays ont-ils retenu l'interdiction totale ou partielle de la publicité pour enfants à la télévision, et d'autres non? Il semble que ces pays, peut-être plus sensibles aux problèmes de l'enfant et de la jeunesse en général, aient l'habitude de mener des politiques volontaristes dans tous les registres de l'éducation et de l'épanouissement de l'enfant. D'autre part, ils témoignent apparemment d'un plus fort consensus moral lorsqu'il s'agit de juger soit le principe même de la persuasion enfantine, soit ses effets vérifiés. L'interdiction ne peut donc provenir que d'une décision volontariste et/ou d'un consensus moral.

Dans la plupart des pays, par exemple en France, ce consensus n'existe pas : l'importance attribuée aux mêmes phénomènes varie grandement suivant les parties interrogées. Pour interdire, il faut avoir des certitudes empiriques (telle cause produit ou non tel effet) et surtout des certitudes éthiques. Certains parents acceptent la publicité pour l'enfant : elle est pour eux une occasion de formation de l'enfant-consommateur. D'autres ne l'acceptent pas : elle est pour eux le conditionnement précoce de l'enfant à un rôle de consommateur. Aussi ce que les premiers appellent socialisation de l'enfant est qualifié par les seconds de promotion de valeurs matérialistes. Il s'agit là de deux attitudes parentales complètement différentes. Ces deux courants existent. Pour le Président de la Régie Française de Publicité « Il n'est pas question de pouvoir trancher. Ces deux courants existent. La démocratie consiste à les faire coexister... On ne peut pas résoudre ce problème si ce n'est par un compromis »*.

Comme on le voit, le débat n'est pas sans rappeler la querelle scolaire. Dans ce dernier cas le compromis fut le retrait du projet Savary : chaque parent pouvait choisir l'école de son choix, c'est-à-dire la programmation correspondant à ses valeurs et attitudes. Ce n'est pas possible en ce qui concerne la télévision, du moins tant que n'existent pas, en France, de chaînes sans publicité (soit nationales comme la B.B.C., soit privées). Quelle peut alors être la forme du compromis?

Les Associations de Consommateurs ont demandé une pause dans la croissance permanente du nombre de spots programmés sur antenne et destinés aux enfants. D'autres ont demandé qu'une limitation soit établie au nombre de telles publicités. Le problème de ce type de

* IREP, « L'Enfant et la publicité », Séminaire de l'Institut de Recherches et d'Études Publicitaires, avril 1979, p. 133.

mesure tient à la difficulté de fixer un chiffre. Comment décider ? Sur quelles bases empiriques ? D'autre part la limitation n'a pas de base théorique forte. La libéralisation ou l'interdiction obéissent chacune à une logique cohérente, pas la fixation arbitraire d'un seuil de publicité « acceptable ».

Actuellement le compromis consiste à interdire non pas la technique publicitaire dans sa globalité, mais certaines méthodes particulières. Celles-ci sont jugées plus « choquantes » que les autres, car encore plus susceptibles de tirer leur effet persuasif de la non-maturité cognitive de l'enfant. Ainsi le Bureau de Vérification de la Publicité recommande à ses adhérents de ne pas faire usage de personnages de fiction classiques ou célèbres (Tintin, Casimir...) dans les publicités destinées aux enfants. On ne doit pas non plus exhorter expressément l'enfant à demander le produit à ses parents (ce qu'il fera de toutes façons si le produit lui plaît et si ses parents ont l'habitude d'accéder à ses demandes). Les enfants ne peuvent être prescripteurs du produit ou du service (mais chose surprenante, ils peuvent chanter en chœur, sous certaines conditions, même s'il s'agit d'un discours commercial).

Le compromis se situe aussi dans le *quadrant* 2 de notre schéma : celui-ci concerne des modifications qualitatives des messages. Ainsi avant d'être accepté, tout film doit être soumis à la Commission de Contrôle de la R.F.P. qui l'évalue sur sa forme. Il serait donc faux de croire qu'en France la publicité ne fait l'objet d'aucune surveillance. Pour éviter la perception d'un « matraquage » par une partie de l'opinion publique, la R.F.P. demande à chaque annonceur un certain étalement de la campagne publicitaire dans le temps.

Le compromis aurait pu aussi se situer dans les quadrants 3 et 4 de notre schéma. En France, ils restent tous deux pratiquement vierges. *Le quadrant* 3 concerne la limitation quantitative des publicités pour certains produits. Les Associations Familiales ont depuis longtemps réclamé une limitation des publicités pour confiseries, chewing-gums, boissons sucrées dont la consommation excessive n'est pas conforme aux intérêts de l'enfant. Cette mesure n'a jamais été acceptée. Outre l'effet d'un lobby, quatre raisons sont avancées pour cela :

— D'une part, ce thème ne serait d'actualité qu'aux États-Unis. La consommation de sucre par habitant en France est deux fois moindre qu'aux États-Unis, et pour les enfants elle serait trois fois moindre. Il s'agirait donc d'une préoccupation importée, mais non pertinente en France, où de plus le volume des publicités est bien moindre qu'aux États-Unis.

— La preuve ne serait pas établie de l'effet néfaste à long terme de la consommation de sucre par l'enfant : « S'agit-il d'une vérité scientifique établie ou d'une mode sanitaire? Les graisses seraient encore bien plus néfastes pour la santé des enfants »*.

— La restriction des produits sucrés est un problème d'éducation qui ne concernerait que les parents. C'est à eux d'insuffler ou non des normes et des règles de comportement à leurs enfants : « Faut-il créer le Ministère du Jouet ou le Ministère de la Pâte dentifrice? »**. Or nous avons montré (p. 135) que les enfants connaissent bien ces règles, mais que l'effet publicitaire se situe au niveau du comportement, et de l'auto-indulgence. D'autre part bonbons et confiseries constituent la majeure partie des achats autonomes des enfants.

— Le quatrième argument est d'ordre éthique : il exprime une réticence de principe devant toute réglementation. Ainsi pour A. G. Cohen, Président du Groupe de Travail « L'enfant et la publicité », on réglemente toujours au nom d'une éthique, par rapport à une référence, « donc là on entre... dans un processus qui est nécessairement arbitraire pour quelqu'un... ; dans une société démocratique, c'est toujours gênant de trop réglementer parce qu'on réglemente au nom d'un modèle »***. Sans vouloir prendre parti dans ce débat, il nous faut cependant signaler que, si réglementer c'est obéir à un modèle, une éthique, ne pas réglementer c'est aussi obéir à un autre modèle. Car ne pas décider c'est décider. En interdisant ou en limitant ce type de publicité on obéit certes à une éthique sanitaire et hygiéniste (comme cela fut fait pour le tabac et l'alcool). En les autorisant, en même temps que l'on laisse intacte la valeur de liberté, on empiète sur des valeurs de prévention et d'éducation. L'idéal serait peut-être, dans une démocratie directe, de demander l'opinion des parents, pour décider de réglementer ou non les publicités pour produits et boissons sucrées?

Des mesures appartenant au troisième quadrant sont parfois prises à titre privé par les médias eux-mêmes : par exemple les Éditions de Fleurus n'acceptent pas de publicité pour les produits d'hygiène et de beauté dans leur magazine Djin, lu par les filles de 11 à 14 ans. D'une façon générale, les magazines offrent une grande liberté aux parents : certains groupes de presse pour enfant sont fermés à la publicité, d'autres en limitent fortement le nombre de pages, d'autres enfin y sont très ouverts.

---

* Groupe de Travail « L'Enfant et la publicité », Rapport et recommandations, mars 1979, p. 12.
** IREP, *op. cit.*, p. 130.
*** IREP, *op. cit.*, p. 135.

Le *quadrant* 4 concerne les modifications de la forme des publicités de certains produits. Ainsi, dans de nombreux pays les publicités pour cigarettes doivent porter la mention légale : « Le tabac est dangereux pour la santé ». En Hollande, toute publicité pour confiserie ou boisson sucrée doit comporter une petite brosse à dents stylisée, soit sur 1/10e de la hauteur de l'écran pendant toute la longueur du film, soit sur 1/8e de la hauteur pendant les trois dernières secondes du film, soit enfin sur tout l'écran pendant une seconde à la fin du film. Nous ne disposons d'aucune étude scientifique sur les effets à court et long terme de cette mesure : elle illustre cependant les essais de certains pays de trouver des compromis dans *tous* les compartiments de notre schéma cadre.

En définitive les questions abordées ci-dessus interdisent tout simplisme lorsque l'on parle de contrôle des publicités dans leur volume ou dans leur contenu. De plus ces questions vont bientôt devenir purement théoriques. Elles n'ont de sens qu'au sein d'un hexagone étanche. Or d'ici l'an 2000, l'Europe possèdera plusieurs dizaines de satellites de télévision. Chacun pourra recevoir des images de toutes les chaînes d'Europe.

La limitation des publicités pour enfant va donc devenir illusoire. La situation belge actuelle l'illustre bien. En principe la publicité télévisée est interdite sur les ondes belges : les chaînes nationales se plient à cette obligation. En revanche, la publicité est présente sur les chaînes étrangères, à savoir la France, le Luxembourg, les Pays-Bas et l'Allemagne. En Belgique flamande 39 % du temps d'écoute des enfants se porte sur les chaînes étrangères qui véhiculent la publicité. Les enfants francophones consacrent quant à eux 80 % de leur temps d'écoute aux chaînes présentant de la publicité ! C'est pour éviter ce genre de situation que la Norvège a décidé d'introduire à partir de l'automne 1984 la publicité sur ses ondes, à la radio et à la télévision.

Lorsque l'on constate la difficulté de parvenir à des décisions de compromis au sein d'un seul pays, on imagine de suite les obstacles lorsqu'il s'agira de mettre d'accord entre eux des pays dont les attitudes vis-à-vis de l'enfance diffèrent totalement, comme par exemple le groupe des pays nordiques et celui des pays latins, comprenant la France.

L'action sur les messages publicitaires sera peut-être bientôt une illusion. La seule stratégie possible consiste donc à agir sur les facteurs qui modifient considérablement l'influence de la publicité.

Pour une pédagogie de la consommation

Si l'on doit vivre au bord d'un océan, il vaut mieux apprendre à ses enfants à nager que bâtir un mur autour de cet océan. Ce proverbe s'applique aussi aux médias et à la publicité.

Les effets de la publicité ne sont pas les mêmes d'un enfant à l'autre. Suivant le degré d'attention des parents, le climat des relations familiales, le niveau d'instruction..., l'influence publicitaire sera réduite ou accrue. D'autre part, l'influence publicitaire varie fortement suivant le degré de « maturité publicitaire » de l'enfant. Certaines de ces variables sont donc les cibles essentielles des actions de formation et d'éducation de l'enfant. Puisque ces variables atténuent l'influence publicitaire sur l'enfant, il convient de les développer chez celui-ci et dans son environnement. C'est le but des actions éducatives à entreprendre.

Cette action devrait s'organiser selon deux axes : d'une part développer la capacité critique de l'enfant face aux messages des médias et de la publicité, d'autre part développer les compétences d'acheteur chez l'enfant. Quand nous parlons de développer la capacité critique de l'enfant, il ne s'agit pas de créer en lui une haine de la publicité. Nous ne souscrivons pas à l'idée suivant laquelle la publicité serait en soi une mauvaise chose dont la fréquentation ne serait que porteuse de mal. Le premier objectif vise à permettre à l'enfant de prendre une certaine distance par rapport aux messages. A cette fin on lui apprendra à mieux décoder les images qu'il ne le fait spontanément, à repérer les techniques de mises en valeur visuelles et sonores. On lui apprendra aussi à remonter à l'intention publicitaire. Le principe directeur se résume en une analogie : quand on connaît les trucs d'un prestidigitateur, on continue à regarder, mais cela prend moins. On peut aussi apprendre à l'enfant à repérer les stéréotypes, en n'oubliant pas cependant que les stéréotypes des uns sont les idéaux des autres.

Le second objectif consiste à apprendre à acheter de façon rationnelle. Cette formation du jeune consommateur est essentielle à court terme pour modérer l'influence des stimuli du marketing, mais aussi à long terme dans la perspective des modes de décision du futur adulte. Dans le cadre de cet objectif, on apprendra à l'enfant par exemple :

— à retarder son désir, à différer sa résolution. Il s'agit ici de remplacer le réflexe naturel convoitise-satisfaction immédiate par un processus en trois étapes : convoitise-mérite-participation. L'enfant doit apprendre à convoiter le produit et, en laissant passer du temps, à vérifier ainsi qu'il en a vraiment envie. Puis il doit évaluer s'il mérite ce produit afin de ne pas considérer que tout lui est dû par principe. Enfin, le sens de la valeur des choses peut être insufflé en lui demandant de participer (par une partie de son argent de poche ou par un travail) ;

— à vérifier en magasin les qualités du produit et à le comparer à d'autres produits proches et éventuellement moins chers ;

— à comprendre l'importance des étiquettes et autres informations inscrites sur le produit ;

— à prendre conscience que l'apparence du produit n'est pas forcément révélatrice de son intérêt réel ;

— à prendre conscience des différences de prix sur un même produit entre divers points de vente ;

— à faire usage de critères fonctionnels et non uniquement d'impressions sensorielles, lorsqu'il s'agit de comparer des produits entre eux.

Qui doit former le petit consommateur ? L'école est un lieu naturel pour cette formation. Les pays nordiques ont systématisé depuis plusieurs années, dans les écoles primaires et secondaires, des sessions d'éveil et des cours complets sur les médias, sur la publicité et sur le « comment acheter ». Leurs expériences [48] et le bilan [172] de plusieurs années de programmes d'éducation de l'enfant téléspectateur et consommateur sont de précieux guides pour les pays qui n'ont pas institutionnalisé cet objectif pédagogique. En France, depuis le 12 novembre 1982, la circulaire Savary prévoit de dispenser une éducation à la consommation tout au long de la scolarité obligatoire, dont l'objectif est d'aider l'enfant à connaître les enjeux et les conséquences de ses actes. Cette éducation doit théoriquement trouver sa place dès les premières années de la scolarisation. De fait, on a assisté dans l'enseignement primaire à une prometteuse floraison de séances d'éveil et de sensibilisation aux médias, à la publicité [99] et à la consommation [49]. Les revues d'enseignants fournissent de nombreux exemples de ces démarches. Des livres fleurissent pour aider les parents à former leurs enfants à l'image, à éduquer les yeux ouverts [77].

Mais la pédagogie du jeune consommateur revient essentiellement aux parents. Quel autre modèle serait plus digne d'imitation pour l'enfant ? Cette nouvelle tâche de l'éducation constitue un véritable défi pour les parents. En effet ceux-ci estiment en général que l'apprentissage des compétences d'acheteur s'acquiert essentiellement en les imitant. Mais peut-on considérer que tous les parents pratiquent ce qu'ils souhaiteraient que l'on enseigne à leurs enfants (vérifier, comparer, évaluer sur des critères fonctionnels...) ? De plus, si les parents ne prennent pas soin d'expliciter ce qu'ils font et leurs critères de choix, l'observation de leurs comportements n'en indique pas les motivations. Or nos études montrent que rares sont les parents soucieux d'expliquer de temps en temps à leurs enfants comment ils décident entre plusieurs produits, dans le magasin. Les demandes de l'enfant constituent un excellent support de pédagogie, à condition de savoir dire non et à condition d'expliquer le pourquoi du refus et éventuellement de proposer d'autres critères de choix.

Apprendre à l'enfant à décoder la publicité est aussi un défi pour les parents. Tout d'abord, la majorité des parents ne commente pas les publicités pour enfants : rares sont ceux qui profitent du goût des enfants pour la publicité pour avancer leur éveil et leur capacité à comprendre la démarche publicitaire. Pourtant la vue en famille de la télévision est l'occasion idéale de sessions pédagogiques « sur le tas ». Cela pourrait aussi être fait au sujet des publicités des magazines que l'enfant lit.

Cela se fera-t-il? La condition nécessaire est que les parents aient conscience de l'utilité formatrice de ces échanges autour de la publicité, des produits, de l'argent et de la consommation. Or la plupart d'entre eux croient à l'influence toute puissante et directe de la publicité sur leur enfant. C'est normal : de nombreux ouvrages, en quête de spectaculaire, entretiennent le mythe de la toute puissance des médias et de la télévision en particulier.

De plus, n'ayant pas nous-mêmes été formés à savoir regarder la télévision, savoir décoder une annonce publicitaire ou savoir bien choisir, nous estimons que les médias et la consommation ne requièrent pas de réel apprentissage.

Nous mésestimons le rôle essentiel d'une formation précoce de l'enfant dans son activité de téléspectateur et de petit consommateur. C'est par cette formation que l'enfant prend ses distances vis-à-vis de la publicité et devient un prescripteur plus raisonnable. Cette formation peut certes être prise en charge par l'école mais elle est avant tout entre nos mains. Appartenir à une société d'incitations, qu'on le veuille ou non, crée une obligation pédagogique vis-à-vis de l'enfant si l'on désire le rendre moins sensible à ces incitations.

Bibliographie

1. ADLER, R. et al., *The Effects of Television Advertising on Children*, Lexington Books, 1980.
2. AGNÈS, Y., GAUSSEN, F., *Les Nouveaux Parents*, Paris, Grasset, 1979.
3. AGOSTINI, J. M., « Communication Publicitaire et Implication du Consommateur : Conséquences Pratiques pour la Conception des Messages et le Choix des Médias », 18e Journée d'Études de l'Institut de Recherches et d'Études Publicitaires, 25-26 Avril 1978, p. 79-95.
4. A.J.M., « Enquête : Les Parents et l'Information sur les Jouets », Association des Jouets de Marque, Paris, Septembre 1981.
5. ALBAUM, G., « Measurement of Attitudes of School Age Children », Exposé à la Southwestern Marketing Association Conference, Dallas, Texas, 1974.
6. ALLANIC, J.-C., « Les Enfants-Cibles », *La Nef*, n° 59, Paris, 1976, p. 71-76.
7. AMOURELLE, V., DUBOS, M.-C., LEPAGE, R., SERVANT, A.-L., « Les Règles de la Création Publicitaire dans la Presse Enfantine », Mémoire de Recherche HEC 3, sous la direction de J. N. Kapferer, Jouy-en-Josas, HEC, 1981.
8. AMSALLEM, M., ROUSSEL, A., TONG-CUONG, E., « La Publicité et les Enfants », Mémoire de Recherche HEC 3, sous la direction de J. N. Kapferer, Jouy-en-Josas, HEC, 1983.
9. ANGÉ, C., CANTENOT, B., COTTIN, G., SOUPA, J. P., « L'Enfant face à la Presse Enfantine », *Séminaire IREP* : « L'Enfant et la Publicité », Avril 1979, p. 71-91.
10. ARIÈS, P., *L'Enfant et la Vie Familiale sous l'Ancien Régime*, Paris, Éditions du Seuil, 1973.
11. ATKIN, C., « The Impact of Premium Offers in Children's Television Commercials », Department of Communications, Michigan State University, 1974.

12. Atkin, C., « Effects of Television Advertising on Children: First Year Experimental Evidence », Report n° 1, Michigan State University, Juin 1975.
13. Atkin, C., « Observation of Parent-Child Interaction in Supermarket Decision Making », *Journal of Marketing*, vol. 42 n° 4, October 1978, p. 41-45.
14. Atkin, C., « Children's Advertising Rulemaking Comment: A Study of Children and TV Advertising », Paper Presented at the Federal Trade Commission Hearings on Children TV Advertising, San-Francisco, Janvier 1979.
15. Atkin, C., Hocking, J., Block, M., « Teenage Drinking: Does Advertising Make a Difference? », *Journal of Communication*, Spring, vol. 34 n° 2, 1984, p. 157-167.
16. Babin, P., Kouloumdjian, M. F., *Les nouveaux Modes de Comprendre*, Paris, Le Centurion, 1983.
17. Bandura, A., *L'Apprentissage Social*, Bruxelles, P. Mardaga Éditeur, 1980.
18. Banks, S., « Children's Television Viewing Behavior », *Journal of Marketing*, Spring, vol. 44 n° 2, 1980.
19. Baron, R., Baron, P., Miller, N., « The Relation Between Distraction and Persuasion », *Psychological Bulletin*, vol. 30 n° 4, 1973, p. 310-323.
20. Barry, T. E., *Children's Television Advertising*, American Marketing Association, Monograph Series n° 8, Chicago, 1977.
21. Barthelemy, « La Réalité Commerciale du Monde Imaginaire de Belokapi », *Stratégies*, n° 164, 15/28 Mai 1978, p. 74-77.
22. Bascou, J. R., *L'Enfant et le Mensonge*, Toulouse, Éditions Privat, 1975.
23. B.B.C., « Facts and Figures about Viewing and Listening », London, British Broadcasting Corporation, 1961.
24. Bearden, W., Teel, J., Wright, R., « Family Income Effects on Measurement of Children's Attitudes Toward Television Commercials », *Journal of Consumer Research*, vol. 6 n° 3, Décembre 1980, p. 308-311.
25. Berelson, B., Lazarsfeld, P., Mc Phee, W., *Voting: A Study of Opinion Formation in a Presidential Campaign*, Chicago, University of Chicago Press, 1954.
26. Bever, T. G., Smith, M., Berger, B., Johnson, T., « Young Viewers' Troubling Responses to TV Ads », *Harvard Business Review*, Novembre/Décembre 1975, p. 109-120.
27. Blatt, J., Spencer, L., Ward, S., « A Cognitive Developmental Study of Children's Reactions to Television Advertising », Marketing Science Institute, Report n° 2, Cambridge, Massachussetts, 1971.
28. Boisgelot, C., « Le Rôle de l'Enfant dans la Publicité », Étude pour la Fondation J, 1973.
29. Boniface, J., Gaussel, A., *Les Enfants Consommateurs*, Paris, Casterman, 1981.
30. Bourdieu, P., *Un Art Moyen*, Paris, Éditions de Minuit, 1965.

31. Bramaud de Boucheron, C., *La Mémoire Sémantique de l'Enfant*, Paris, Presses Universitaires de France, 1981.

32. Broadbent, D., « The Hidden Pre-Attentive Process », *American Psychologist*, vol. 32, 1977, p. 109-118.

33. Butter, E. J., Popovitch, P. M., Stackhouse, R. H., Garner, R. K., « Discrimination of Television Programs and Commercials by Pre-School Children », *Journal of Advertising Research*, Avril 1981, vol. 21 n° 2, p. 53-58.

34. Capon, N., Kuhn, D., « A Developmental Study of Consumer Information Processing Strategies », *Journal of Consumer Research*, Décembre 1980, vol. 7 n° 3, p. 225-233.

35. Caron, A., Ward, S., « Gift Decisions by Kids and Parents », *Journal of Advertising Research*, vol. 15 n° 4, Août 1975, p. 15-25.

36. C.E.O., « Les Jeunes Téléspectateurs de 8 à 14 ans et la Télévision », *Rapport de Synthèse* sur les Enquêtes Menées par le C.E.O. en Mai et Décembre 1976, Paris.

37. C.E.S.P., « Enquête sur la Fréquentation des Médias par les Enfants », Centre d'Étude des Supports de Publicité, Paris, 1981.

38. Chalvon, M., « L'École et le Petit Écran », *Le Monde*, 19 Janvier 1978, page 2.

39. Chalvon, M., Corset, P., Souchon, M., *L'Enfant devant la Télévision*, Paris, Casterman, 1981.

40. Cholette-Péruse, F., *Psychologie de l'Enfant*, Les Éditions de l'Homme, 1981.

41. Chombart de Lauwe, M. J., *Un Monde Autre, l'Enfance : De ses Représentations à son Mythe*, Paris, Payot, 1979.

42. Chombart de Lauwe, M. J., Bellan, C., *Enfants de l'Image*, Paris, Payot, 1979.

43. Cofremca, « Le Rôle des Enfants dans les Achats du Foyer », Paris, 1977.

44. Colvin, G., « Children Are Getting Hard to Find », *Fortune*, Mai 1982.

45. Corder-Bolz, C., O'Bryant, S., « Teacher vs. Program », *Journal of Communication*, vol. 28 n° 1, Winter 1978, p. 97-103.

46. C.R.I.O.C., *Les Enfants et la Publicité Télévisée*, Bruxelles, CRIOC-La Vie Ouvrière, 1983.

47. Cullingford, C., *Children and Television*, Gower Publishing Company, England, 1984.

48. Dahl, A. G., « L'Initiation aux Médias en Milieu Scolaire », *Perspectives*, vol. 13 n° 2, 1983, p. 213-223.

49. Darmian, J. M., « Pour une Démarche Pédagogique Globale des Enfants Consommateurs », *Journal des Instituteurs et des Institutrices*, Janvier 1984, n° 4, p. 50-53.

50. Derbaix, C., « L'Enfant, la Communication Publicitaire et la Hiérarchie des Effets », *Revue Française du Marketing*, n° 2, 1980, p. 31-47.

51. DONOHUE, T., « Effects of Commercials on Black Children », *Journal of Advertising Research*, vol. 15 n° 6, Décembre 1975, p. 41-47.

52. DONOHUE, T., HENKE, L., DONOHUE, W., « Do Kids Know What TV Commercials Intend? », *Journal of Advertising Research*, Octobre 1980, p. 51-58.

53. DONOHUE, T., MEYER, T., HENKE, L., « Black and White Children: Perceptions of TV Commercials », *Journal of Marketing*, vol. 42, Octobre 1977, p. 34-40.

54. DORR, A., « When I Was a Child, I Thought as a Child », in *Television and Social Behavior*, S. Withey et R. Abeles, ed., Lawrence Erlbaum Associates, Hillsdale, New-Jersey, 1980, p. 191-230.

55. DURANDIN, G., et al., « Effets de la Publicité Télévisée sur l'Enfant : La Prescription d'Achat », A.T.P. du C.N.R.S. n° 3376, Université René Descartes, 1981.

56. ERIKSON, E., *Childhood and Society*, New York, Norton, 1963.

57. ESSERMAN, J., « A Study of Children's Defenses Against Television Commercial Appeals », in *Television Advertising and Children*, New York, J. Esserman ed., Child Research Service, 1981, p. 44-55.

58. ESSERMAN, J., « Viewing of Commercials and Children's Understanding of the Rules of Nutrition », in *Television Advertising and Children*, New York, J. Esserman ed., Child Research Service, 1981, p. 174-193.

59. FARDJADI, S., ERRA, M., « L'Enfant et la Publicité Télévisée », Mémoire de Recherche HEC 3, sous la direction de J. N. Kapferer, Jouy-en-Josas, HEC, 1981.

60. Fédération Nationale des Associations Familiales Rurales, Enquête auprès de 1 000 Enfants, in « Les Enfants jugent la Publicité », *Le Matin*, 19 janvier 1981.

61. FEERTCHAK, H., « Entretiens Préliminaires auprès des Enfants », in *L'Enfant et la Publicité télévisée*, A.T.P. du C.N.R.S. n° 3376, Université René Descartes, 1981, p. 35-41.

62. FEILITZEN, C., LINNÉ, O., « Identifying With Television Characters », *Journal of Communication*, vol. 25 n° 4, Autumn 1975, p. 51-55.

63. FELDMAN, S., WOLF, A., WARMOUTH, D., « Parental Concern About Child-Directed Commercials », *Journal of Communication*, Winter 1977, vol. 27 n° 1, p. 125-137.

64. FESTINGER. L., ALLEN, U., *Conflict, Decision and Dissonance*, Stanford University Press, Stanford, California, 1964.

65. FEUERHAHN, N., « L'Enfant Objet Publicitaire », Thèse de Troisième Cycle, Université de Paris, 1978.

66. FISCHLER, C., « Rapt d'Enfant », *Le Monde de l'Éducation*, n° 55, Novembre 1979, p. 12-15.

67. FLEKKOY, M., « The Ombudsman for Children: The Needs of Young Consumers: Information, Communication, Legislation », E.S.O.M.A.R. Seminar: Marketing to Children and Young Consumers, Nuremberg, 6-8 Juin 1984, p. 199-215.

68. GIRARD, P., *Mensonge Romantique et Vérité Romanesque*, Paris, Grasset, 1961.

69. GLORIEUX, A., SOURDIVE, P., « La Publicité TV : Analyse de Quelques Expériences », Séminaire de l'Institut de Recherches et d'Études Publicitaires, Avril 1979, p. 49-70.

70. GOLDBERG, M., GORN, M., « Children's Reactions to Television Advertising: An Experimental Approach », *Journal of Consumer Research*, vol. 1, Septembre 1974, p. 69-75.

71. GOLDBERG, M., GORN, G., « Some unintended Consequences of TV Advertising to Children », *Journal of Consumer research*, vol. 5 n° 1, Juin 1978, p. 22-29.

72. GOLDBERG, M., GORN, G., GIBSON, W., « TV Messages for Snack and Breakfast Foods: Do they Influence Children's Preferences? », *Journal of Consumer Research*, September 1978, vol. 5 n° 1, p. 73-81.

73. GORN, G., GOLDBERG, M., « The Impact of Television Advertising on Children from Low Income Families », *Journal of Consumer Research*, vol. 4 n° 2, Septembre 1977, p. 86-88.

74. GRABNER, U., « Speechfree Measurement of Advertising Impact on Children », E.S.O.M.A.R. Seminar on « Children and Young People: Marketing and Social research », Vienna (Autriche), 5-7 Novembre 1980, p. 159-179.

75. GREWE-PARTSCH, M., « Emotional and Cognitive Aspects of Television », Exposé à la Conférence : International Perspectives on Television Advertising and Children, Aix-en-Provence, 1-3 Juillet 1984.

76. HAASE, H., « Fernsehen in Alltag von Kindern: Eine Repräsentativ-Untersuchung des Kommunikations und Konsumerverhaltens von Schulkindern bis 13 Jahre », *Schriftenreihe Media Perspectiven*, n° 1, 1981, p. 398.

77. HENRIOT, J. J., *L'Enfant, l'Image et les Médias*, Éditions Vie et Santé, Horvath, 1982.

78. HESLOP, L., RYANS, A., « A Second Look at Children and the Advertising of Premiums », *Journal of Consumer Research*, vol. 6, Mars 1980, p. 414-420.

79. HOGGART, R., *La Culture du Pauvre*, Paris, Les Éditions de Minuit, 1970.

80. I.E.D., « Baromètre des Thèmes Enfantins : Année 1981-1982 », *Rapport de Synthèse*, International Education and Development, Paris, 1982.

81. TSKOE, A., « Advertising Via Famous Personalities and the Effects on Children », Student Paper, the Wharton School, University of Pennsylvania, Mars 1976.

82. ISLER, L., POPPER, E., WARD, S., « Children's Purchase Requests and Parental Responses: Results From a Diary Study », Marketing Science Institute, Août 1979, Report n° 79-110.

83. KAPFERER, J. N., « Le Modèle de l'Implication Minimale », 18ᵉ Journée d'Études de l'Institut de Recherches et d'Études Publicitaires, 25-26 Avril 1978, p. 97-120.

84. KAPFERER, J. N., *Les Chemins de la Persuasion*, Paris, Dunod, 1984.

85. KAPFERER, J. N., « Pour en Savoir Plus sur les Images Subliminales », *Stratégies*, n° 416, 9-15 avril 1984, p. 38-40.

86. KAPFERER, J. N., « A Comparison of TV Advertising and Mother's Influence on Children's Attitudes and Values », Exposé présenté au séminaire : International Perspectives on Television Advertising and Children, The Role of Research for Policy Issues in Europe, Aix-en-Provence, 1-3 Juillet 1984.

87. KAPFERER, J. N., « L'Attitude des Mères face à la Publicité et l'Enfant », *Cahiers de la Recherche HEC-ISA*, 78350 Jouy-en-Josas, 1985.

88. KAPFERER, J. N., LAURENT, G., « Une Analyse des Relations entre les Classifications Socio-Culturelles et de Style de Vie et l'Achat des Produits Courants », 21e Journée d'Études de l'I.R.E.P., Mai 1981, p. 205-223.

89. KAPFERER, J. N., LAURENT, G., *Comment Mesurer le Degré d'Implication des Consommateurs dans les Produits*, Institut de Recherches et d'Études Publicitaires, Paris, 1983.

90. KAPFERER, J. N., LAURENT, G., *La Sensibilité aux Marques*, Fondation Jours de France pour la Recherche en Publicité, Paris, 1983.

91. KAPFERER, J. N., LYON, J., « L'Enfant et la Publicité : Phase Quantitative », Institut de Recherches et d'Études Publicitaires, Paris, 1983.

92. KATZ, E., LAZARSFELD, P., *Personal Influence*, Glencoe, Illinois, the Free Press, 1955.

93. KEISER, S., « Awareness of Brands and Slogans », *Journal of Advertising Research*, vol. 15 n° 4, Août 1975, p. 37-43.

94. KELMAN, H., « Compliance, Identification and Internalization: Three Processes of Attitude Change », *Journal of Conflict Resolution*, n° 2, 1958, p. 51-60.

95. KRUGMAN, H., HARTLEY, E., « Passive Learning From Television », *Public Opinion Quarterly*, vol. 34, 1970, p. 184-190.

96. LASSARRE, D., « Les Réactions des Enfants à la Présentation des Films Publicitaires », A.T.P. du C.N.R.S. n° 3376, Université René Descartes, 1981, p. 79-110.

97. LAUTREY, J., *Classe Sociale, Milieu Familial, Intelligence*, Paris, Presses Universitaires de France, 1980.

98. LE BIGOT, J. Y., « Children and Young people: Marketing and Social Research », ESOMAR Seminar on Children and Young People, Vienna, 5-7 Novembre 1980, p. 67-86.

99. LECOINET-BILLAUD, A., « Autour de Deux Affiches », *L'Éducation Enfantine*, Mars 1984, n° 6, p. 55-59.

100. LEIFER, A. et al., « Developmental Aspects of Variables Relevant to Observational Learning », *Child Development*, n° 42, 1971, p. 1509-1516.

101. LELORD, G., « Intérêt des Méthodes Électrophysiologiques dans l'Étude de l'Action du Film Cinématographique chez l'Enfant et l'Adolescent », in *Pédo-Psychiâtrie* 1966, Paris, Expansion Scientifique Française, p. 159-165.

102. *Le Monde de l'Éducation*, « Les Petits Mannequins », Novembre 1979, n° 55, p. 16-17.

103. *Le Monde de l'Éducation*, « Mickey et ses Millions », Novembre 1979, n° 55, p. 11.

104. LEQUEUX, P., *L'Enfant et le Conte : Du Réel à l'Imaginaire*, Paris, l'École Éditions, 1974.

105. LESSER, G., *Children and Television: Lessons from Sesame Street*, New York, Vintage Books, 1974.

106. LEVIN, S. R., PETROS, T. V., PETRELLA, F., « Pre Schoolers' Discrimination of Television Programming and Commercials », Paper presented at the Biennial Meeting of the Society for Research on Child Development, San Francisco, Mars 1979.

107. LIEBERT, R., NEALE, J. M., DAVIDSON, E. S., *The Early Window: Effects of Television on Children and Youth*, New York, Pergamon Press, 1973.

108. LIEBERT, D. E., SPRAFKIN, J. N., LIEBERT, R. M., RUBINSTEIN, E., « Effects of Television Commercial Disclaimers on the Product Expectations of Children », *Journal of Communication*, vol. 27 n° 1, 1977, p. 118-124.

109. LINTAS-SSCB, *Is T.V. Turning Your Child Into a Zombie?*, Internal Report, Lintas, Australia (non daté).

110. LUDWIG, D., « Étude du Comportement des Parents et Enfants dans les Magasins », A.T.P. du C.N.R.S. n° 3376, Université René Descartes, 1981, p. 151.

111. LURÇAT, L., *A Cinq Ans, Seul avec Goldorak*, Paris, Édition Syros, 1981.

112. MALONEY, J. C., « Is Advertising Believability Really Important? », *Journal of Marketing*, vol. 27, Octobre 1963.

113. Marketing Office, Enquête « L'Enfant et la Publicité des Jeux/Jouets », in *Stratégies*, n° 156, Janvier 1978, p. 58-59.

114. MC AULEY, L., « TV Commercials Make Children Nag, Say Mothers, *Campaign*, London, Mai 1974, n° 3, p. 6-8.

115. MC LEOD, J., REEVES, B., « On the Nature of Mass Media Effects », in *Television and Social Behavior: Beyond Violence and Children*, S. Withey et R. Abeles, ed., New York, Lawrence Erlbaum Associates, 1980, p. 17-54.

116. MÉE, J., « L'Enfant et la Publicité : 10 Ans d'Expériences Américaines », Séminaire de l'Institut de Recherches et d'Études Publicitaires, Avril 1979, p. 113-123.

117. MENDEL, G., *Pour Décoloniser l'Enfant*, Paris, Payot, 1971.

118. MEYER, T., DONOHUE, T., HENKE, L., « How Black children See TV Commercials », *Journal of Advertising Research*, Octobre 1978, vol. 18 n° 5, p. 51-58.

119. Middleman, A., Melzer, B., « The Importance of Brand Preference in Adolescence for Brand Loyalty Later On », in ESOMAR Seminar on: *Marketing to Children and Young Consumers*, Nuremberg, 6-8 Juin 1984, p. 161-176.

120. Mischel, W., *Personality and Assessment*, New York, Wiley, 1968.

121. National Association of Broadcasters, *Advertising Guidelines: Children's TV Advertising*, New-York, N.A.B., 1976.

122. Naudin, O., « La Presse des Jeunes », in *Des Images pour les Enfants*, B. Planque ed., Paris, Casterman, 1977.

123. Norman, D. A., *Memory and Attention*, New York, John Wiley and Sons, 1976.

124. Papageorgis, D., « Warning and Persuasion », *Psychological Bulletin*, n° 70, 1968, p. 271-282.

125. Petty, R., Ostrom, T., Brock, T. C., *Cognitive Responses in Persuasion*, Hillsdale, New-Jersey, Lawrence Erlbaum and Associates, 1981.

126. Piaget, J., *Le Jugement Moral chez l'Enfant*, Paris, Presses Universitaires de France, 1978.

127. Piaget, J., *Le Langage et la Pensée Chez l'Enfant*, Paris, Denoël-Gonthier, 1984.

128. Piaget, J., Inhelder, B., *La Psychologie de l'Enfant*, Paris, Presses Universitaires de France, 1966.

129. Pierce, C., *Television and Education*, Beverly Hills/London, Sage Publications, 1978.

130. Rapaille, G., *Le Trouple*, Paris, Éditions Mengès, 1980.

131. Regan, D., Fazio, R., « On the Consistency Between Attitudes and Behavior: Look to the Method of Attitude Formation », *Journal of Experimental Psychology*, n° 13, 1977, 28-45.

132. Régie Française de Publicité, « L'Impact de la Publicité à la Télévision sur les Comportements d'Achat et l'Équilibre des Familles Françaises », *Rapport d'Étude : International Education and Development*, 1979.

133. Régie Française de Publicité : Fiche de Jurisprudence : « Enfants », Septembre 1983.

134. Reilly Group, inc., « Assumption by the Child of the Role of Consumer », *The Child*, 1, Juillet 1973.

135. Reilly Group, Inc., « The Child, The Media, The Message », *The Child*, n° 3, Septembre 1974.

136. Renouard, G., « L'Enfant et la Publicité : Problèmes et Résultats d'une Expérience », Séminaire de l'Institut de Recherches et d'Études Publicitaires, Avril 1979, p. 27-37.

137. Rigaux-Bricmont, B., « La Prise de Décisions Économiques dans la Famille », Institut d'Administration et de Gestion, Louvain, 1977.

138. Rigaux-Bricmont, B., « L'Influence des Enfants dans les Décisions Économiques de la Famille », *Revue Française de Marketing*, Novembre-Décembre 1977, Cahier 71, p. 33-43.

139. Robertson, T. S., « Children's Consumer Satisfaction », Working paper, Center for Research on Media and Children, University of Pennsylvania, 1976.

140. Robertson, T. S., Rossiter, J. R., « Children and Commercial Persuasion: An Attribution Theory Analysis », *Journal of Consumer Research*, vol. 1, Juin 1974, p. 13-20.

141. Rodnight, E., Williams, D., « How Children Use Television Advertising and How We Can Learn to Communicate More Effectively with Them », E.S.O.M.A.R. Seminar on Marketing to Children and Young Consumers, Nuremberg, 6-8 Juin 1984, p. 89-108.

142. Roedder, D., Sternthal, B., Calder, B. J., « Attitude Behavior Consistency in Children's Responses to Television Advertising », *Journal of Marketing Research*, Novembre 1983, vol. 20, p. 337-349.

143. Rosenthal, R., *Experimenter Effects in Behavioral Research*, New York, Appleton Century Crofts, 1966.

144. Rossiter, J., *Children and the Faces of Television: Teaching, Violence, Selling*, New York, Academic Press, 1981.

145. Rossiter, J., Robertson, T. S., « Children's TV Commercials: Testing the Defenses », *Journal of Communication*, n° 24 (Autumn), 1974, p. 197-144.

146. Rossiter, J. R., Robertson, T. S., « Attitude-Behavior Relationships in Children's Consumer Research », in *Moving Ahead With Attitude Research*, Y. Wind et M. Greenberg, eds., American Marketing Association, Chicago, 1977, 116-119.

147. R.T.B.f., « Une Enquête de Télévision auprès des Enfants de 6 à 13 Ans », Radio Télévision Belge francophone, Service Études, Bruxelles, 1982.

148. Rubin, R., « An Exploratory Investigation of Children's Responses to Commercial Content of Television Advertising in Relation to their Stages of Cognitive Development », Unpublished Doctoral Dissertation, University of Massachusetts, 1972.

149. Russel, Bertrand, *Human Society in Ethics and Politics*, London: George Allen and Unwin, 1954.

150. Schneider, K., « Prevention of Accidental Poisoning Through Package and Label Design », *Journal of Consumer Research*, vol. 4 n° 2, Septembre 1977, p. 67-75.

151. SECED, « Enquête sur les Habitudes Média des Enfants », in *Revue Hermès*, n° 1, École Supérieure de Commerce de Paris, 1977.

152. Sheikh, A., Moleski, L., « Conflict in the Family over Commercials », *Journal of Communication*, vol. 27 n° 1, Winter, 1977, p. 152-157.

153. Shimp, T., Dyer, R., Divita, S. F., « An Experimental Test of the Harmful Effects of Premium-Oriented Commercials on Children », *Journal of Consumer Research*, n° 3, Juin 1976, p. 1-11.

154. Singer, J. L., « The Power and Limitations of Television », in *The Entertainment Functions of Television*, P. H. Tannenbaum, ed., Hillsdale, New-Jersey, Lawrence Erlbaum Associates, 1980, p. 31-66.

155. Sommerville, J., *The Rise and Fall of Childhood*, Beverly Hills, California, Sage Publications, 1982.

156. Sourdive, P., « L'Enfant et la Publicité », *Commercible*, Avril-Mai 1979, n° 6, p. 25-30.

157. Starch, D., *Measuring Advertising Readership and Results*, New York, Mc Graw-Hill Book Company, 1966.

158. Sturm, H., Vitouch, P., Bauer, H., Grewe-Partsch, M., « Emotion and Arousal-Children as Television Viewers: A Psychophysiological Study », in *Fernsehen und Bildung*, vol. 16 n°s 1-3, 1982, p. 11-30.

159. Suffert. A., « L'Enfant Face à la Télévision », Séminaire de l'Institut de Recherches et d'Études Publicitaires, Avril 1979, Paris, p. 93-97.

160. Topline, « Advertising to Children: Do's and Don'ts », New York, Mc Collum and Spielman Company, Inc., vol. 3 n° 4, Novembre 1982, p. 4.

161. Variot, J. F., *Huit Stratégies Publicitaires pour Faire Face à la Crise*, Paris, Les Éditions d'Organisation, 1982.

162. Veyne, P., *Les Grecs Ont-Ils Cru à leurs Mythes?*, Paris, Éditions du Seuil, 1983.

163. Ward, S., Levinson, D., Wackman, D., *Children's Attention to Television Advertising*, Marketing Science Institute, Report n° 3, Cambridge, Massachussetts, 1971.

164. Ward, S., Robertson, T. S., *Adolescent Attitudes Toward Television Advertising: Preliminary Findings*, Marketing Science Institute: Report Number 5, Cambridge, Massachussetts, 1971.

165. Ward, S., Wackman, D., « Television Advertising and Intra-family Influence: Children's Purchase Influence Attempts and Parental Yielding », *Journal of Marketing Research*, n° 9, Août 1972, p. 316-319.

166. Ward, S., Wackman, D., Wartella, E., *How Children Learn to Buy*, Beverly Hills, California, Sage publications, 1977.

167. Wartella, E., *Children Communications: Media and Development of Thought, Speech, Understanding*, Beverly Hills, California, Sage Publications, 1979.

168. Wartella, E., Ettema, J. S., « A Cognitive Developmental Study of Children's Attention to Television Commercials », *Communication Research*, n° 1, 1974, p. 44-69.

169. Watzlawick, P., Beavin, J., Jackson, D., *Une Logique de la Communication*, Paris, Le Seuil, 1972.

170. Wells, W. D., « Communicating with Children », *Journal of Advertising Research*, n° 5, Juin 1965, p. 2-14.

171. Wexler, B., « Cerebral Laterality and Psychiatry: A Review of the Literature, *The American Journal of Psychiatry*, vol. 137 n° 3, 1980, p. 279-291.

172. WICKBOM, K., « Media Education and Critical Awareness of TV-Advertisement in Sweden », Exposé présenté à la Conférence *« International Perspectives on Television Advertising and Children »*, Aix-en-Provence, 23 Juillet 1984.

173. WINICK, M. P., WINICK, C., *The Television Experience: What Children See*, Sage Publications, Beverly Hills, U.S.A., 1979.

174. WINN, M., *TV Drogue?*, Paris, Fleurus, 1979.

175. WITHEY, S., ABELES, R., *Television and Social Behavior: Beyond Violence and Children*, Lawrence Erlbaum Associates Inc., 1980.

176. YOUNG, B. M., « New Approaches to Old Problems: The Growth of Advertising Literacy », Exposé présenté à la Conférence : International Perspectives on Television Advertising and Children, Aix-en-Provence, 1-3 Juillet 1984.

177. ZAJONC, R. B., « Preferanda and Discriminanda: Processing of Affect », Paper Read at the Symposium on New Directions in Experimental Aesthetics, 86th Annual Convention of the American Psychological Association, Toronto, Canada, 1978.

178. ZAJONC, R., « Feeling and Thinking: Preferences Need No inferences », *American Psychologist*, n° 35, 1980, p. 151-175.

179. ZAJONC, R. B., MARKUS, H., « Affective and Cognitive Factors in Preferences », *Journal of Consumer Research*, vol. 9, Septembre 1982, p. 123-131.

180. ZUCKERMAN, P., GIANINNO, L., « Measuring Children's Response to Television Advertising », in *Television, Advertising and Children*, New York, Child Research Service, ed., 1981, p. 83-94.

Index

N-P

R

Dépôt légal : septembre 1985
Imprimerie Gauthier-Villars, 75018 Paris
N° d'imprimeur : 2813
Achevé d'imprimer le 30 août 1985